유홍준의 美를 보는 눈 II

명작순례

일러두기

1. 책 제목·화첩 등은 《 》, 글 제목·개별 회화·전시회 등은 〈 〉로 표시했다.
2. 도판 설명은 작품 이름, 작가 이름, 시대, 재질, 크기, 문화재 지정 현황, 소장처(소재지) 등의 순서로 표기했다.
   크기는 cm를 기본으로 세로×가로를 원칙으로 하였다.

유홍준의 美를 보는 눈 II

명작순례

눌와

명작을 보는 안목을 위하여

이 책은 제목과 부제가 말해주듯 명작을 순례하면서 우리나라 옛 그림과 글씨를 보는 눈을 이야기한 것이다. 조선시대 대표적인 서화 49점을 중심으로 명작의 내력과 거기에 깃든 예술적 가치를 해설함으로써 독자들에게 '명작 감상 입문'이 되기를 바라는 마음으로 펴냈다.

사람들은 누구나 작품을 보는 자신만의 눈을 갖고 싶어 한다. 그것을 우리는 안목眼目이라고 한다. 안목을 기르는 방법에는 명작을 많이 대하는 것만큼 좋은 길은 없다. 거기에 하나 더 덧붙이자면 안목 높은 사람들의 작품 보는 법을 자신의 시각과 비교해봄으로써 예술 감상의 폭을 넓히는 것이다.

매사에 교육과 훈련은 모방에서 시작한다. 좋은 것을 따라하는 모방은 결국 경험의 축적이 되어 자신도 모르는 사이에 자신만의 눈을 갖게 된다. 그래서 안목을 기르는 지름길은 좋은 작품을 좋은 선생님과 함께 보는 것이라는 말이 생겼다.

돌이켜보건대 내가 미술사와 문화유산에 대해 나름의 시각을 갖게 된 것은 고유섭, 최순우, 김원용, 이동주, 안휘준 등 앞 시대 선생님들의 명작 해설을 길라잡이로 삼아 그분들처럼 느껴보려고 노력했기 때문이다.

그러나 내가 이 책에서 독자들에게 전하고자 하는 것은 결코 나의 작품 보는 안목이 아니다. 오히려 나의 작품 감상은 되도록 절제했다. 대신, 한 화가가 어떤 계기로 그림을 그렸고, 그 그림이 탄생하기까지 어떤 사회적·예술적 배경이 있었으며, 화가의 예술적 노력과 특징이 그림에 어떻게 나타났는가를 액면 그대로 친절하게 제시하려고 노력했다. 그림의 기본 정보를 제공함으로써 독자 스스로 예술적 가치를 판단할 수 있도록 마음 쓴 것이다.

다만 나는 독자들에게 예술적 감동의 내용은 아주 다양하다는 점을 강조하면서 작품 보는 시각을 넓게 가질 것을 요구했다. 명작의 조건에서 빼놓을 수 없는 필요조건은 예술적 감동인데 이는 작품을 볼 때 일어나는 정서의 작용과 밀접하게 연관되어 있다.

예를 들어 산수화와 화조화는 둘 다 자연을 대상으로 한 그림이지만 화가들이 담아낸 정서의 내용은 작품마다 다르다. 정서의 환기도 있고, 정서의 심화도 있고, 정서의 표백 작용도 있다.

겸재 정선의《연강임술첩》을 보면 임진강 풍광이 마냥 아름답게 다가오고 우봉 조희룡의 〈매화〉를 보면 매화가 이렇게 아름다웠던가 싶어진다. 우리가 잊고 있던 정서의 환기이다. 충암 김정의 〈숙조도〉, 현재 심사정의 〈딱따구리〉를 보면 그 아름다움 속에 왠지 애수의 감정이 일어난다. 그것은 그림을 통한 정서의 심화이다. 그런가 하면 신사임당의 〈초충도〉에서는 해맑은 정서로 환원되는 것을 느끼게 된다. 이때 일어나는 감동은 정서의 표백 작용이다.

이처럼 예술적 감동은 보는 이의 주관에 따라 다양한 내용을 담아낸다.

＊　　　＊　　　＊

명작의 또 다른 조건은 작품의 객관적 아름다움이다. 미술사가들은 이를 규명하기 위하여 다양한 각도에서 양식적 분석을 가한다. 그것은 미술사가들의 전문적인 일이지만 그 내용을 숙지한다면 명작 감상에 여간 도움이 되는 것이 아니다.

하나의 예로 난초 그림을 들어보자. 탄은 이정의 난에는 전아典雅함이 들어 있고, 능호관 이인상의 난에는 강직剛直함이 있다. 표암 강세황의 난에는 향기가 서려 있는데, 수월헌 임희지의 난에는 춤사위가 느껴진다. 소호 김응원은 부드러운 춘란春蘭을 많이 그렸는데, 운미 민영익은 기운찬 건란建蘭을 즐겨 그렸다. 추사 김정희는 예서隸書법으로 난을 그려 고졸한 멋이 있고, 흥선대원군은 거기에 초서草書 필법을 더하여 날렵한 자태를 뽐낸다.

이런 미술사적 지식을 알고 난초 그림을 보는 것과 아닌 것과의 차이는 곧 안목의 차이로 직결된다. 경우에 따라서는 여기에 동의하지 않을 수도 있지만 독자들은 그런 다양한 시각을 추체험함으로써 옛 그림과 글씨에 함축된 다양한 감동을 간접 경험하게 된다. 그럼으로써 독자들의 안목은 넓어지고, 또 높아질 것이다. 그런 기대하에 나는 이 책을 썼다.

*   *   *

내가 이 책을 펴내게 된 데에는 두 가지 계기가 있었다. 하나는 《유홍준의 한국미술사 강의》 제3권 '조선시대 서화' 편을 탈고하고 난 뒤에 절로 일어난 아쉬움 때문이었다. 하나의 작품을 미술사적 관점에서 서술하는 것과 감상의 차원에서 말하는 것은 크게 다르지 않다. 그러나 미술사의 서술은 역사적 체제에 따라야 하기 때문에 한 작품의 탄생 과정과 거기에 얽힌 이야기를 들려줄 수 있는 여백이 없다. 여기에서 학술적인 저술과 대중을 위한 글쓰기의 차이가 난다. 그리하여 《유홍준의 한국미술사 강의》 제3권과 거의 동시에 《명작순례》를 펴내게 된 것이다.

두 번째 계기는 《국보순례》에 대한 독자들의 요구에 응하기 위함이다. 《국보순례》 출간 이후 독자들로부터 둘째 권은 언제 나오느냐는 문의가 많았다. 그러나 나는 후속편을 낼 의사가 없었다. 그것은 마치 반응이 좋다고 연속극의 횟수를 늘리는 것 같아서 마음이 내키지 않았던 것이다.

그러다가 《국보순례》가 '문화유산을 보는 눈'을 말한 일반론이라면 이번에는 각론으로 들어가 그림과 글씨를 중심으로 명작 감상법을 이야기하는 것은 나름대로 의미가 있겠다는 생각이 들었다. 그래서 두 책의 맥락은 같지만 내용 구성이 전혀 달라서 《명작순례》에서는 각 작품에 대한 해설의 원고량이 전보다 서너 배 길어졌고, 이와 연관된 작품을 서너 점씩 제시하였다.

이 책에서 명작을 고른 기준은 전적으로 나의 미술사적 견해에 의한 것이다. 《국보순례》에서 이미 이야기한 바 있는 26점은 제외하고, 특히 기본 정보와 해설을 필요로 하는 옛 그림과 글씨 49점을 기본으로 하면서 이에 동반되는 작품 100여 점의 도판을 곁들였다.

이미 잘 알려진 화가의 경우는 작품을 제작할 당시의 상황을 집중적으로 설명하였고 약간 생소한 화가의 경우는 간략한 전기를 에피소드 중심으로 소개하였다. 요컨대 명작 또한 사람의 일임을 강조한 것이다.

그리고 되도록이면 미공개 개인 소장품을 많이 소개하려고 노력했다. 새로운 명작의 소개는 그만큼 우리 미술사의 내용을 풍부하게 해준다고 생각하기 때문이다.

*　　*　　*

책 편집을 마무리하고 서문을 쓰자니, 매번 원고 쓰기 힘들다고 우는 소리를 하면서도 왜 이렇게 해마다 책을 펴내고 있는가 스스로 질문하게 된다. 아마도 진작부터 그런 물음을 갖고 있는 독자들이 있을 것도 같다.

이번 기회에 나의 본마음을 말하고 싶다. 나는 미술사를 연구하기 시작할 때부터 대중을 위한 글쓰기를 게을리하지 않겠다고 다짐을 했다. 감히 말하자면 이를 미술사가의 사회적 실천에 해당한다고 생각한 것이다.

통일신라 말기, 구산선문의 하나인 문경 봉암사를 세운 지증대사는 일찍이 운수행각의 수도자 길로 들어서서 남을 가르치기보다 스스로 깨치기를 더 좋아했다. 그러던 어느 날 길을 가다 마주친 나무꾼이 "먼저 깨친 사람이 나중 사람에게 배운 것을 나누어주는 데 인색해서는 안 된다"라고 꾸지람하고는 홀연히 사라졌다. 이 일을 계기로 지증대사는 사찰을 세우고 법회를 열며 대중과 함께 살아갔다고 한다.

마찬가지로 한 사람의 미술사가로서 내가 배운 지식을 대중과 나누어 갖는 것은 지식인의 사회적 책무라고 생각한다. 내가 '순례기'와 '답사기'를 써오고 있는 것은 스스로 세상에 진 빚이라고 생각한 것을 하나씩 갚아가는 과정이다.

그런데 어느새 나는 정년을 맞는 마지막 학기에 다다랐다. 앞으로 얼마나 더 사회적 실천을 하면서 살아갈 수 있을지 가늠하지 못하지만 스스로 갚아야 할 빚으로 생각한 것이 아직 많이 남아 있다. 내년 여름쯤 또 하나의 빚을 청산할 때 독자들을 다시 찾아가게 될 것이다.

2013년 초겨울
유홍준

사경과 글씨　　# 아름다운 글씨와 서예가 이야기

명화의
탄생

조
선

전
기

1. 신사임당
〈초충도〉

저 율곡 선생을 낳으심이 당연하다 하겠다

　신사임당申師任堂(1504~1551)은 율곡栗谷 이이李珥의 어머니로 강릉에서 나고 자라 19세에 이원수李元秀와 결혼하였다. 시서화詩書畫 모두에 뛰어난 조선 시대 최고의 여류 문인으로 현행 오만 원권 지폐의 초상이기도 하다. 사임당이라는 호는 주나라 문왕의 어머니인 태임太任을 사모한다는 뜻이다.

　사임당의 〈초충도草蟲圖〉는 당대는 물론이고 오늘날까지 명화로 꼽히고 있다. 율곡은 어머니의 행장行狀을 지으면서 이렇게 말했다.

　글짓기에 능하고 농필弄筆을 잘하며 침선針線, 자수에 이르기까지 정묘치 않은 것이 없으셨다. 7세 때부터 안견의 그림을 모방하여 산수도를 그렸고 초충, 영모, 포도를 잘 그려 세상에 적수가 없었다.

　사임당의 작품으로는 초충도 화첩 서너 점과 산수·포도·묵죽·묵매 등 전칭傳稱 작품이 몇몇 전하고 있다. 그중 〈초충도〉 8폭 화첩이 가장 유명하며, 이들은 대개 비슷한 유형으로 구성된다.

　① 오이와 메뚜기, ② 물봉선화와 쇠똥벌레, ③ 수박과 여치, ④ 가지와 범의땅개, ⑤ 맨드라미와 개구리, ⑥ 가선화와 풀거미, ⑦ 봉선화와 잠자리, ⑧ 원추리와 벌 등이다.

　사임당의 초충도는 섬세한 필치와 미려한 채색으로 고상하면서도 우아한 품격이 있다. 그림의 주제인 풀과 벌레를 보면 모두 사생에 기초했다고 생각될 정도로 토속적인데, 나비, 벌 등의 표현이 마치 곤충채집을 한 것처럼 좌우대칭을 이룬다. 이는 자수의 본으로 그렸기 때문이며 그런 조용한 정지감 속에서 우리는 정서의 해맑은 표백을 경험하게 된다.

　그러나 사임당은 작품에 낙관을 하지 않았기 때문에 확증할 수 있는 작품

초충도(8폭 중 4폭), **신사임당**, 16세기 초, 종이에 채색, 각 폭 34.0×28.3cm, 국립중앙박물관 소장

이 없다. 사임당 그림에 도서낙관이 없는 것은 당시의 풍조가 그러했던 점도 있지만 조선시대에는 여인이 그림을 그린다는 사실 자체가 흥이 될 수 있었기 때문이었다.

어느 날 이원수의 사랑방에 친구들이 찾아와 노닐다가 "자네 아내 그림 솜씨 좀 볼 수 있게 해달라"고 졸랐다고 한다. 이에 안채로 사람을 보내 그림을 그려 보내라고 하였더니 사임당은 한사코 거절하였다고 한다. 그러기를 재삼 재사에 이르자 사임당은 남편의 청을 무작정 거절하는 것도 아내의 도리가 아니라고 생각하여 결국 그림을 그려 보냈는데 백자 접시 위에 그린 것이었다고 한다. 나중에 지워서 흔적을 남기지 않기 위해서였다.

이러니 사임당의 도서낙관은 애당초 기대할 수 있는 것이 아니다. 그래서 사임당의 작품 감정은 화풍, 재료뿐만 아니라 그 그림의 내력과 증언이 중요한 의미를 갖는다.

그중 신빙할 수 있는 작품은 오죽헌 소장본과 국립중앙박물관 소장본이다. 오죽헌 소장본은 본래 율곡을 모신 강릉 송담서원에 전래된 것으로 숙종 때의 문신 정호鄭澔가 1655년 송담서원을 방문했을 때 그림을 보고 사임당의 그림 솜씨에 감격하였다는 발문이 있다.

국립중앙박물관 소장본에는 사임당 신씨의 방손傍孫(먼 친척)으로 신립 장군의 6대 손인 신경申曔이 작품을 수장하게 된 동기를 자세히 기록하였다.

한편, 우암尤庵 송시열宋時烈도 사임당의 초충도에 발문을 붙인 것이 있어 그 글이 《송자대전宋子大全》에 실려 있는데 유감스럽게도 이 작품은 전하지 않는다. 우암은 이렇게 말했다.

이 화첩은 좌찬성 이원수의 부인되는 신사임당의 그림이다. 그 손가락 아래서 표현된 것이라면 능히 혼연히 자연스러움을 이루어 사람의 힘을 빌려서 된 것이 아닌 것 같을진대 하물며 오행五行의 정수를 얻고 또 천지의 근본이 되는 기운의 융화를 모아 참된 조화를 이룸에야 말할 것이 있겠는가. 저 율곡 선생을 낳으심이 당연하다고 하겠다.

선생의 종증손되는 동명東溟 이백종李百宗이 판관이 되어 평안도 안주 병영으로 나가면서 이 화첩을 내게 보이며 글을 써달라고 한다. 그런데 이 화첩이 남의 집으로 흘러가 이씨의 소유가 되지 않은 지 벌써 오래다. 이백종이 사임당의 그림을 찾아 나서기를 마다하지 않더니 마침내 금년 어느 날에 한양의 어느 집에서 이것을 얻어 옛 모양으로 장황裝潢(표구)하여 다시 이씨 집안에 전해 내려갈 백대百代의 보배로 삼으니 그 뜻이 과연 부지런하고 또 지극하다고 이를 만하다. ……

이 그림이 다행히 보존되어 없어지지 않았기에 지금 이 화첩을 보며 사람들은 부인(사임당)의 어머니됨과 선생(율곡)의 아들됨이 진실로 근본과 가지가 서로 이어져 있다는 …… 아름다운 이야기를 전할 수 있는 것 아니겠는가.

이백종은 소홀히 하지 말지어다.

기해년(1659) 섣달에 우암 송시열 쓰다.

우암 송시열 같은 도학자가 이 화첩을 대한 것을 보면 선현의 체취를 느낄 수 있는 사물로서 그림을 보았다. 초충도만 보는 것이 아니라 사임당과 그의 아들 율곡의 모습까지 그려본 것이었다. 그것은 그림의 또 다른 효용 가치이며, 그림을 보는 또 다른 눈이다.

그러나 우암이 소중히 보존하라고 그렇게도 신신당부한 사임당의 화첩은 불행히도 현재 행방을 알 수 없다. ◎

2. 허주 이징 〈난죽6곡병〉

난을 난으로만 보지 말고, 대를 대로만 보지 말라

허주盧舟 이징李澄(1581~?)의 〈난죽6곡병蘭竹六曲屛〉에는 길고 긴 이야기가 담겨 있다. 현재 이 병풍은 그림 다섯 폭과 발문跋文 한 폭으로 꾸며져 있지만 원래는 여덟 폭이었다. 이야기는 멀리 1519년(중종 14) 기묘사화 때까지 거슬러 올라간다.

기묘사화는 잘 알려진 대로 신진 사림파 문신들이 보수적인 훈구파에 의해 집단적으로 정치적 학살을 당한 사건이다. 신진 사림파의 리더는 정암靜菴 조광조趙光祖였다. 당시 함께 변을 당했던 강은姜隱은 윤언직尹彦直이라는 화가가 그린 〈난죽8곡병〉을 가지고 있었는데 조광조가 병풍의 각 폭에 오언절구五言絶句(5자 4행시)를 지어줌으로써 사대부 사회에서 희대의 명물로 꼽혔다. 그것은 그림보다도 조광조의 시 때문이었다. 그중 한 수를 옮겨본다.

절벽이라 난초도 거꾸로 자랐고	崖懸蘭亦到
돌에 막혀 대나무도 드문드문하네	石且竹從疎
절개란 힘든 일이지만 평안할 때나 험난할 때나 변함이 없고	苦節同夷險
절벽에서 뿜는 향기는 여전히 스스로 그윽하다네	危香郁自如

이렇게 유명한 〈난죽8곡병〉이었지만 애석하게도 임진왜란 때 불타 없어져버렸다. 문인들이 아쉬워한 것은 난죽 그림보다도 조광조의 시였다. 선생의 도학을 밝히 드러낸 명시가 사라진 것이다. 그러던 중 조수륜趙守倫과 김의원金義元이라는 두 늙은 선비가 젊었을 때 병풍에서 보았던 조광조의 시를 늘그막까지 외우고 있었다. 이들은 8수 중 7수를 완벽하게 기억해냈다.

지금 생각하면 불가사의한 일이라 하겠으나 당시 문인들에게 명시에 대한 기억이란 그런 것이었다. 조광조를 흠모하는 정이 깊었던 선비들에겐 더욱 가

난죽6곡병(6폭 중 2폭), 이징, 1635년, 비단에 수묵, 각 폭 116.0×41.8cm, 개인 소장

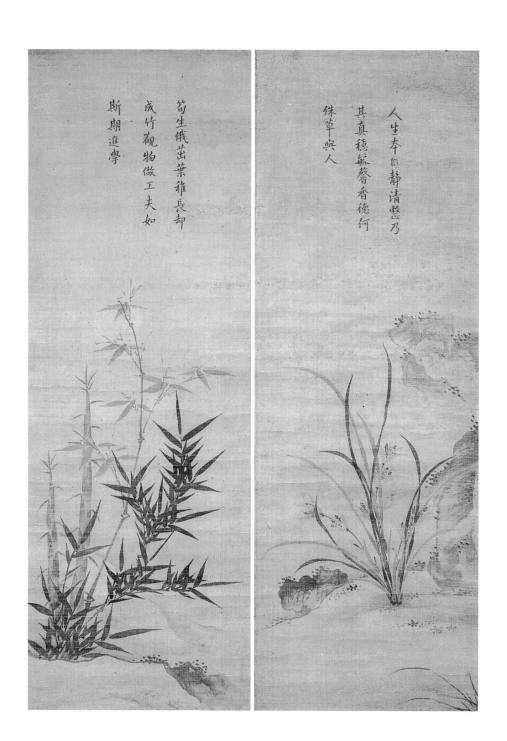

筍生俄茁葉雅長却
成竹觀物做工夫如
斯期進學

人生本自靜清整乃
其真穗毓馨香德何
殊草與人

능한 일이다. 조수륜은 평택현감을 지낸 후 정치적 사건으로 옥사한 비운의 선비로 창강 조속의 아버지였고, 김의원은 벼슬이 대사간에 이른 학자였다.

조수륜과 김의원이 조광조의 잃어버린 시를 기억해냈다는 소문이 마침내 조광조의 후손에게 알려지자 조광조의 증손며느리인 유씨柳氏는 병풍을 복원할 계획을 세웠다. 유씨는 시증조할아버지를 존경하는 마음에서 손수 비단을 짜서 화폭을 만들고 아들 조송년趙松年에게 시켜 당대 최고의 화가인 허주 이징에게 난죽 그림을 그려 받게 하였다.

허주 이징은 학림정 이경윤의 서자로 일찍부터 그림에 자질을 보여 도화서圖畵署 화원畵員이 되었다. 비록 서출이지만 왕가의 자손답게 화풍이 아주 단정하고 치밀하였으며, 모범적이었고 품격이 높았다. 때문에 인조의 총애를 받아 궁중에 불려가 임금과 함께 그림을 그리기도 했다.

연암 박지원이 전하는 얘기로 이징은 어려서 그림에 몰두하여 다락에 올라가 사흘 동안 그림을 그렸다고 한다. 잃어버린 줄 알고 애타게 찾던 자식을 다락방에서 발견한 아버지는 무릎을 꿇려놓고 아들을 혼냈는데 꾸지람을 듣는 이징은 눈물을 흘리면서도 바닥에 떨어진 눈물로 새를 그렸다고 한다.

그런 이징이 그린 난죽도는 여느 그림보다도 필치가 섬세하고 우아하며 화폭 전체에 고고한 기상과 높은 기품이 서려 있다. 화면은 고전적이면서도 단아한 구성을 보여주고, 난초 잎, 대나무 줄기의 표현에는 단순한 조형적인 멋을 넘어선 그 무엇이 풍겨온다.

이징의 난죽도가 완성되자 조수륜은 각 폭에 복원된 조광조의 시를 써넣었다. 이리하여 일곱 폭이 완성되었다. 그리고 복원하지 못한 한 폭에는 지조와 절개로 존경받던 동계桐溪 정온鄭蘊에게 병풍의 유래를 밝힌 발문을 받았다. 조송년은 이 글을 당시 명필로 이름난 월탄月灘 이현李袨에게 부탁하여 정중하면서도 흐름이 아름다운 해서체로 받았다. 이로써 난죽 일곱 폭에 발문 한 폭의 8곡병풍이 복원된 것이다.

이러한 내용은 〈난죽6곡병〉의 발문에 자세히 나와 있고 또 정온의 《동계집桐溪集》에도 들어 있으며, 훗날 편찬한 조광조의 《정암집靜庵集》 부록에도 이 시들이 재록再錄되었다. 이렇게 복원된 〈난죽8곡병〉은 또다시 사대부 사회에

서 희대의 명물로 상찬되어 청음 김상헌, 미수 허목 같은 학자들이 병풍에 대한 찬미의 글을 남겼다.

오늘날에는 두 폭을 잃어버려 〈난죽6곡병〉이 되었지만 그 긴 내력은 조선시대 선비정신과 선비문화가 어떤 것인지를 여실히 보여준다. 동계 정온은 발문 마지막에 이렇게 말했다.

슬프다. 선생의 도는 펴지고 어두워짐이 있었고, 난죽에도 역시 성쇠가 있었다. …… 후세에 이 그림을 보는 사람들은 난蘭을 난으로만 보지 말고 선생의 향기로운 덕을 생각할 것이며, 죽竹을 죽으로만 보지 말고 선생의 맑고 곧은 절개를 생각해야 할 것이다. ◎

난죽6곡병(6폭 중 4폭)

이 한 조각 종이의
보배로운 가치를 아느냐

충암沖菴 김정金淨(1486~1521)은 조선 중종 때 문신으로 오늘날 크게 알려져 있지는 않다. 그러나 제주도 오현단五賢壇에 모셔진 다섯 분 중 첫 번째 명현이라면 대략 그 위상을 가늠할 수 있을 것이다.

충암은 22세 되는 1507년에 문과에 급제하여 일찍부터 관로에 진출했으며 조광조와 함께 신진 사림파를 대표하는 문신이 되었다. 그는 성리학을 연구하는 학자로서 존경을 받았으며 올곧은 말로 상소를 했다가 왕의 노여움을 사 한때 충청도 보은으로 유배되기도 했다. 그러나 얼마 뒤 다시 등용되어 30대의 나이에 부제학, 이조참판, 도승지, 대사헌 등의 요직을 거쳐 형조판서가 되었다.

그러나 1519년 기묘사화가 일어나면서 진도를 거쳐 제주도에 유배되었다. 본래 시문에 능했던 충암은 유배 생활 중 외롭고 괴로운 심정을 시로 읊었다. 그것이 《충암집》에 전한다. 또한 해녀를 비롯하여 제주의 독특한 풍속을 〈제주풍토록〉에 생생히 기록하였는데 이 글은 사실상 최초의 제주학 저서이자 기행문학이기도 하다. 그러나 귀양살이 2년 만에 다시 정변이 일어나면서 그 화禍가 충암에게 미쳐 끝내는 사약을 받고 유배지에서 세상을 떠났다. 불과 36세의 나이였다.

사후에 그는 사림에서 크게 존숭되어 훗날 1646년(인조 24)에 영의정에 추증되었으며, 제주와 인연이 있는 명현을 기리는 오현단에 모셔지고 귤림서원에 제향되었다.

충암은 그림으로도 유명했다. 당시 선비 사회에서는 그림을 잡기雜技의 하나로 보던 생각이 점점 바뀌어 회화도 시와 마찬가지로 인간의 성정을 발하는 고상한 취미라는 인식이 퍼져가고 있었다. 이에 문인들은 여기餘技로서 그림을 즐기며 회화의 세계에 동참하는 일이 많아졌다.

숙조도, 김정, 16세기 전반, 종이에 담채, 그림 크기: 32.1×21.7cm, 국립제주박물관 소장

沖庵金先生之道學文章炳若日星人皆見之至其
書畫雖為公餘事然當時猶稱三絕而但東俗貿貿
不甚慕是以不多傳于世惟此一紙得保於滄桑厄
劫之餘流傳至今為寶翫矣嘗連城而棄而止載後
之覽是畫者非但取其品格亦可因之而想先生之儀
形則尤當為山仰之一助也庚子南至日慶州金光國謹
識

이때 문인들은 대개 한 분야에서만 장기를 발하면서 일인일기一人一技의 일과예一科藝라는 기풍이 일어났다. 학포 양팽손은 산수, 두성령 이암은 강아지, 영천자 신잠은 대나무 그리고 신사임당은 초충에서 뛰어난 기량을 보였다.

충암은 새 그림을 잘 그린 일과예의 선비화가였다. 그의 유작은 아주 드문 편인데, 영조 때 영의정을 지낸 김상복金相福이 소장했던 작품 등 서너 점이 전한다. 그중 가시나무 가지에 매달린 새를 그린 그림이 대표작으로 꼽힌다. 어둔 녘 잠자리에 드는 두 마리 새를 그린 〈숙조도宿鳥圖〉로 잠든 새는 평화롭고 안온한 서정을 일으키기 충분하여 일찍부터 화가들이 즐겨 그려온 소재였다. 이 그림은 그동안 '이조화명도二鳥和鳴圖' 혹은 '산초백두도山椒白頭圖'라는 이름으로 책에 소개되어왔다.

산초나무 또는 왕초피나무로 생각되는 가시나무 가지에서 한 마리는 가슴에 부리를 묻고 이미 잠에 들었고, 다른 한 마리는 거꾸로 매달린 채 잠든 새를 내려다보고 있다. 마치 "당신 벌써 잠들었어?"라는 듯한 표정이다. 새의 몸동작, 예쁘게 생긴 새의 날개, 부리, 가슴 등의 묘사도 정확하다.

화면상에 은은하게 퍼져 있는 청색 담채는 그윽한 밤기운을 느끼게 한다. 어떤 특별한 장식도 가하지 않았기 때문에 조용한 정취가 감돈다. 참으로 담백한 아름다움을 느끼게 하는 사랑스런 작품이다. 이런 소박한 아름다움은 시대가 올라갈수록 짙게 나타나는데 이를 고격古格이라는 말로 평하곤 한다.

이 작품에는 충암의 도서낙관이 없다. 당시에는 아직 그림에 낙관을 하거나 도장을 찍는 것이 일반화되지 않았다. 때문에 이 시기 그림들은 대부분 전칭 작품일 수밖에 없는데 이 작품에는 정조 때 유명한 감식가였던 석농石農 김광국金光國의 찬문讚文이 적혀 있어서 충암의 작품으로 받아들이게 된다.

충암 선생의 도학과 문장은 해와 별같이 빛나서 사람들이 다 알고 있다. 공公에게 서화란 비록 여사餘事였지만 당시에 삼절三絶이라 일컬었는데, 다만 우리나라 풍속이 (그림에) 밝지 못하여 그다지 숭모하고 아낄 줄 몰랐다.

이런 까닭으로 세상에 많이 전하지 못하고 오직 이 한 조각 종이가 난리 속에 보존되어 지금까지 유전하니, 그 보배로운 가치야 어찌 (이루 다 말할 수 있겠는가.)

　뒷날 이 그림을 보는 이는 그 품격만 취할 것이 아니라 이로 인하여 선생의 모습을 상상하게 될 것이니 더욱더 어진 이를 우러러보는 데 일조가 될 것이다.

　경자년(1780) 동짓날 김광국이 삼가 (쓰다.)

　오늘날에 와서 이러한 석농의 증언마저 의심한다면 조선 전기의 회화사는 부정할 수밖에 없게 된다. 더욱이 석농의 글씨는 그림과 아주 잘 어울려 함께 있어야 그 아름다움이 살아난다. 많은 도록에서 이 찬문을 빼고 그림만 게재하고 있는데 그것은 이 그림의 역사성을 반영하지 못한 것이며 아름다움도 절반만 보여주는 셈이 된다.

　나 순례자는 덧붙여 말한다. 석농 김광국 같은 분이 계셨기에 우리는 아무렇지도 않았을 무낙관 그림에서 한 시대의 도덕까지 읽게 되었으니 문화유산 보존에 석농이 끼친 공이 어찌 적다고 하겠는가. ◎

4. 탄은 이정
〈풍죽도〉

마치 그분의 자화상을
보는 것만 같네

　조선시대 도화서에서 화원을 뽑는 시험을 취재取才라고 하는데 취재에서 는 대나무 잘 그리는 것을 제일로 쳤다. 두 과목을 선택하여 시험을 치르면서 대나무에서 통通을 받으면 5점이고, 산수는 4점, 인물과 영모는 3점, 화초는 2점이었다. 그만큼 대나무 그림이 어렵다고 본 것이다.

　사실 대나무 그림은 누구나 그럴듯하게 흉내는 낼 수 있지만 잘 그리기는 매우 어렵다. 몇 가닥 줄기를 끊어서 치고는 대나무 개介 자와 아비 부父 자를 쓰듯 댓잎을 겹쳐서 표현하면 묵죽의 기본 골격을 갖추게 된다. 그러나 형태를 갖추었다고 곧 그림이 될 수 없는 것은 글자꼴을 갖추었다고 서예라고 할 수 없는 것과 마찬가지이다.

　실제로 대나무 그림은 서예와 통하는 바가 많다. 청나라 양헌은 중국 서예사 1천 년의 흐름을 '진상운 당상법 송상의 원명상태晉尙韻 唐尙法 宋尙意 元明尙態'라는 열세 글자로 요약한 바 있다. 진나라(왕희지)의 서예는 운韻을 숭상하고, 당나라(구양순)의 서예는 법法을 숭상하고, 송나라(소동파)의 서예는 의意를 숭상하고, 원나라(조맹부)·명나라(동기창)의 서예는 태態를 숭상하였다는 뜻이다.

　대나무 그림 역시 태를 숭상하여 모양을 아름답게 할 수도 있고, 의를 숭상하여 화가의 뜻을 필획에 담을 수도 있고, 법을 숭상하여 화법에 어긋나지 않게 할 수도 있고, 운이 감돌게 할 수도 있다. 그중 운, 즉 신운神韻이 감돌게 하는 것은 기법의 문제가 아니라 화가의 경지가 거기에 이르러야 가능하다.

　조선시대 미술사에서 이런 경지의 대나무 그림을 그린 화가는 탄은灘隱 이정李霆(1541~1626)이다. 그가 조선시대 최고의 묵죽화가임을 부인할 미술사가는 없다. 남태응南泰膺이 《청죽화사聽竹畵史》에서 한 말을 빌리면 "탄은 이전에도 없고, 탄은 이후에도 없고, 오직 탄은 한 사람만이 있을 따름이다." 동양미술사 전체로 보아도 원나라 식재 이간과 어깨를 나란히 할 만한 대가이다.

풍죽도, 이정, 17세기 초, 비단에 수묵, 그림 크기: 115.7×53.2cm, 미국 Mary and Jackson Foundation 소장

탄은 이정은 세종의 현손(증손자의 아들)으로 석양정石陽正에 봉해진 엘리트 왕손이다. 왕손이기에 특별한 행적이 따로 있지는 않지만, 시서화에 능해 당대의 명사들과 깊이 교류하였다. 공산公山에 지은 월선정月先亭에는 월사 이정구가 기문記文을 썼다. 그런가 하면 백사 이항복이 새 집을 짓자 탄은은 이를 축하하는 시를 지어 보내기도 했다. 동시대에 그림 보는 안목을 갖춘 최립, 허균, 차천로, 황정욱 같은 문인들이 다투어 탄은의 묵죽화의 아름다움과 품격을 노래했다.

탄은의 묵죽은 필법이 건실할 뿐만 아니라 대단히 다양한 모습을 보여준다. 본래 대나무 그림은 변화의 여지가 적은데 탄은은 세죽細竹, 왕죽王竹, 풍죽風竹, 우죽雨竹, 설죽雪竹 등 대나무의 다양한 자태를 능숙하게 표현하였다. 또한 한 화폭 속에서 농담을 달리하기도 하면서 대나무의 사의성寫意性과 사실성을 절묘하게 아울렀다. 문자 그대로 대나무의 청신한 신운이 감돈다. 게다가 본격적인 대작이 많아 그 기량이 한껏 돋보이고 감동의 울림이 크다.

탄은의 유작 중 훗날 백하 윤순이 화제畵題를 덧붙인 〈풍죽도〉는 필치가 대단히 날렵하여 신선한 분위기가 일어난다. 그의 대나무 그림은 노년으로 갈수록 굳센 맛을 보여준다. 59세가 되는 '1609년 초봄에 월선정에서 그렸다'는 〈니금세죽도泥金細竹圖〉(쌍폭)는 검은 비단에 금물로 그려 중후한 분위기를 지닌 작품이다. '천계天啓 임술년(1622)에 월선정에서 탄은이 그렸다'는 관기款記가 들어 있는 〈우죽도〉는 82세의 노년 필인데도 긴장감 있게 늘어진 댓잎에 흐느끼는 듯한 감정이 들어 있다.

남태응의 《청죽화사》, 이긍익李肯翊의 《연려실기술燃藜室記述》에서 전하기를 "탄은은 임진왜란 때 피란 가다가 왜장倭將의 칼에 맞아 오른쪽 팔이 부러져서 다시 이어 붙였는데 이후로 붓을 잡으면 신神이 돕는 듯 갑자기 일격一格이 높아졌으니 의사는 팔을 고칠 때 속기俗氣까지 고친 셈이다"라고 했다. 이것이 사실이라면 크게 다쳤던 팔로 붓을 잡자니 전보다 더 신경을 쓰지 않을 수 없었을 것이다.

탄은 이정이 묵죽에서 남다른 경지를 보여준 것은 그가 단지 대나무만 잘 그리는 여기화가여서가 아니다. 모든 소재를 다 소화할 수 있는 화가적 기량을

갖추고 있었기 때문이다. 탄은은 비록 전하는 작품이 몇 안 되지만 산수, 난초, 매화에서도 뛰어난 솜씨를 보여주었다.

오동나무 아래에서 한 선비가 달을 가리키는 〈문월도問月圖〉라는 두 폭짜리 그림은 시정 가득한 작품으로 조선 중기의 산수인물도 중에서도 명작으로

왼쪽_ **우죽도**, **이정**, 1622년, 비단에 수묵, 119.1×57.3cm, 국립중앙박물관 소장
오른쪽_ **통죽도**, **이정**, 17세기 초, 비단에 수묵, 148.8×69.8cm, 국립중앙박물관 소장(동원 기증)

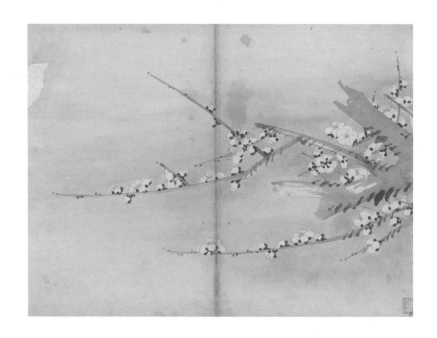

꼽을 만한 아름다운 작품이다.

국립중앙박물관에는 75점의 그림이 수록된 《화원별집畵苑別集》이라는 조선회화사상 최고로 꼽히는 화첩이 있다. 이 화첩에는 공민왕, 이상좌, 김지, 이불해, 이숭효, 이정, 이정근 등 우리가 알고 있는 조선 초기·중기 작품의 대부분이 수록되어 있다. 그림의 수준도 아주 높은 화첩이다.

1909년 일본인 화상에게서 구입했다는 이 화첩은 표지에는 정조 때의 명필인 유한지兪漢芝의 표제 글씨가 붙어 있는데 대략 세 개의 화첩을 한데 묶은 것으로 생각된다. 하나는 미수 허목이 보았다는 낭선군 이우 소장의 화첩으로 보이고, 또 하나는 공재 윤두서의 화평이 실려 있는 화첩이며, 나머지 하나는 후대의 수집으로 정조 시대 화가의 그림까지 실려 있다.

《화원별집》에는 탄은의 대나무 그림과 함께 난초와 매화 그림도 실려 있다. 검은 비단에 금물로 그린 〈니금춘란도泥金春蘭圖〉는 난초 잎이 더없이 유려하다. 흐드러진 멋을 풍기면서도 고고한 기품을 잃지 않고 있다.

그리고 〈야매도夜梅圖〉에 이르면 상찬을 금할 수 없다. 일지매로 표현한 매

야매도(화원별집 중). 이정. 17세기 초, 종이에 담채, 30.3×40.7cm, 국립중앙박물관 소장

화 가지와 꽃이 상큼할 뿐만 아니라 담묵의 푸른색으로 표현한 밤하늘은 가히 환상적이다. 나는《화원별집》에 수록된 75점의 작품 중 탄은의 〈야매도〉를 가장 사랑한다.

탄은 이정은 모든 면에서 프로 중에서도 프로다운 모습을 보여준 조선 중기의 대가였다. 탄은의 그림은 대나무, 난초, 매화, 산수 어느 것이나 묘사된 대상에 신운이 감돌고 고고한 기품이 서려 있다. 세종 현손이라는 왕손의 품격에 백사 이항복, 월사 이정구, 간이당 최립 같은 문인들과 시를 주고받는 높은 교양과 학식이 그림 속에 배어 있기 때문이다. 그것은 그린다고 나타나는 것이 아니라 저절로 풍겨나오는 것이다.

퇴계 이황은 영천자 신잠의 대나무 그림을 보면서 마치 '영천자의 자화상'을 보는 듯하다고 했는데, 탄은의 그림이야말로 그의 고고한 인품을 그대로 보여주는 그의 자화상 같다. ◎

니금시고 泥金詩稿, 이정, 17세기 초, 비단에 금니, 25.2×25.2cm, 개인 소장

5. 학림정 이경윤 〈사호위기도〉· 《산수인물화첩》

말하는 것이 입이 아니라 손가락에 나타나 있네

선조를 혹자는 임진왜란을 겪은 무능한 임금으로 평한다. 그러나 조선 후기 문인들은 선조 연간을 '목릉성세穆陵盛世'라며 그 문화적 성숙을 칭송하였다. 목릉은 선조의 능호이다.

선조 시대에는 권율, 이순신 같은 장군은 물론이고 율곡 이이, 송강 정철, 우계 성혼, 서애 유성룡, 백사 이항복 등의 문신 학자들이 활동하고 있었다. 문장에서 간이당 최립, 글씨에서 석봉 한호, 그림에서 양송당 김지, 탄은 이정 그리고 학림정鶴林正 이경윤李慶胤(1545~1611)이 있었다. 남태응은 《청죽화사》에서 학림정을 이렇게 평했다.

학림정의 그림은 고담한 가운데 정취가 있고 고상하고 예스러움이 있으면서 색태色態도 있다. 또 십분 세련되어 거칠거나 엉성한 데가 하나도 없으니 진실로 화가의 삼매경에 든 분이라 할 수 있으며 양송당과 비교해 나으면 나았지 못할 것이 없다.

학림정 이경윤은 성종의 아들인 이성군利城君의 종증손이다. 조선시대 왕손의 경우 '종친불사宗親不仕'의 원칙이 있었기 때문에 과거를 보거나 실직에 나갈 수 없어 사회적 실천의 기회를 갖지 못했지만 다행히도 학림정은 그림에서 기량을 발휘하여 조선 중기 회화사에서 선비화가의 몫을 톡톡히 해냈다.

학림정의 그림은 한결같이 고아한 분위기에 품격이 높을 뿐만 아니라 기법이 뛰어나서 도저히 아마추어의 그림이라고 할 수 없는 프로의 면모를 보여준다. 더욱이 〈사호위기도四皓圍碁圖〉, 〈학과 신선〉 같은 대작도 남겼다.

〈사호위기도〉는 상산常山의 네 늙은이가 바둑 두는 모습을 그린 것이다. 일찍이 유복렬의 《한국회화대관》과 이동주의 《한국회화소사》를 통해 소개된

사호위기도, 이경윤, 16세기 후반, 종이에 담채, 124.2×72.0cm, 개인 소장

바 있으나 전시회에 출품되지 않아 일반에게는 잘 알려지지 않은 작품이다. 이번에 작품을 실견해보니 가히 명성에 값하는 본격적인 산수인물도였다. 보존 상태도 아주 좋다.

이 작품은 무엇보다도 구도가 안정되어 있고 바둑판에 모여 있는 네 늙은 이의 몸동작과 표정이 정확하며, 흐드러진 운치를 보여주는 소나무, 거꾸러질 듯한 산봉우리, 냇물의 표현이 조선 중기 절파화풍浙派畵風의 전형을 보여준다. 간결하면서도 고풍스런 멋이 학림정의 화격畵格이라 할 만하다. 화면 상단에는 위창 오세창이 고증한 장문의 발문이 쓰여 있다.

학림정의 그림은 당대부터 유명하여 많은 문인들이 그의 그림에 제시題詩를 남겼다. 노수신은 그의 《금강산화첩》에 부치는 시를 지었으며, 훗날에는 숙종까지 제시를 썼다. 학림정의 화첩 중 잘 알려진 것으로는 〈고사탁족도〉가 들어 있는 고려대학교박물관 소장본이 있으며, 국립중앙박물관에도 채색이 가해진 화첩이 있다. 이 외에도 화첩과 편화들이 여럿 전한다.

그러나 학림정의 도서낙관이 명확히 찍혀 있는 작품은 없다. 이는 당시의 그림 관행이 그러했기 때문인데 호림박물관에 소장된 《산수인물화첩》은 당시 최고의 문장가로 꼽히던 간이당簡易堂 최립崔岦의 화제가 들어 있어 학림정 그림의 기준작이 된다.

《산수인물화첩》은 총 21면이다. 그중 아홉 폭에 1598년 겨울과 1599년 초봄에 쓴 간이당의 찬시와 발문이 실려 있어 학림정의 40대 작품임을 알 수 있다. 간이당은 이 화첩의 첫 폭인 〈시주도詩酒圖〉라는 작품에 다음과 같은 장문의 글을 적었다.

우리나라의 명화는 대부분 재능이 뛰어난 종실에서 나왔는데, 지금 세상에 전하는 석양정石陽正 이정李霆의 매죽이나 학림정 형제의 산수는 매우 우수한 작품에 속한다. 홍사문洪斯文이 북쪽에서 올 적에 학림정의 흩어진 그림들을 많이 수집해 가지고 와 나에게 보여주며 화제를 부탁하였다.

내가 살펴보니 인물을 묘사한 것이 그중에서도 특히 뛰어났으니, 요컨대 모두가 범속한 풍모들이 아니었다. 나는 학림정을 한 번도 본 적이 없지만

어쩌면 자기도 모르는 사이 이 그림 속에 자신의 모습과 비슷한 인물을 그려 넣었는지도 모르겠다는 생각이 들었다.

간이당의 말대로 화첩 속의 인물들은 명확한 이야기를 갖고 있다. 그래서 인물의 표현에 주안점을 두어 배경은 소략한 필치로 분위기만을 나타내는 데 그쳤지만 의습선衣褶線은 날카롭고 몸동작도 정확하다. 남태웅은 색태sexy가 있다고도 했다. 그러나 우리는 학림정이 어떤 마음으로 인물들을 그렸고, 각 인물들은 어떤 이야기를 갖고 있는지 알아내기 힘든 경우가 많다.

예를 들어 책상 앞에 앉아 붓을 들고 무언가를 쓰려고 하는 선비를 그린 작품에 간이당의 글이 없었다면 나는 이 그림을 그저 운치 있는 곳에서 글을 쓰고 있는 선비를 그린 것으로 생각하는 데 그쳤을 것이다. 간이당은 이 그림의 제목을 〈욕서미서欲書未書〉라고 하고 다음과 같이 읊었다.

글을 쓰면 아는 것 모르는 것 죄다 드러나니　　書以出紛紛知不知

욕서미서(학림정 산수인물화첩 중). **이경윤**, 16세기 후반, 종이에 수묵, 26.8×32.9cm, 호림박물관 소장

쓰려고 하지만 아직 쓰지 않은 때가 좋구나 　　吾樂子欲書未書時

　글 쓰는 사람의 마음을 그렇게 표현한 그림일 줄은 정말 몰랐다. 간이당의
가르침대로 화첩 속의 그림들을 보면 작품 속에 인생이 푸근히 들어 있어 인문
적 가치가 확 살아난다. 동자에게 지팡이와 걸망을 들리고 떠나려는 사람을 다
른 두 사람이 송별하는 장면을 그린 〈유장자행有杖者行〉이라는 그림에서는 이렇
게 읊었다.

　　　누구는 집 안에서 지팡이 짚고 　　　　　　　執爲杖於家
　　　누구는 마을에서 지팡이 짚는가 　　　　　　執爲杖於鄕
　　　아니면 지팡이 안 짚은 사람은 집 안에 있고 　抑無杖者居
　　　지팡이 짚은 사람들만 길을 가는 것인가 　　而有杖者行輿

　이처럼 간이당의 그림 보는 눈은 여간 날카로운 것이 아니었다. 길에서 두

유장자행(학림정 산수인물회첩 중), **이경윤**, 16세기 후반, 종이에 수묵, 26.9×32.3cm, 호림박물관 소장

노인이 만난 장면을 그린 〈노중상봉路中相逢〉은 이렇게 설명했다.

> 말하는 것이 입이 아니라 손가락에 나타나 있고　語者不形扵口而形扵指
>
> 듣는 것은 귀가 아니라 맞잡은 손에 나타나 있네　聽者不形扵耳而形扵拱

　학림정 이경윤의 《산수인물화첩》 속 제시들을 보면 간이당 최립은 과연 선조 시대의 가장 뛰어난 문장가로 꼽힐 만했다는 감동을 준다. 그리고 이 화첩은 우리에게 옛 그림을 보는 눈은 그림의 됨됨이와 화가의 필치에 대해서만 관심을 가질 것이 아니라 내용까지 면밀히 읽어내야 그림의 참 가치를 알 수 있다는 사실을 말해준다. 이를 독화법讀畵法, 즉 '그림 보기'가 아니라 '그림 읽기'라고 한다.

　그러나 간이당 같은 명문장가의 제시가 없는 그림을 간이당처럼 속속들이 읽어낸다는 것은 참으로 어려운 일이기만 하다. ◎

6. 〈독서당 계회도〉

율곡, 서애, 송강이
함께 공부하던 한때

오늘날 그림이라고 하면 사람들은 으레 감상화, 장식화를 생각하지만 카메라가 없던 시절 그림의 중요한 기능 중 하나는 사진을 대신하는 시각적 기록이었다. 초상화가 그 대표적인 예이다. 이와 아울러 옛사람들은 모임을 가진 다음에는 이를 기념하기 위해 그림을 그렸다. 우리가 야유회 가서 단체 기념사진을 찍는 것과 같은 마음의 소산이다. 조선 전기에는 그런 기념화로 계회도契會圖가 성행하였다.

계(契 또는 稧)는 사대부들이 친목을 위해 시와 술을 즐기며 어울린 모임으로 수계修稧라고도 한다. 역사적 유래로는 4세기 동진의 왕희지가 소흥 난정蘭亭에서 41명의 명사들과 어울린 난정수계蘭亭修稧, 8세기 당나라 백거이를 중심으로 한 향산구로회香山九老會, 12세기 송나라 사마광을 중심으로 한 낙양기영회洛陽耆英會 등이 있다. 이들을 본보기로 하여 계모임을 만들곤 했다.

조선왕조 16세기로 들어서면 계가 크게 유행하고 이에 따른 계회도 제작이 성행하여 고유섭의 《조선화론집성》에 조사된 계회도의 제시와 제발題跋이 무려 130여 건이나 된다. 현재 전하는 조선 초기·중기의 계회도도 100점이 넘는다.

조선 전기의 계회는 주로 관료들의 친목 모임이었다. 현재 전하는 〈미원薇垣 계회도〉(보물 868호), 〈추관秋官 계회도〉(보물 1616호) 등이 대표적인 예이다. 미원은 사간원司諫院의 별칭이며, 추관은 형조刑曹의 별칭이다. '이조낭관吏曹郞官 계회'는 요즘으로 치면 '안전행정부 과장 모임' 정도가 된다.

많은 계회도 중에서 1570년(선조 3)에 제작된 〈독서당讀書堂 계회도〉를 여기에 소개하는 것은 이 계회도 속에 들어 있는 인문정신을 말하고 싶어서이다.

독서당은 호당湖堂이라고도 하는데 독서당 제도는 세종 때 사가독서제賜暇讀書制에서 비롯되었다. 세종은 집현전에 소속된 연소능문지사年少能文之士, 즉

독서당 계회도, 작가 미상, 1570년, 비단에 수묵, 102.0×57.5cm, 보물 867호, 서울대학교박물관 소장

나이는 어리지만 문장에 능한 젊은 문신들에게 휴가를 주어 맘껏 독서에 몰두할 수 있도록 했다. 일종의 안식년 또는 연구년 제도이다.

성종 대에 이르러서는 서거정이 아예 독서당을 따로 두자고 건의함에 따라, 1492년(성종 23) 마포 한강변에 있던 사찰을 개조하여 남호독서당南湖讀書堂을 열었다. 1517년(중종 12)에는 동호대교와 성수대교 사이의 두모포豆毛浦에 독서당을 설치하고 동호독서당東湖讀書堂이라 했다. 동호독서당은 임진왜란 때 불탔고 이괄의 난과 병자호란 등으로 사가독서제가 없어지면서 독서당의 기능도 크게 위축되었다. 이후 독서당은 형식상으로만 존재하다가 정조 때 규장각이 그 역할을 이어갔다.

이 독서당 제도는 인재 양성을 위한 대단히 훌륭한 제도여서 유명한 문신·학자들이 많이 배출되었다. 한때 대제학은 독서당을 거친 사람이라야 임명이 가능하게끔 제도화되어 있을 정도였다.

현재 서울대학교박물관에 소장된 1570년 작 〈독서당 계회도〉를 보면 참석자명단에 정철鄭澈, 이이, 유성룡柳成龍, 윤근수尹根壽, 정유일鄭惟一, 구봉령具鳳齡, 이해수李海壽, 신응시辛應時, 홍성민洪聖民 등 아홉 명이 들어 있다. 송강 정철, 율곡 이이, 서애 유성룡, 월정 윤근수 등이 젊은 시절에 여기서 함께 공부한 독서당 동기생이었음을 말해준다. 이 사실만으로도 이 그림의 문화사적 의의를 높이 새길 수 있다.

조선 전기 계회도는 대개 3단의 축軸으로 구성된다. 상단에는 계회의 명칭을 전서체篆書體로 가로로 길게 띠 모양으로 적고, 중단에는 계회 장면을 그린 그림이 자리하며, 하단에는 참석자의 이름·생년·본관·관직명 등을 기록한 좌목座目을 세로로 나란히 써넣었다.

또 조선 전기 계회도 그림에는 정형화된 형식이 있었다. 전각에서 열린 경우는 전각 중심의 산수화로 그렸고, 야외에서 열린 경우는 현장 분위기를 가볍게 나타내곤 했다. 그런가 하면 현장을 사실적으로 사생하는 것이 아니라 강변에 여럿이 둘러앉아 시를 짓는 모습을 그린 경우가 많았다. 강에는 배가 떠 있고 강변의 바위 위에는 운치 있는 소나무 두어 그루가 있어, 당시 유행하던 소상팔경瀟湘八景의 산수화에서 일부분을 취한 것 같은 풍경이다. 그림에 등장하는 인물의 수는 좌목에 적힌 숫자와 같다.

　그런데 이 〈독서당계회도〉는 한강변에 있던 독서당 실경을 그렸다는 점에서 주목된다. 강에는 여러 척의 배가 있고 화면 왼쪽으로 무게를 둔 산에는 소나무 숲이 형성되어 있으며 그 산자락 가운데에는 독서당 건물이 있다. 독서당 한쪽에는 문신들이 앉아 있으며 건물 뒤쪽으로는 고갯마루를 넘어가고 있는 인물이 그려져 있다.

　아직 실경의 박진감이 살아 있는 사생은 아니지만 주변의 경관에 충실하려는 뜻만은 여실히 살아 있다. 한편 1531년(중종 26)에 제작된 〈독서당 계회도〉(일본 개인 소장) 또한 실경을 따르고 있어 이것이 혹 독서당 계회도의 독특한 전통이 아니었나 생각해보게도 된다. 이런 실경의 묘사가 훗날 진경산수로 이어지는 사생의 전통이었던 것이다.

　독서당 건물이 있던 자리에는 현재 고층 아파트가 들어서 있어 이 〈독서당 계회도〉만이 그 옛날을 증언하고 있다. ◎

7. 연담 김명국의 일본행

밀려드는 그림 주문에 연담은 울려고 했다

어느 시대에나 기인奇人이나 괴짜가 있다. 사회적 관행과 통념으로부터 일탈한 이들의 행동은 많은 일화를 남기면서 그 시대 사회상을 간접적으로 반영해준다. 기인과 괴짜는 대개 특출한 재주를 갖고 있는 강한 개성의 소유자로 사회적 부조리에 날카롭게 대항하기보다는 낭만적으로 도피하는 경우가 많다.

조선시대 회화사에는 3대 기인이 있다. 17세기 인조 때 연담 김명국, 18세기 영조 때 호생관 최북, 19세기 고종 때 오원 장승업이다. 이들의 공통점은 화가로서 타고난 천분을 갖고 있으면서 환쟁이 또는 중인이라는 신분적 제약 때문에 기행奇行을 일삼았고, 술로써 자신을 달랬던 주광酒狂이었다는 점이다. 그로 인해 이들의 작품은 한결같이 뛰어난 걸작과 불성실한 졸작이 뒤섞여 있다. 본래 기인은 자기 관리를 하지 않고 그럴 처지도 아니기 때문이다.

연담蓮潭 김명국金命國의 생몰연대는 미상이나 1636년(인조 14)과 1643년(인조 21)에 조선통신사를 수행하여 일본에 다녀온 적이 있고, 1651년(효종 2) 현종의 결혼식 때 설탄 한시각과 함께 가례도감의궤도의 제작에 참여했다는 사실이 기록으로 확인된다.

연담은 말술이었던 탓에 이와 관련하여 많은 일화를 남겼다. 술을 마시지 않고는 그림을 그리지 않았다고 하는데 실제로 유작 중에는 취필醉筆의 흔적이 많고 호를 아예 취옹醉翁이라고 하였다. 이에 대해 남태응이 증언하기를 연담은 술을 마시지 않으면 그림을 그리지 않았고, 또 술에 취하면 취해서 그릴 수 없어서 다만 '욕취미취지간慾醉未醉之間', 즉 취하고는 싶으나 아직 취하지 않은 상태에서만 명작이 나올 수 있다고 했다.

연담의 기행은 조선통신사의 수행 화원으로 일본에 갔을 때도 여전했다. 본래 통신사의 규모는 300 내지 500명으로 여기에는 임무 수행에 필요한 그림을 그리는 화원 한 명이 정식 요원으로 편성되어 있었다. 이때 화원은 사자

달마도, 김명국, 17세기 중엽, 종이에 수묵, 83×57cm, 국립중앙박물관 소장

관寫字官과 함께 일반인을 위해 글씨를 써주고 그림을 그려주는 등 민간외교도 같이 맡는 것이 관례였다.

1636년 조선통신사가 일본으로 갈 때 연담을 데려간 것은 탁월한 선발이었다. 당시나 지금이나 일본 집에는 다다미 한 장 크기의 '도코노마[床の間]'라는 공간이 있어 글씨나 그림 족자를 걸고 그 아래에 꽃꽂이를 장식하는 것이 집안 장식의 정석이다. 그림과 글씨에 대한 현실적 수요가 그만큼 컸던 것이다. 때문에 조선통신사가 오면 그림과 글씨를 얻으려는 주문이 쇄도할 수밖에 없었다.

특히 연담이 갔을 때 일본에서는 일필휘지로 그리는 감필법減筆法의 〈달마도〉, 〈신선도〉 같은 선승화禪僧畵가 일대 유행하고 있었다. 이런 속필速筆의 도석인물화는 연담의 필치와 기질에 잘 맞아떨어졌다.

일본에 도착하자 연담은 왜인들의 요구에 따라 신들린 듯이 그림을 그려주었다. 연담으로서는 자신의 기량을 한껏 보여줄 수 있는 계기였다. 그 소문이 일본 전체에 퍼지면서 그의 그림을 보러온 사람들이 '구름같이 모여들었다.' 그림 요청이 너무 쇄도하여 연담은 밤잠을 제대로 자지 못할 정도였다고 한다. 통신사의 부사副使로 갔던 김세렴金世濂이 쓴 《동명해사록東溟海槎錄》에는 이때의 일을 다음과 같이 기록하고 있다.

> 병자년(1636) 11월 14일
> 글씨와 그림을 청하는 왜인이 밤낮으로 모여들어 박지영, 조정현, 김명국이 괴로움을 견디지 못하였다. 김명국은 울려고까지 했다.

그리하여 7년 뒤인 1643년에 통신사가 또 가게 되었을 때 일본 쇼군[將軍]의 막부에서는 화원은 "연담 같은 사람이 오기를 바람[願得如蓮潭者]"이라는 특별한 공식 요청을 하기에 이르렀다.

조정에서는 이를 받아들여 파격적으로 김명국과 이기룡李起龍을 함께 보냈다. 임진왜란 이후 재개된 열두 번의 조선통신사 행차에서 화원이 두 명 간 경우와 한 화원이 두 번이나 간 경우는 연담 김명국밖에 없다. 이런 특별한 사정을 생각해볼 때, 혹시 연담의 두 번째 도일渡日은 아예 주문화에 응하기 위해

특별히 파견한 것이 아닌가 하는 추측도 해보게 된다.

《해행총재海行摠載》를 보면 연담의 두 번째 도일에서도 왜인들의 서화 주문은 여전했다. 당시 일본에서 보여준 연담의 활약상을 기록한 공식 문서는 없지만 남태응은《청죽화사》에서 이런 얘기를 전한다.

김명국이 통신사를 따라 일본에 갔더니 온 나라가 물결일 듯 떠들썩하여 (김명국의 그림이라면) 조그만 조각이라도 큰 구슬을 얻은 것처럼 귀하게 여겼다.

왼쪽_ **수노인도, 김명국**, 17세기 중엽, 종이에 수묵, 105.2×52.8cm, 간송미술관 소장
오른쪽_ **달마 도강도, 김명국**, 17세기 중엽, 종이에 수묵, 97.6×48.2cm, 국립중앙박물관 소장

한 왜인이 잘 지은 세 칸 별채의 사방 벽을 좋은 비단으로 바르고 천금을 사례비로 하여 김명국을 맞아 장병화障屏畵를 그려달라고 부탁했다.

김명국은 먼저 술부터 찾았다. 양껏 마신 다음 취기에 의지하여 비로소 붓을 찾으니 왜인은 금가루[泥金] 즙을 담은 주발을 받들어 올렸다. 김명국은 그것을 받아 한입 가득 들이킨 다음 벽의 네 모퉁이에 뿜어서 그릇을 다 비워버렸다. 왜인은 깜짝 놀라고 또 크게 화가 나서 칼을 뽑아 꼭 죽일 듯이 하였다.

그러자 김명국은 크게 웃으면서 붓을 잡고 벽에 뿌려진 금물 가루를 쓸듯이 그려가니 혹은 산수가 되고 혹은 인물이 되며, 깊고 얕음과 짙고 옅음의 설색設色이 손놀림에 따라 천연스럽게 이루어져 채색이 더욱 뛰어나고 기발하였으며, 필세筆勢가 힘차고 살아 움직이는 것이 잠시도 머무는 데가 없는 것 같았다.

작업이 끝나고 나니 아까 뿜어졌던 금물 가루의 흔적은 한 점도 남아 있지 않고 울창한 가운데 약동하는 모습이 마치 귀신의 도움으로 된 것 같았다. 김명국 평생의 득의작이었다.

왜인은 놀랍고 기뻐서 머리를 조아려 몇 번이고 사례를 할 따름이었다. 왜인은 이 별채를 잘 보호하여 나라의 볼 만한 구경거리로 삼으니, 멀고 가까운 데서 소문을 듣고 다투어 모여들었다. 이것을 돈을 내고 보도록 하니 몇 년 안 되어 공사비가 다 빠지게 되었다.

그 왜인의 자손들은 지금도 잘 보존하고 있으며, 혹 다치기라도 할까봐 기름막[油幕]으로 덮어두고 있다고 한다. 또 우리 사신이 가면 반드시 먼저 열어 보이면서 이것을 자랑스럽게 생각한다고 한다.

나는 이 이야기가 거짓이 아닐 거라고 생각하며, 물건을 정성스럽게 간수하는 일본인의 습성을 고려할 때 어느 대갓집에 이 장병화가 지금도 남아 있을 것으로 기대하고 있다.

연담이 일본에서 그린 그림도 제법 전한다. 일본의 '고화사전古畵事典'이라고 할 아사오카 오키사다[朝岡興禎]의 《고화비고古畵備考》 중 〈조선서화전朝鮮書

畵傳)에는 당시 조선통신사 수행 화원의 작품이 많이 수록되어 있다. 그중에는 연담의 〈포대화상도布袋和尙圖〉에 들어 있는 '취옹'이라는 낙관과 김명국 도인이 실려 있다. 또 일본에 전하는 연담의 유작이 현재 10여 점이나 된다. 그의 유명한 대표작인 〈달마도〉, 〈수노인도〉도 일본에 전래되던 것이다.

　연담은 본래 꼼꼼하게 그리는 그림은 적성에 맞지 않았다. 산수인물화를 그릴 때도 광필狂筆을 보여주었다. 그런 연담이 일본에서 일필휘지로 그린 감필법의 도석인물화는 그의 천품을 발휘할 수 있는 최고의 소재였던 것이다. 연담으로서는 모처럼 화가로서 '몸을 풀어본' 순간이었다.

　이렇게 연담 김명국은 당시 일본에서 '한류 화가'로 명성을 얻었지만 국내로 돌아온 다음에는 다시는 기량을 발휘할 기회를 얻지 못하고 여전히 술주정뱅이 환쟁이로 술독에 파묻혀 기인으로 살아가야 했다. 신필神筆의 연담을 기인으로 만든 것은 세상이었다. ◎

《고화비고》에 실린 김명국의 낙관과 도인

석공이 마침내 그림 속의 주인공이 되었네

공재恭齋 윤두서尹斗緖(1668~1715)가 숙종 연간의 뛰어난 문인화가라는 사실에는 이론이 없다. 하지만 학자에 따라 조선 중기의 마지막 화가로 언급되기도 하고 후기의 선구적인 화가로 불리기도 한다. 구시대의 막내이자 신시대의 선구였기 때문이다.

공재를 이야기할 때 중요한 사항 하나는 그가 화가이기 이전에 뛰어난 실학자였다는 사실이다. 그가 조선 후기 속화俗畵의 선구가 된 것은 그의 학자적 삶의 과정이자 결과물이었던 것이다. 이 점을 이해하지 않으면 공재가 이룩한 회화적 업적을 올바로 평가하기 힘들다.

공재는 해남윤씨 명문가 출신으로 고산 윤선도의 증손자이고 다산 정약용의 외증조할아버지이다. 당색은 남인이었다. 서울에 살면서 26세 때 진사시에 합격했으나 당쟁이 심해지면서 남인에게는 출셋길이 열리지 않자 벼슬을 포기하고 학문과 예술에 전념하며 지냈다. 그러다 46세 되는 1713년 해남으로 낙향하였다. 그리고는 2년 뒤 48세로 세상을 떠났다.

공재는 실학의 선구였다. 훗날 성호星湖 이익李瀷은 공재의 학문에는 항상 '실득實得'이 있었다며 공재가 세상을 떠나자 "이제는 어디 가서 물어볼 곳이 없다"고 하면서 "하늘은 왜 나의 분신分身을 빼앗아갔는가"라고 통탄했다.

벗들이 증언하는 공재의 모습은 외모를 보면 장수와 같으며 그 기상은 일국의 재상이 되고도 남음이 있다고 했다. 공재의 그런 인간상에 대해서는 그의 유명한 〈자화상〉에 담헌澹軒 이하곤李夏坤이 붙인 시에 잘 나타나 있다.

> 육 척도 안 되는 몸으로 사해四海를 초월하려는 뜻이 있었네
> 긴 수염 길게 나부끼고 얼굴은 기름지고 붉으니
> 바라보는 자는 사냥꾼이나 검객이 아닌가 의심하지만

석공공석도, 윤두서, 18세기 초, 모시에 수묵, 그림 크기: 23.0×15.8cm, 개인 소장

右石工攻石器乃茶齋戲墨而俗所謂
俗畫也頗得形似視諸觀我齋猶遜
一籌　石農金光國

저 진실로 자신을 낮추고 양보하는 기품은
또한 돈독한 군자로서 부끄러움이 없구나

공재가 오늘날 이름을 남긴 것은 그림이지만 시에서도 일가를 이루었다. 공재의 시는 그림과 마찬가지로 낙향 이전과 이후가 완연히 다르다. 일찍이 공재는 〈옥玉〉이라는 한글 시조를 지었다.

옥에 흙이 묻어 길가에 버리시니
오는 이 가는 이 흙이라 하는 고야
두어라 알 이 있을지니 흙인 듯이 있거라

야인으로 살아가는 사람의 긍지와 자기 다짐이 들어 있다. 어쩌면 옥으로 빛을 볼 시절이 올지도 모른다는 기대가 남아 있던 때의 작품인 것 같다. 공재에게도 그런 시절이 있었다.

공재의 이런 모습은 그림에서도 똑같았다. 어렸을 적에 《당시화보唐詩畵譜》 같은 그림 교본을 보며 연습했기 때문에 그의 그림에는 화본풍이 많이 남아 있다. 그래서 중기의 화가로 분류되기도 한다. 공재의 화본풍 그림은 대개 선비의 은일자적 삶을 보여주는 소재가 많다.

〈송하취면도松下醉眠圖〉를 보면 나무 그늘에서 술에 취해 누워 있는 선비를 그린 것으로 느긋하고 한가로운 분위기가 잘 나타나 있다. 인물 묘사가 정확하고 표정도 살아 있다. 공재의 뛰어난 데생력은 실제로 마구간에서 말을 보며 스케치하거나 동자를 모델로 세워놓고 데생하면서 얻어낸 것이었다.

그러나 모든 것을 포기하고 해남으로 낙향한 이후에는 사정이 전연 다르다. 시골집의 정경을 노래한 〈전가즉사田家卽事〉라는 시에 이르면 공재는 대단히 현실적인 색채를 띠게 된다.

모기는 일어나고 파리는 잠드니 날이 더울까 두렵고
푸르고 설익은 보리는 밥을 끓여 이룰 수 없구나

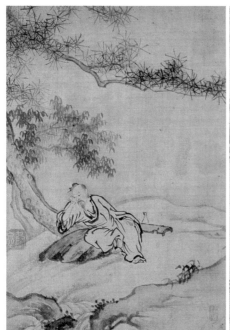

이웃집 개는 짖고 외상 술빚은 급한데
고을 서리마저 세금을 재촉하러 깊은 밤 문에 이르렀구나

　공재는 그림 속에도 현실을 담기 시작했다. 그중 하나가 〈짚신 삼기〉이다. 나무 그늘 아래에서 졸고 있던 선비를 짚신 삼는 농부로 대치시킨 것이다. 선비의 자리에 농부를 그렸다는 것은 엄청난 변화였다. 동시대에 이런 과감한 변화를 보여준 것은 공재뿐이었다. 그러나 배경 처리는 여전히 관념적인 것을 보면 그는 여기서 현실을 그린 것이 아니라 그림 속에 현실을 집어넣은 것이라고 해야 할 것 같다. 리얼리즘의 획득이란 이처럼 어렵고 점진적인 것이었다.
　이처럼 그림 속에 현실을 담아가던 공재는 결국 현실 자체를 그림으로 그리기에 이르렀다. 바로 〈목기 깎기〉, 〈나물 캐기〉, 〈석공공석도石工攻石圖〉 등이

왼쪽_ **송하취면도**. 윤두서, 18세기 초, 모시에 수묵, 32.4×22.6cm, 해남윤씨종가 소장
오른쪽_ **짚신 삼기**. 윤두서, 18세기 초, 모시에 수묵, 32.4×21.1cm, 보물 481-1호, 해남윤씨종가 소장

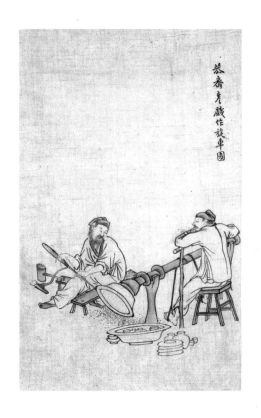

다. 〈석공공석도〉는 한 석공이 조수와 함께 돌 깨는 모습을 현장감 있게 그렸다. 정을 잡고 있는 석공은 조수가 쇠망치를 내리치는 순간 돌가루가 얼굴에 튀어오를 것을 예상하여 고개를 젖힌 채 얼굴을 찡그리고 있다. 그 표정을 생생히 표현하기 위해 눈가에 수정을 가했다. 이처럼 현실을 생생하게 담아낸 이 그림은 조선 후기 속화의 개막을 알리는 서막이었다. 훗날 18세기의 유명한 감식가였던 석농 김광국은 다음과 같은 뜻깊은 화평을 남겼다.

이 〈석공공석도〉는 공재가 그린 것으로 세상에서 말하는 소위 속화이다.
右石工攻石圖 乃恭齋戲墨 而俗所謂俗畫也

석농은 이 글에 뒤이어 공재의 그림은 자못 사실성을 보이고는 있지만 "관

목기 깎기, 윤두서, 1719년, 모시에 수묵, 32.4×20.0cm, 보물 481-1호, 해남윤씨종가 소장

아재에 비한다면 한 수 아래라 하겠다"는 평을 가했다. 그러나 과연 그럴까.

조선 후기의 속화에서 관아재 조영석, 단원 김홍도, 혜원 신윤복 같은 화가가 나올 수 있었던 것은 공재가 열어놓은 길이 있었기 때문이다. 길이 생긴 이후에야 너도나도 신나게 달릴 수 있었다. 세월이 흐른 다음에는 시대가 어디로 가야 했는지 누구나 알 수 있지만 막상 자신이 살고 있는 시대 속에서는 그 길이 잘 보이지 않는다. 그때 풀섶을 헤치며 새로운 길로 나선 사람을 선구라고 할 수는 있어도 후배보다 덜 각성된 사람이라고 말할 수는 없는 것이다.

순례자는 말한다. 공재가 관아재만 못해 보인 것은 세월의 한계였지 공재의 한계는 아니었다. ◎

나물 캐기, 윤두서, 18세기 초, 모시에 수묵, 30.2×25.0cm, 보물 481-1호, 해남윤씨종가 소장

연담, 공재, 허주의 예술 세계를 비교하여 평하노라

한 시대 미술의 수준은 그 시대 비평의 수준을 통해서도 알 수 있다. 창작은 뛰어난데 볼 만한 비평이 없다거나, 비평의 수준은 높은데 창작이 따르지 못한 시절은 없다. 어느 시대든 다소 그 질에 차이가 있을 수는 있어도 창작과 비평은 함께했다.

조선시대 회화사에서 비평다운 비평이 나오는 것은 영조 대에 들어와서다. 그 대표적인 업적이 남태응南泰膺(1687~1740)의 《청죽화사廳竹畵史》이다. 청죽廳竹은 남태응의 아호이다.

남태응의 관직은 미미하고 행적은 별로 알려진 것이 없지만 미발간 육필 문집인 《청죽만록廳竹漫錄》(전 8권)의 별책으로 실려 있는 《청죽화사》는 조선시대 전체를 통틀어도 가장 수준 높은 회화 비평이라고 할 만하며 영조 이전 회화에 대하여 가장 많은 정보를 제공하고 있다. 특히 연담 김명국, 공재 윤두서, 허주 이징의 삶과 예술에 대한 수많은 증언은 우리 회화사의 내용을 풍부하게 해준다.

그는 이러한 회화 관계 기술을 화사畵史, 즉 회화사라고 하였는데 그중에는 본격적이면서도 미학적이고 철학적인 담론이 들어 있는 〈삼화가유평三畵家喩評〉이라는 명문이 실려 있다. 이 글은 17세기를 대표하는 연담 김명국, 공재 윤두서, 허주 이징 세 화가의 예술 세계를 비유적으로 평한 글이다.

문장가에 삼품이 있는데 신품神品, 법품法品, 묘품妙品이 그것이다. 이를 화가에 비유해서 말한다면 김명국은 신품에 가깝고, 이징은 법품에 가깝고, 윤두서는 묘품에 가깝다.

비급전관도, 김명국, 17세기 중엽, 종이에 담채, 121.5×82.5cm,
간송미술관 소장

학문에 비유하자면 김명국은 태어나면서 아는 자(生而知之), 윤두서는 배
워서 아는 자(學而知之), 이징은 노력해서 아는 자(困而之知)이다. 그러나 그
것이 이루어지면 매한가지이다.

이를 또 우리나라의 서예가에 비유해서 말하자면 김명국은 봉래 양사
언, 이징은 석봉 한호, 윤두서는 안평대군 이용에 해당한다.

김명국의 폐단은 거친 데에 있고, 이징의 폐단은 속(俗)됨에 있고, 윤두서
의 폐단은 작음에 있다. 작은 것은 크게 할 수 있고, 거친 것은 정밀하게
할 수 있으나, 속된 것은 고칠 수 없다.

김명국은 배워서 되는 것이 아니며, 윤두서는 배울 수 있으나 이룰 수

연사모종도, **이징**, 17세기 중엽, 비단에 담채, 103.9×55.1cm, 국립중앙박물관 소장

없고, 이징은 배울 수 있고 또한 가능하다.

　이어서 남태응은 세 화가의 화풍이 제각기 다른 점에 대해서도 평하고 있다. 그는 이 글 앞의 〈화사〉에서 세 화가의 화풍을 자세히 말하고 있는데 요체만 말한다면 김명국은 신들린 듯한 호방한 필치이고, 윤두서는 묘사가 정확하며, 이징은 화법에 어긋남이 없다고 했다. 남태응은 이를 비유적으로 평해 다음과 같이 말했다.

마상처사도, 윤두서, 18세기 초, 비단에 담채, 98.2×57.7cm, 국립중앙박물관 소장

　김명국은 해상海上의 신기루처럼 모습[結構]이 아득하고 기틀이 공교로우며 변화[神變]가 많기 때문에 그 제작을 상세히 설명할 수 없다. 떠도는 것이 일정치 않고, 보이고 사라짐이 무상無常하여 그 방향을 가리킬 수 없다. 바라보면 있으나 다가가면 없어지니 그 멀고 가까움을 측량할 수도 없다. 이처럼 찾아서 잡으려 해도 얻을 수 없고, 황홀하여 표현하기 어려우니 어떻게 그것을 배울 수 있겠는가.

　윤두서는 마치 공수반公輸般(《맹자》에 나오는 노나라의 명장)이 끌을 갖고 사람의 상을 만드는 것과 같아서, 먼저 몸체와 손발을 만들고 다음에 이목구

비를 새기는데 아주 교묘하게 만들어 터럭 하나 사람과 다르지 않게 하였다. 그러면서도 이에 만족하지 않고 그 가운데에 기관機關(엔진)을 설치하여 스스로 발동發動하게끔 함으로써 손은 쥘 수 있고, 발은 걷고 달릴 수 있고, 눈은 꿈쩍거릴 수 있고, 입은 열고 벌릴 수 있게 한 다음에야 참모습과 가상假像이 서로 뒤엉키는 조화로움까지 얻어낸 것과 같다. 그러니까 기관이 발동하기 이전까지는 아직 배울 수 있으나, 그 이후는 불가능할 것이다.

이징은 마치 위대한 장인[大匠]이 방을 만들고 집을 세우는 것과 같아서 짜임새가 법도의 틀에 부합하지 않음이 없고 컴퍼스와 자로 네모와 원을 만들고 먹줄로 수평과 수직을 맞추어 대단한 설계와 기교機巧를 쓰지 않고도 작업을 마치고 나서 보면 규모가 가지런하고 어디 한 군데 법도에 어긋남이 없으니, 이것은 모두가 인공人工으로 미칠 수 있는 바이다. 그래서 배울 수 있고 또 가능하다는 것이다.

남태응은 이 글을 쓴 것이 1732년(영조 8), 46세 때라고 명확히 밝혀놓았다. 이어서 그는 언제인지는 모르지만 〈삼화가유평〉을 보완한다며 이번에는 세 화가의 작가적 역량에 대해 평했다. 역시 비유법을 동원하였다.

김명국은 그 재주를 충분히 발휘하지 못했고, 그 기술을 끝까지 구사하지 못했다. 따라서 비록 신품이라도 거친 자취를 가리지 못했다.
윤두서는 그 재주를 극진히 다했고, 그 기술을 끝까지 다하였다. 따라서 묘妙하기는 하나 난숙함이 조금 모자랐다.
이징은 이미 재주를 극진히 다했고, 그 기술도 극진히 했으며 또 난숙했다. 그러나 법도의 밖에서 논할 그 무엇이 없었다.

남태응은 이와 아울러 중국의 역사를 끌어와 세 화가의 역량을 비유적으로 평하고 있는데, 중국 역사에 밝지 않은 사람이라면 무슨 말인지 모를 것이고, 알고 있는 사람이라면 무릎을 치면서 적절한 비유라고 감탄하게 될 것이다. 조선시대 문인들은 이 정도로 말하면 다 알아들을 수 있을 정도로 중국 역사에 대한 상식이 있었다.

세 화가를 춘추시대에 비유하면 김명국과 윤두서는 초楚나라·진晉나라가 서로 동맹하여 번갈아 맹주 노릇하는 것과 같다. 김명국은 초나라와 비슷하니 초는 힘〔力〕이다. 윤두서는 진나라와 비슷하니 진은 의義이다. 의는 오히려 힘쓸 수 있으나 힘은 억지로 할 수 없는 것이다.

이에 반해 이징은 진秦과 비슷하니 비록 한편에서는 스스로 우두머리를 차지하지만 감히 동쪽을 바라보면서 진·초에 항거하거나 제후들과 다툴 수는 없는 것과 같다.

남태응의 비평적 견해로 볼 때 이징은 테크닉이 뛰어난 화가이기는 해도 김명국이나 윤두서의 예술적 경지에는 못 미친다고 본 것이다. 남들이 이에 동의하든 아니하든 그는 다음과 같이 명확히 말했다. 역시 비유법을 사용했다.

그래서 세 사람으로 하여금 같은 장소에서 나란히 달리게 한다면, 질주할 때는 같이 질주하고, 천천히 달릴 때는 똑같이 천천히 달려 대략 서로 앞뒤가 같을 것이다. 그러나 급기야 분연히 먼지를 일으키며 달리자고 한다면 이징은 거의 맨 뒤에서 눈을 휘둥그레 뜨고 이들의 뒷모습만 바라봐야 할 것이다.

이렇게 명확하고, 재미있고, 자신 있게, 그것도 문화사적 지식을 동원한 적절한 비유를 통하여 비평을 하고 있다는 것은 남태응의 뛰어난 비평적 역량이자, 영조 시대 미술문화의 높은 수준을 말해주는 것이다. ◆

문예부흥기의
기라성 같은 화가들

조
선

후
기

임진강에 보름달이 떴다.
시와 그림으로 만나자구나

겸재謙齋 정선鄭敾(1676~1759)은 진경산수라는 한국적인 산수화 양식을 확립한 대가이다. 만약 겸재가 없었다면 한국회화사가 어찌 되었을까 상상할 수도 없다. 그러나 겸재는 화가의 천분을 타고나지는 않은 듯, 그의 작품에는 천재적 기질이 보이지 않는다.

현재까지 알려진 겸재의 기년작紀年作(제작 연도를 알 수 있는 작품) 중에서 진실로 겸재다운 첫 작품은 59세인 1734년 청하현감 시절에 그린 〈금강전도金剛全圖〉이다. 이후 모친상을 당하여 서울로 올라온 뒤에는 이전과는 전혀 다른 원숙한 경지의 진경산수를 그린다. 63세 때의 〈청풍계도淸風溪圖〉, 65세 때의 〈삼승정도三勝亭圖〉에 이르면 겸재는 한 차원 높은 진경산수의 명작을 보여준다. 그는 참으로 대기만성의 화가였다.

이후 그의 창조적 열정은 순풍을 만난 듯 이어졌고 명작을 탄생시킬 계기가 연이어 마련되었다. 1740년 초가을, 65세에 양천현령에 부임한 겸재는 이듬해에 사천 이병연과 시와 그림을 서로 바꾸어보는《경교명승첩》을 제작하였고 그 다음 해에는《연강임술첩》이라는 기념비적인 작품을 남겼다.

1742년, 67세의 겸재는 직속상관인 경기도 관찰사 홍경보洪景輔로부터 급히 연천으로 오라는 전갈을 받았다. 홍경보는 경기도 최북단의 고을인 삭령과 연천을 순시하기 위해 배를 타고 임진강 상류를 거슬러 올라가는 중이었는데 강변 곳곳에 펼쳐진 적벽赤壁의 장중한 풍광에 그윽한 시정이 일어났다.

때는 마침 송나라 소동파가 〈후적벽부後赤壁賦〉를 지은 때와 같은 임술년 시월 보름날인지라 더욱 흥이 일었다. 게다가 연천군수 신유한申維翰은 당대의 시인이었다. 이에 홍경보는 관내 고을의 수령인 양천현령 겸재도 불러 함께 뱃놀이하며 시를 짓고 그림을 그리면 더없이 훌륭한 모임이 될 것이라 생각했다.

이리하여 이들 셋은 우화정에서 만났다. 여기서 배를 타고 강을 따라 내려

와 저녁 무렵에 웅연에 닿았다. 이때의 모임을 기념해서 그린 것이 바로 〈우화등선羽化登船〉과 〈웅연계람熊淵繫纜〉 두 폭으로 이루어진 《연강임술첩漣江壬戌帖》이다. 홍경보는 이 첩에 서序를 지었고, 신유한은 장문의 부賦를 지었다.

　　높은 암벽 성벽처럼 가팔라서 구름을 꿰뚫었고, 고목의 나뭇가지는 서리를 맞았구나. 조용히 출렁대며 머뭇머뭇 나아가니 문득 재빨리 바라봐야 굽이진 경치 구경하겠다. …… 때마침 부드러운 산들바람 홀연히 불어와서 엷은 구름 폈다 말아가고, 둥근 달이 산마루로 솟아오르자 비단 무늬는 거울 바닥에 어려 퍼지고 여울 물소리 홀연히 저녁으로 사나워져 노 젓는 소리와 함께 번개 치듯 달려 나간다. …… 밝은 모래는 마전하듯 덮여 있고, 가린 안개는 비단 장막 이루는데, 말 타고 악기 불며 강기슭 돌고 기다리는 횃불은 도시와 같다.

　　겸재는 이러한 광경을 장폭의 화면에 파노라마식으로 전개하며 장대한 진경산수로 그렸다. 우화정에서 배를 타는 장면과 웅연에서 내리는 장면으로 나누어 그렸는데 그가 박진감 있는 진경산수를 그릴 때 보여주던 적묵법積墨法을 구사하여 흑백을 격렬하게 대비시켰다. 여백으로 남겨둔 누런 비단 바탕은 어둠이 깔린 듯하여 화면엔 더욱 진중한 무게감이 감돈다.

　　겸재는 뱃놀이의 사실감을 나타내기 위하여 나룻배를 기다리는 사람, 횃불을 밝혀든 사람, 관찰사의 배를 따라오는 작은 배, 정박해 있는 배, 강변의 정자와 마을의 집 등을 세세하게 묘사하였다.

　　그리하여 이 그림은 한 폭의 진경산수화이자 풍속화이며 모임을 기념하는 기록화이면서도 완벽한 감상화로 승화되었다. 진실로 노대가老大家 겸재의 원숙한 필력이 아니고서는 이루어낼 수 없는 명작이다.

　　겸재는 그림을 세 벌 그려서 세 명이 하나씩 나누어 갖도록 했다고 한다. 그중 두 벌이 전하는데 하나는 관찰사 홍경보 소장본이고 또 하나는 겸재의 소장본으로 생각된다. 관찰사 소장본은 필치가 깔끔한 데 비해 다른 한 폭은 사생풍이 역력하기 때문이다. 먼저 그린 것은 겸재가 갖고 관찰사에겐 보다 정제

된 작품을 준 것이 아닌가 생각된다. 그래서 회화적으로 볼 때는 겸재 소장본
이 훨씬 박진감 있는 진경산수로 다가온다.

　　나는 이 그림을 보면서 겸재도 겸재지만 겸재가 이처럼 대작을 그릴 수 있
도록 창작의 계기를 제공한 관찰사 홍경보에게 감사하는 마음이 일어난다. 그
는 진실로 풍류가 무엇인지, 예술이 무엇인지를 아는 교양 높은 사대부였던 것
이다. ◎

위_ 우화등선(연강임술첩 중), 정선, 1742년, 비단에 담채, 35.5×96.6cm, 개인 소장
아래_ 웅연계람(연강임술첩 중), 정선, 1742년, 비단에 담채, 35.5×96.8cm, 개인 소장

10. 겸재 정선
《경교명승첩》

내가 보낸 시에 그대가
그림을 그려 바꾸어보세

조선시대에는 단짝으로 어울린 화가와 시인이 몇 쌍 있었다. 겸재 정선과 사천 이병연, 능호관 이인상과 단릉 이윤영, 표암 강세황과 연객 허필은 서로에게 그림자 같은 존재였다. 이들은 한생을 같이 살며 시와 그림으로 어울렀다.

사천槎川 이병연李秉淵(1671~1751)은 겸재보다 다섯 살 연상으로 가문으로 보나 사회적 지위로 보나 겸재보다 위에 있었지만 평생을 벗으로 지내며 서로의 예술에 대해 깊은 신뢰와 존경을 보냈다. 한산이씨 명문가 출신으로 사마시에 합격하여 정3품 삼척부사까지 올랐지만 그에게 관직은 중요한 것이 아니었다. 그는 당대 최고의 시인으로 무려 1만 3천여 수의 시를 남겼으며,《조선왕조실록》에 졸기卒記가 실릴 정도의 명사였다.

겸재와 사천은 어린 시절 서울 청운동에 살면서 삼연三淵 김창흡金昌翕의 문하생으로 만나 각기 시와 그림에서 대성하여 '시에서 이병연, 그림에서 정선'이라고 병칭되었다. 사천의 시는 남송의 애국 시인인 육유에 비교될 정도였으니 겸재의 진경산수와는 더없이 잘 어울리는 짝이었다.

겸재와 사천은 신묘년(1711)과 임진년(1712) 두 차례에 걸쳐 금강산 유람을 함께 다녀오면서 그야말로 예술로 만났다. 천하의 명승을 두고 시인의 마음과 화가의 눈이 통하여 예술상에 시너지 효과를 일으켰다. 일찍이 소동파는 당나라 왕유의 시를 평하여 "시 속에 그림이 있고, 그림 속에 시가 있다"며 "시중유화 화중유시詩中有畵 畵中有詩"라 하였는데 사천과 겸재는 각기 자신의 예술 속에 그런 경지를 담아냈다.

겸재와 사천이 시와 그림으로 만나는 아름다운 관계는 '시화상간첩詩畵相看帖'이라는 별칭을 갖고 있는 겸재의 《경교명승첩京郊名勝帖》에 잘 나타나 있다. 1740년 가을, 65세의 겸재가 양천현령으로 부임하게 되자 사천은 겸재를

위_ 압구정(경교명승첩 중). 정선, 1740~1741년, 비단에 담채, 23.0×29.2cm, 보물 1950호, 간송미술관 소장
아래_ 목멱조돈(경교명승첩 중). 정선, 1740~1741년, 비단에 담채, 그림 크기: 23.0×29.2cm, 보물 1950호, 간송미술관 소장

임지로 보내면서 "시와 그림을 바꾸어보자"며 '시화상간詩畵相看'을 제의했다. 양천관아는 한강 건너편 양화진 바로 뒤편, 오늘날 강서구 가양동 겸재기념관 가까이에 있으니 그리 멀지 않아 얼마든지 가능한 일이었다. 사천은 "시가 가면 그림이 온다고 겸재와 약속했지. 기약대로 이제 시작하노니"라며 이렇게 노래했다.

내 시와 자네 그림을 바꿔봄세　　　　我詩君畵換相看
경중을 어이 값 매기는 사이로 따지겠는가　　輕重何言論價問
시는 가슴에서 나오고 그림은 손으로 휘두르니　詩出肝腸畵揮手
누가 쉽고 누가 어려운지 모르겠구나　　　不知誰易更誰難

　약속한 대로 사천이 시를 써 보내면 그 시에 겸재가 그림을 그려 꾸민 화첩이 《경교명승첩》이다. 상하 2첩으로 모두 25폭인데 상권에 19폭, 하권에 6폭이 실려 있다. 후대에 화첩의 장황이 바뀌어 순서가 달라지고, 훗날 보완한 그림도 섞여 있어 원상을 그대로 복원하긴 힘들지만, 예쁜 시전지詩箋紙에 사천이 쓴 시와 그에 맞춘 겸재의 그림이 나란히 붙어 있는 것을 보면 시인과 화가의 전설적인 만남이 더욱 아름답게 다가온다.
　《경교명승첩》이라는 이름은 '서울 교외의 명승'을 읊고 그린 시화첩이라는 뜻으로 경교명승이란 다름 아니라 양천현을 중심으로 하여 한강 상류와 하류의 명승이다. 배를 타고 상류로 오르면 안산의 봉화[鞍峴夕烽], 남산의 해돋이[木覓朝暾], 압구정狎鷗亭, 송파나루[松坡津], 광나루[廣津], 미사리의 미호渼湖와 석실서원石室書院, 광주의 우천牛川, 쪽잣여울[獨栢灘], 높은여울[綠雲灘] 등으로 이어진다. 하류로 내려오면 공암孔岩, 난지도를 그린 금성평사錦城平沙, 성산대교 앞의 양화진 나룻배[楊花喚渡], 행주산성 등이 펼쳐진다.
　각 폭의 그림은 어느 것 하나 소홀한 필치가 없다. 때로는 진채眞彩를 사용했지만 능숙한 필치와 간일한 묘사로 재료상의 제약을 모두 극복했으며, 대부분 강변 풍경인 만큼 진경산수의 온화한 시정이 화면 가득 흘러넘친다. 그리하여 겸재의 남성적인 필치는 금강산에서 얻었고, 부드러운 여성적인 필치는 한

강에서 얻었다고도 할 수 있다.

〈압구정〉은 부감법으로 잡아낸 한강변 풍광이 너무도 그윽하여 오늘의 모습을 생각하면 딱한 마음이 들 정도이고, 〈송파진〉은 청록산수로 그렸는데도 고상한 문기文氣가 어려 있어 겸재의 원숙한 필력을 다시 한 번 느낄 수 있다.

그중에서 나는 남산의 해돋이를 그린 〈목멱조돈〉을 사랑한다. 화면 처리가 아주 단순하지만 조용함 속에 깃든 평온의 감정과 내면의 울림이 아주 긴 여운을 남긴다. 사천은 〈목멱조돈〉에 붙인 시에서 이렇게 읊고 있다.

새벽빛 한강에 떠오르니	曙色浮江漢
언덕들 낚싯배에 가린다	觚稜隱釣參
아침마다 나와서 우뚝 앉으면	朝朝轉危坐
첫 햇살 남산에서 오르네	初日上終南

겸재는 70세 되는 1745년 1월까지 양천현령으로 만 5년 동안 근무하였다. 이때 한강변의 아름다운 경승을 자주 그린 듯 서예가 김충현이 소장했던 8폭 화첩을 비롯하여 한강변 진경산수가 많이 전하는데, 모두 그의 원숙한 노필을 느끼게 하는 명작들이다. 이리하여 겸재의 진경산수에서 한강이 차지하는 비중은 금강산과 어깨를 나란히 하게 되었다. ◎

11. 관아재 조영석
〈설중방우도〉

산수화 속 인물은 명백히
조선의 선비로다

관아재觀我齋 조영석趙榮祏(1686~1761)은 영조 시대 대표적인 문인화가이다. 그가 조선 후기 회화사에 남긴 업적은 겸재 정선에 필적할 만하여, 겸재가 진경산수라는 조선적인 산수화를 창출했다면 관아재는 조선적인 인물화를 개척했다고 평할 수 있다. 그럼에도 관아재의 명성이 그동안 널리 알려지지 않았던 것은 그의 행적과 명작들이 근래에 와서야 세상에 모습을 드러냈기 때문이다.

다행히도 〈설중방우도雪中訪友圖〉, 〈이 잡는 노승〉 등 관아재의 명작들이 속속 소개되고, 육필 문집인 《관아재고觀我齋稿》와 스케치북인 《사제첩麝臍帖》이 발굴되면서 이제는 회화사상 확고부동한 위상을 갖게 되었다.

관아재는 특히 인물화에서 뛰어난 기량을 보여주어 이름이 높았고 이에 대한 자부심도 컸다. 심재沈鐸의 《송천필담松泉筆譚》은 다음과 같이 전하고 있다.

관아재는 속화와 인물화에 뛰어났는데, 항상 겸재에게 말하기를 "만약 만리 강산을 그리게 하여 일필휘지로 필력이 웅혼하고 기세가 흐르는 듯하는 데서는 내가 그대에게 미치지 못하겠지만, 터럭 하나 머리카락 하나(豪一髮)까지 핍진逼眞하고 정교하게 그리는 데서는 그대가 반드시 조금은 내게 양보해야 할 것입니다.

관아재가 인물을 잘 그린 것은 형님 조영복趙榮福이 제천으로 유배되었을 때 찾아가 위로드리며 그린 〈조영복 초상〉에서 여실히 볼 수 있다. 이 초상화로 인해 관아재는 세조 어진과 숙종 어진 모사에 참여하라는 영조의 명을 받았다. 이에 관아재는 자신이 비록 그림을 즐기고는 있지만 어진을 그리는 것은 도화서 화원의 일이라며 거부하였다. 자신이 비록 현감 벼슬의 미관말직에 있지만 환쟁이가 할 일을 선비의 신분으로 맡는다면 어떻게 사대부 사회에서 '이빨을

설중방우도. 조영석. 17세기 중엽, 종이에 담채, 115×57cm, 개인 소장

나란히 할 수 있겠냐'고 했다. 이후 관아재는 한동안 그림을 끊었다고 한다.

관아재는 스케치 14점을 모아 엮은 화첩을 《사제첩》이라 했다. '사향노루의 배꼽'을 뜻하는 '사제麝臍'는 향기가 그윽하여 암수의 사랑이 이어지는 계기가 되기도 하지만 사냥꾼에게 잡히는 원인이 되기도 한다는 얘기에서 연유한 제목이다. 《사제첩》의 표지에는 자필로 "남에게 보이지 말라. 범하는 자는 내 자손이 아니다[勿示人 犯者 非吾子孫]"라는 엄중한 경고문이 쓰여 있다.

그러나 그의 그림에 대한 생각과 사랑은 아주 확고했다. 그는 〈대책을 묻노라〉라는 글에서 그림의 사회적 효용에 대하여 세세히 논했으며, 〈만록漫錄〉이라는 글에서는 "나는 어려서부터 그림 그리는 것을 매우 좋아하였다"고 토로하기도 했다. 어진 제작을 거부한 이후 한동안 그림을 끊었을 때 형님의 친구인 조정만이 그림 족자를 그려달라고 하자 세 차례나 거부하다가 끝내 그려주고는 "나는 좋은 그림이 이루어질 때면 온갖 근심이 사라집니다"라고 실토했다.

관아재는 정확한 사생을 중시했다. 그의 사위인 홍계능洪啓能은 관아재의 행장을 쓰면서 "그림을 보고 베끼는 것은 잘못이며 대상을 직접 대하고 그려야

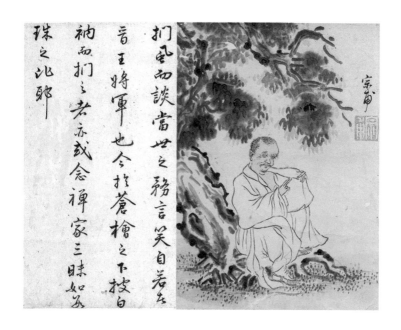

만 살아 있는 그림이 된다"는 관아재의 말을 전하고 이를 '즉물사진卽物寫眞'이라고 했다.

실제로 관아재는 대상에 대한 정확한 사생이 그림의 생명이라고 생각하였다. 그래서 《사제첩》에는 〈바느질〉, 〈우유 짜기〉, 〈목기 깎기〉, 〈작두질〉, 〈마구간〉, 〈젖 먹는 송아지〉, 〈새참〉, 〈닭과 병아리〉, 〈두꺼비와 산나리〉 등을 수묵으로 속사速寫하거나 버드나무 숯으로 사생했으며, 칼로 지우는 등 고치면서 여러 가지로 시도했다.

그러나 화가로서 관아재의 뛰어난 점은 사생에 머물지 않고 그것을 한 폭의 인물화로 승화시켰다는 점이다. 〈절구질하는 여인〉, 〈장기 두기〉, 〈말 징박기〉, 〈어부도〉, 〈쉬어가는 노승〉 등 그의 유작들은 한결같이 정확한 사생에 기초한 운치 있는 인물화들이다.

그중 〈이 잡는 노승〉은 관아재 인물화의 압권이다. 나무 아래서 옷을 들추며 이를 잡는 노승을 그린 것인데 얼굴, 눈매, 옷주름, 손끝 하나하나가 정확하고 생생하게 묘사되어 있다. 가만히 살펴보면 이를 잡는 것이 아니라 이를 옷

이 잡는 노승. 조영석, 17세기 중엽, 종이에 담채, 그림 크기: 24.0×17.5cm, 개인 소장

에서 털어내고 있다. 곧 죽어도 스님은 살생을 하지 않는다는 식이다. 관아재
는 스님의 그런 허허로운 모습을 그리고는 스스로 다음과 같은 화제를 달았다.

이를 잡으며 당대의 세상일을 얘기하고, 태연히 말하며 웃던 사람은 진晉
나라 왕장군이었다. 지금 우거진 회화나무 아래서 흰 가사를 풀어 헤치고 이
를 잡는 사람은 어쩌면 선가삼매禪家三昧의 경지에 들어 염주 알을 세는 것과
같지 않겠는가.

그동안 우리는 잘 몰랐지만 관아재 그림에 대한 당대의 평가 또한 직업 화
가다운 사생력에 문인화가다운 격조가 어우러졌다는 것이다. 이규상李奎象은
《일몽고一夢稿》의 〈화주록畵廚錄〉(화가편)에서 관아재를 다음과 같이 평하였다.

대개 화가는 두 파로 나눌 수 있는데, 하나는 세속에서 원법院法이라 일컫
는 것으로 곧 나라에 이바지하는 화원의 화법이다. 또 하나는 유법儒法으로
신운을 위주로 하는 선비의 그림이다. …… 원법의 폐단은 정신의 드러남이
없어 진흙으로 빚어놓은 것처럼 경직되었다는 점이며, 유화儒畵의 폐단은 까
마귀나 흑돼지처럼 모호하고 거칠다는 점이다.
그런데 조영석의 그림은 원법을 갖고 유법의 정채精彩를 제대로 펴내고 있
고, 식견과 의견도 갖추고 있어 하나의 물건, 하나의 형상 할 것 없이 모두
천지자연의 조화에 어울리니 우리나라의 그림은 …… 조영석에 이르러서야
비로소 크게 독립된 모습을 갖추게 되었다고 할 수 있겠다.

관아재 인물화의 이런 면모는 그의 노년의 명작 〈설중방우도〉가 확연히
보여준다. 눈 내린 어느 날, 그윽한 곳에 은거하며 독서로 나날을 보내고 있는
한 선비의 집에 한 친구가 동자에게 고삐를 쥐게 하고 소를 타고 찾아왔다. 이
에 두 선비는 서재에 마주 앉아 고담준론을 펼치고 있다.
집주인은 학창의를 입고 있고 방문객은 두건을 쓰고 있는데 모두 의젓이
정좌하고 있다. 이에 반해 동자들은 대문 앞에서 반가움을 표시하고 있어 대조

를 이룬다. 마른 나뭇가지엔 눈꽃이 피었고 솔잎은 푸름을 발하고 있다.

이 그림의 표현에서 압권은 선비의 모습이다. 책이 그득한 방 안에 마주 앉은 두 인물이 조선의 선비임을 한눈에 알 수 있다. 이제까지 조선시대 산수화에 나타나는 인물들은 대개 중국 화본에서 제시한 인물 묘사법을 벗어나지 못하여 그저 막연히 선비, 신선, 나그네를 묘사한 것에 지나지 않았는데 마침내 조선의 선비 모습이 명확하게 나타난 것이다. 훗날 〈설중방우도〉의 이 장면을 그대로 방작한 고송 이인문의 그림이 국립중앙박물관에 소장되어 있다.

순례자는 말한다. 관아재는 겸재의 금강산 그림을 평하면서 "조선 300년 역사 속에서 조선적인 산수화는 겸재로부터 비롯되었다고 말해야 한다"라고 하였는데 나는 이 말을 관아재 조영석에게 그대로 되돌려주고 싶다.

"조선 300년 역사 속에서 조선적인 인물화는 관아재로부터 비롯되었다고 해야 한다." ◎

설중방우도(부분)

12. 능호관 이인상
〈수하한담도〉

이 그림은 그대를 위해 그린다고 미리 적어놓노라

조선 후기 회화의 특징은 진경산수, 속화, 문인화의 유행이다. 여기서 문인화란 새로 전래된 명나라 문인화풍의 담담한 그림을 말한다. 그러나 문인화풍이 도입될 때는 화풍만 들여온 것이 아니라 문인들이 자신의 예술적 서정을 그림으로 표현한다는 문인화의 기본 자세도 받아들이게 되었다. 영조 시대에 문인화의 형식적 화풍을 가장 잘 소화한 화가가 현재 심사정이라면, 문인화가답게 살아가며 직업 화가의 예술과는 전혀 다른 문인화의 세계를 보여준 이는 능호관凌壺觀 이인상李麟祥(1710~1760)이었다.

능호관의 그림은 주로 벗, 즉 문인들과의 교류 속에서 제작되었다. 때문에 그의 그림에는 화제와 관기가 쓰여 있는 것이 많다. 그림에 시를 붙였고, 언제 누구를 위하여 그린다는 제작 동기를 밝혔다. 부채에 그린 선면화扇面畵가 유난히 많은 것도 이 때문이다. 능호관에게 있어서 그림이란 문인적인 삶 자체였다.

능호관은 많은 벗들과 어울렸다. 능호관에 대한 당대와 후대의 평을 보면 한결같이 뛰어난 문인들과 교류했던 사실부터 말하고 있으며 그의 일생을 기록한 행장과 묘지명에서도 모두 벗들의 얘기를 빼놓지 않은 것은 이런 연유였다.

그의 문집인《능호집》을 보면 시를 주고받으며 교류한 인사가 100여 명이 넘는다. 벗으로는 훗날 영의정이 된 황경원, 김종수, 오원 같은 문신도 있으나 대개는 벼슬을 마다하고 학문과 한묵翰墨으로 지내는 '국중의 고사高士'들이었다.

단릉 이윤영이 그림자 같은 '절친'이었고, 한정당 송문흠 형제, 배와 김상숙 형제, 신익과 신소 형제, 오찬과 오원 형제, 김무택과 김순택 형제 등 수없이 많다. 신소는 무주택자였던 능호관에게 남산 기슭의 작은 집을 마련해준 친구였다. 능호관은 남산 꼭대기 달동네에 자기 집을 갖게 되자 너무도 기뻐서 비록 평수는 좁지만 창밖으로 보이는 북한산 풍광만은 삼신산의 하나인 방호산方壺山을 능가하는 기분이라며 자신의 호를 '능호관'이라고 했다.

벗과의 만남은 곧 그림으로 이어져 창작의 중요한 계기가 되었다. 능호관은 벗

들과 수많은 시회詩會를 가졌다. 그 대표적인 예가 35세 때인 1744년 오찬의 집에서 열린 '북동아회北洞雅會'이다. 이때의 일을《능호집》은 이렇게 전한다.

갑자년(1744) 겨울 오찬의 두 조카(재순, 재유)와 함께 계산동桂山洞에서 독서를 하였는데 이윤영, 김순택, 윤면동 등이 모두 모였다. 그러자 책을 들고 물으러 오는 아이가 세 명 있었다. 윤면동은《논어》를, 김순택은《맹자》를, 나머지 사람들은《서전書傳》을 읽었다. 조반을 먹고 함께《주자朱子》를 읽었는데 달이 뜨고서야 끝났다.

문헌에 의하면 이 모임을 김순택은 글로 쓰고, 능호관은 그림으로 그렸다고 한다. 〈북동아회도〉라고 하는 이 그림은 현재 전하지 않지만 능호관이 30세 때인 1739년에 그린 〈수하한담도樹下閑談圖〉를 보면 벗들과의 만남이 곧 창작의 계기였음을 여실히 알 수 있다.

〈수하한담도〉는 큰 바위 사이에 솟은 고목 아래 평평한 바위에서 동자를 데리고 온 두 선비가 한가로이 이야기를 나누고 있는 아회도雅會圖이다. 계곡

수하한담도, 이인상, 18세기 전반, 종이에 수묵, 33.7×59.7cm, 국립중앙박물관 소장

의 그윽한 분위기를 자아내기 위하여 바위의 형태를 과장하고 나뭇잎은 무성하게 표현하여 시원스런 그늘이 있음을 넌지시 암시하고 있다. 묵법 없이 오직 필법만을 사용했는데도 그 서정이 자못 그윽하다.

화면의 여백마다 자리를 함께한 문인들이 한마디씩 쓴 여러 화제가 예서·해서·행서의 각체로 쓰여 있어 그림에 문기를 한층 돋워준다. 화제들을 살펴보면 화면 왼쪽 위에는 능호관이 도연명의 정운시停雲詩에서 한 구절을 따서 "아랑곳없는 시운, 평화로운 아침[邁邁時雲 穆穆良朝]"이라는 글을 단정한 해서체로 써넣었으며, 오른쪽에는 이윤영이 오언절구를 예서체로 썼다. 그리고 왼쪽 아래에는 능호관이 그림을 그린 연유를 빠른 필치로 다음과 같이 기록했다.

내 친구 임매任邁는 내 그림을 애써 받고도 그의 너그러운 성품 때문에 다른 이가 가져가도 상관하지 않아 내 그림이 하나도 없다. 그래서 이번에는 남이 그림을 가져가지 못하도록 하기 위하여 임매가 내 소심함을 비웃을 것을 무릅쓰고 이를 (임매에게 주는 그림이라고) 쓴다.

이들이 만난 자리는 이윤영의 집 가까이에 있는 서대문의 반송지盤松池(서지西池라고도 불림)일 가능성이 크다. 이규상은 《일몽고》의 〈문원록文苑錄〉에서 "이윤영은 반송지 근처에 정자를 세우고 이인상, 김상묵 등 가까운 벗들과 글모임[文會]을 만들어 여름엔 꽃병에 연꽃을 꽂아두고 겨울밤엔 잘라낸 얼음덩어리 가운데에 촛불을 밝히며 이를 이름 하여 '빙등조빈연氷燈照賓筵'이라고 했다"고 했다. 그들에겐 그런 낭만이 몸에 배어 있었다.

〈수하한담도〉에는 두 개의 긴 발문이 따로 붙어 있다. 첫 번째 것은 1765년 임매가 이미 고인이 된 능호관 이인상과 단릉 이윤영을 생각하며 그때의 감회를 회상한 것이고, 두 번째 것은 후배 문인이 선배 문인들의 풍류에 대한 소감을 적은 글이다. 마음 같아선 나도 여기에 잇대어 세 번째 발문을 쓰고 싶은데 내게는 그런 문인적인 소양도 시서화의 실력도 없어 이 글로 대신할 뿐이다. ◎

세상 사람들아, 이 쓸쓸한 무덤에 갈퀴질을 하지 마라

조선시대 회화사에서 영조 시대는 겸재 정선과 그 뒤를 이은 현재玄齋 심사정沈師正(1707~1769)의 시대였다. 그래서 영조 시대 명사들을 소개한 이규상의 《일몽고》 중 〈화주록〉에는 다음과 같은 증언이 나온다.

당시에 어떤 사람은 현재의 그림이 제일이라고 추앙하고, 어떤 사람은 겸재의 그림이 제일이라고 추숭하는데, 그림이 온 나라에 알려진 정도도 비슷하였다.

그럼에도 불구하고 오늘날 회화사적 평가를 볼 때 현재는 겸재에 훨씬 미치지 못한다. 겸재는 진경산수라는 한국적인 화풍을 창출한 데 비하여 현재는 화본풍에서 벗어나지 못했다고 생각하기 때문이다. 예술의 독창성, 개성이라는 관점에서 볼 때 현재는 중국 화본풍에 머문 화가라는 평이다. 순조 때 영의정을 지낸 김조순金祖淳도 《풍고집楓皋集》에서 이렇게 말했다.

겸재 정선은 말년에 그림이 더욱 공교롭고 신묘하게 되어 현재 심사정과 더불어 이름을 나란히 하며 세상에 '겸현謙玄'이라 일컬어지나 그 아취는 현재에 미치지 못한다.

그러나 현재는 예찬, 심주 같은 중국 대가의 각체를 배워 그 영향에서 벗어나지 못했던 반면에 겸재는 터럭까지도 모두 자득하여 필묵이 모두 조화를 이루니, 천기天機에 깊이 통달하지 않은 이는 대개 여기에 이를 수 없는 것이다.

필묵을 다루는 솜씨 자체는 현재가 뛰어났지만 그에게는 이를 더 높은 예술

딱따구리, 심사정, 18세기 중엽, 비단에 채색, 25×18cm, 개인 소장

적 창조로 승화시킬 작가 의식이 없었다는 얘기다. 현재를 생각할 때 이 점은 매우 안타까운 일이다. 더욱이 현재는 겸재의 제자가 아니던가. 그는 왜 스승의 화풍을 따르지 않고 화본풍의 관념산수에 머물렀을까.

그것은 그의 불우한 일생 때문이었다. 본래 현재는 청송심씨 명문가 출신이다. 증조할아버지 심지원은 소론계 문신으로 영의정을 지냈고 효종의 딸을 셋째 며느리로 맞은 왕실 사돈이었다. 그러나 할아버지 심익창이 과거시험장에서 답안지를 바꿔치기하는 부정을 저질러 귀양 가고 나중엔 왕세제(훗날 영조) 시해 미수 사건에 연루되면서 가문이 몰락했다.

졸지에 파렴치 가문에다 대역죄인의 자손이 되는 바람에 후손들은 세상에 고개를 들고 살 수 없게 되었다. 다행히 현재에게는 타고난 그림 솜씨가 있어서 화가로서 일생을 살고 회화사에 그 이름을 남기게 되었다.

현재의 집안에는 본래 그림의 내림 솜씨가 있었다. 아버지 심정주는 포도 그림으로 유명했고, 외할아버지 정유점, 외삼촌 정유승, 정유복, 거기에다 외사

노안도, 심사정, 1763년, 종이에 담채, 27.0×29.5cm, 개인 소장

춘 누이까지 여류 화가로 당대에 이름을 날렸다.

　현재는 이런 배경에서 화가로 성장하여 필묵에서는 달인이 되었지만 사회적 활동은 전혀 할 수 없었다. 집 안에 처박혀 그림으로 세월을 보낼 수밖에 없는 신세였다. 겸재처럼 천하 명승을 노닐며 눈앞에 펼쳐진 절경을 진경산수로 담아내는 삶을 가질 수 없었다. 그럴 처지도 못 되었고, 함께 어울릴 벗도 없었다. 누구는 그를 숙맥이라고 했다.

　이처럼 바깥 세계와 차단된 현재의 그림은 더욱 관념풍이 될 수밖에 없었다. 화실에 갇혀 반복 작업을 오래 계속하면서 필치는 날로 무르익어 붓을 다루고 먹을 사용하는 솜씨는 겸재도 따를 수 없는 원숙한 경지로 나아갔다. 그러나 삶은 단조로운 고독의 연속이었기 때문에 그의 그림에는 항상 어딘지 쓸쓸함이 서려 있었다.

　강가에 배를 대고 밤을 보내는 〈강상야박도江上夜泊圖〉, 갈대밭으로 날아드는 가을날의 기러기를 그린 〈노안도蘆雁圖〉는 소재 자체가 그렇다 치더라도 〈파

파초와 잠자리. 심사정, 18세기 중엽, 종이에 담채, 32.7×42.4cm, 개인 소장

초와 잠자리〉를 그린 화조화에서도 오히려 고독이 느껴질 정도다. 〈딱따구리〉
같은 작품에서는 떨어지는 꽃잎을 그려 넣어 더욱 애잔하다. 이처럼 흐드러진
멋과 아련한 운치를 능숙한 필치로 그린 화조화는 중국회화사에서도 찾아보기
힘든 명작이다.

　　어쩌다 그린 진경산수에도 이런 분위기는 사라지지 않았다. 표암 강세황의
화평이 들어 있는《경구팔경도첩京口八景圖帖》중 한강의 〈밤섬〉 그림을 보면 아
주 밝은 화면이지만 애잔한 인상을 준다.

　　이런 현재의 예술 세계를 감상하고 이해하는 데 나는 어떤 미술사가의 해설
보다도 그의 종손인 심익운沈翼雲이 쓴 〈현재거사 묘지명玄齋居士 墓誌銘〉이 가장
감동적이라고 생각한다.

밤섬(경구팔경도첩 중), 심사정, 1768년, 종이에 담채, 24.0×27.0cm, 개인 소장

청송심씨는 그 공훈과 덕이 세상에서 빼어났다. 우리 만사부군晩沙府君(심지원)에 이르러서는 더욱 번창했는데 거사는 그의 증손자였다. 거사는 태어나서 몇 해 안 되어 홀연히 물체 그리는 것을 스스로 알게 되고, 네모나고 둥근 형상을 모두 그려낼 수 있었다. 어렸을 적에 겸재 정선에게 그림을 배워 수묵산수를 그렸는데, 옛사람의 화결畫訣을 보고 탐구하고 나서는 눈으로 본 것을 마음으로 이해하여[目到心解] 드디어는 이제까지 해오던 방법을 크게 변화시켜 그윽하면서 소산한 데로 나아갔다. 그리하여 종래의 고루한 방법을 씻어내는 데 힘써 중년 이후로는 융화천성融化天成하여 잘 그리려고 기대하지 않아도 공교롭게 되지 않음이 없었다. ……

돌이켜보건대 어려서부터 늙을 때까지 50여 년간 근심과 걱정뿐, 낙이라곤 없는 쓸쓸한 날을 보내면서도 하루도 붓을 쥐지 않은 날이 없었으며, 몸이 불편하여 보기에 딱할 때도 물감을 다루면서 궁핍하고 천대받는 쓰라림이나 모욕받는 부끄러움도 염두에 두지 않았다.

그리하여 통유通幽의 경지, 입신入神의 경지에 다다르게 되었으니 멀리 이국땅까지 전파되고, 아는 사람이건 모르는 사람이건 그를 사모하고 좋아하지 않는 사람이 없었다. 거사가 그림에 임한 바는 죽을 때까지 힘을 다하여 대성大成한 것이라 말할 수 있을 것이다.

현재거사가 이미 세상을 떠났건만 집이 가난하여 시신을 염殮하지도 못했다. 나 심익운은 여러 사람의 부의賻儀를 모아서 장례 치르는 것을 도와 모년 모일 그의 상자喪子 욱진郁鎭이 파주 분수원分水院 언덕에 장사 지냈다. 장지는 만사부군의 묘소 동쪽 언덕이다. …… 향년 63세에 돌아가시어 여기에 장례를 치렀다.

애달플지어다! 후세인이여, 이 무덤에 갈퀴질하여 훼손치 말지어다!

심익운의 《강천각 소하록江天閣銷夏錄》에 실려 있는 이 묘지명 끝에는 "현재거사를 장사 지낸 이듬해인 경인년(1770)에 심익운이 그의 묘지를 돌에 새긴다"라는 부기가 적혀 있다. 분수원에 있던 현재의 묘소는 청송심씨 문중 묘역 전부와 함께 다른 곳으로 이장되어 지금은 파주에 없다. ◎

그대는 어이하여
삼장설에 묻혔는고

조선시대 회화사에서 일화를 많이 남긴 화가는 단연코 연담 김명국과 호생관 최북이다. 김명국의 일화는 대개 술과 관계되는 것임에 반해 최북의 일화는 그의 불같은 성격과 거칠 것 없는 행동에 관한 것이었다.

최북崔北(1712~1786?)은 중인 출신으로 자를 지으면서 이름 북北 자를 둘로 쪼개서 칠칠七七이라고 하였고, 호는 붓으로 먹고 사는 집(사람)이라는 뜻으로 호생관毫生館이라 하였으며, 또 세 가지 기이함이 있는 사람이라는 뜻으로 삼기재三奇齋라고도 하였다. 자호부터 예사롭지 않은데 영조 시대 명사를 기록한 이규상의 《일몽고》 중 〈화주록〉에는 그의 사람됨이 이렇게 나와 있다.

호생관은 성품이 날카로운 칼끝이나 불꽃 같아서 조금이라도 뜻에 어긋나면 곧 욕을 보이곤 하였다. 사람들은 모두 그것을 망령된 독毒이어서 고칠 수 없는 것이라고 하였다.

호생관의 일화는 남공철南公轍의 《금릉집金陵集》과 조희룡趙熙龍의 《호산외사壺山外史》에 많이 전한다. 한번은 금강산에 갔다가 구룡폭포의 절경에 취해 "천하의 명사는 마땅히 명산에서 죽어야 한다"며 구룡연 깊은 물에 몸을 던졌는데 마침 구해주는 사람이 있어 목숨을 건졌다고 한다. 또 어떤 사람이 호생관에게 산수화를 그려달라고 청했는데 산만 가득 그려 구도가 답답해 보이자 "왜 물은 안 그리냐?"고 물었다. 그러자 호생관은 붓을 집어던지면서 "그림 밖은 다 물이오"라고 했단다.

호생관은 외눈이었다. 어떤 지체 높은 사람의 그림 요청을 거부했는데 그가 위압적으로 강요하자 호생관이 "남이 나를 저버리게 하느니 차라리 내가 나를 저버리겠다"며 송곳으로 눈을 찔러 한쪽 눈을 잃게 되었다고 한다.

풍설야귀인, 최북, 18세기 중엽, 종이에 담채, 66.3×42.9cm, 개인 소장

이런 오기 있는 행동은 대개 명색만 양반인 자들에 대한 야유이자 신분적 멸시에 대한 반항아적 기질에서 나온 것이다. 하지만 시와 그림에서 양반들이 무시할 수 없는 실력을 보여주었기 때문에 세상은 그를 그냥 '망령된 독'으로만 취급할 수 없었고 좋아하는 사람은 그를 편들어주기도 했다.

호생관이 그림으로 일가를 이루었음은 무엇보다 그의 유작들이 말해준다. 1748년(영조 24) 조선통신사의 부사였던 남태기의 개인적인 반인伴人으로 일본을 다녀와 일본에도 그의 유작이 많이 전한다. 호생관은 시에도 뛰어나 중인 문학 동인인 송석원시사松石園詩社의 일원이었으며《풍요속선風謠續選》에 그의 시가 실려 있다.

이런 호생관이었기에 간혹 작품에 성실히 임하지 않아 평범한 그림을 남발한 면도 없지 않지만 그가 마음먹고 그린 작품에는 다른 화가에게서 볼 수 없는 개성이 들어 있다. 그는 〈메추라기〉, 〈게〉 등에도 능했지만 특히 산수에서 기량을 발휘했다.

공산무인. **최북**, 18세기 중엽, 종이에 담채, 33.5×38.5cm, 개인 소장

눈보라 치는 날 돌아오는 사람을 그린 〈풍설야귀인風雪夜歸人〉에는 거칠 것 없는 필치로 화면상에 바람이 일어나는 것만 같다. "빈산엔 사람이 없으나, 물은 흐르고 꽃이 피네[空山無人水流花開]"라는 당나라 왕유의 시를 화제로 쓴 〈공산무인空山無人〉은 차라리 하나의 선미禪味조차 풍긴다. 옛사람들은 이런 분위기를 '기이하게 빼어나다'는 뜻으로 '기절奇絶하다'라고 평했다.

〈계류도溪流圖〉는 계곡 한쪽을 조용히 표현하여 그윽한 유현미幽玄味가 풍겨나오는데 하단에는 그의 유려한 행서가 작품의 완성도를 높여주고 있다. 그림 속 글은 최치원의 〈가야산 독서당에 부친 시[題 伽倻山 讀書堂 詩]〉의 뒷부분으로 그 내용이 그림과 잘 어울리며 호생관 마음의 일단을 보는 듯하다.

세상의 시비하는 소리 귀에 들릴까 늘 걱정하여   却恐是非聲到耳

짐짓 흐르는 물로 온 산을 에워싸게 했노라   故教流水盡籠山

계류도, 최북, 18세기 중엽, 종이에 담채, 28.7×33.3cm, 고려대학교박물관 소장

이런 작품들을 보면서 호생관의 일화를 생각하면 왜 그가 그렇게 거칠게 살았던가 이해되면서 그의 일생에 동정을 보내게 된다. 그래서 조희룡은 호생관 최북의 약전略傳을 지으면서 이런 시를 지었다.

　　　　북풍이 너무도 매섭습니다
　　　　부잣집 광대 노릇 하지 않은 것은 장하오마는
　　　　어찌 그다지도 괴롭게 한세상을 사셨나요

호생관의 죽음은 삶 못지않게 기이했다. 이규상은 호생관이 "늙어서는 남의 집에서 기식하다 죽었다"고만 했는데 당대의 시인이던 신광하申光河는 그가 어느 겨울날 술에 취해 돌아오는데 성문을 열어주지 않아 그대로 성벽 아래 잠들었다가 마침 폭설이 내려 눈 속에 얼어 죽고 말았다고 했다. 신광하는 한 많은 호생관의 일생과 예술을 〈최북가〉로 노래했다.

그대는 보지 못했는가, 최북이 눈 속에서 죽은 것을.

담비가죽 옷에 백마를 탄 이는 뉘 집 자손이더냐.

너희들은 어찌 그의 죽음을 애도하지 아니하고 득의양양하는가.

최북은 비천하고 미미했으니 진실로 애달프도다.

최북은 사람됨이 참으로 굳세었다.

스스로 말하기를 붓으로 먹고사는 화사畵師라 하였네.

체구는 작달막하고 눈은 외눈이었네만

술 석 잔 들어가면 두려울 것도 거칠 것도 없었다네.

최북은 북으로 숙신肅愼(만주)까지 들어가 흑삭黑朔(흑룡강)에 이르렀고

동쪽으로는 일본으로 건너가 적안赤岸까지 갔었다네.

귀한 집 병풍으로 산수도를 치는데

그 옛날 대가라던 안견, 이징의 작품들을 모두 쓸어버리고

술에 취해 미친 듯 붓을 휘두를 요량이면

큰 집 대낮에 산수 풍경이 생겼다네.

열흘을 굶더니 그림 한 폭 팔고는

어느 날 크게 취해 한밤중 돌아오던 길에

성곽 모퉁이에 쓰러졌다네.

북망산 흙 속에 묻힌 만골萬骨에게 묻노니

어찌하여 최북은 삼장설三丈雪에 묻혔단 말인가.

오호라! 최북의 몸은 비록 얼어 죽었어도

그 이름은 영원히 사라지지 않으리.

신광하가 이 시를 지은 것은 1786년이었다. 만약 호생관이 죽은 그해에 지은 것이라면 호생관 최북은 향년 75세가 된다. ◎

15. 표암 강세황
〈자화상〉

나의 모습은 볼품없어도
문자속은 있었다오

　　표암豹菴 강세황姜世晃(1713~1791)은 초상화가 여러 폭 전한다. 도포를 입은 자화상, 대례복의 전신상, 화첩 크기의 반신상, 얼굴만 그린 소조小照 자화상 그리고 선면扇面 초상까지 있다. 이처럼 다양한 형태의 초상화가 전하는 예는 표암 이외엔 없다.

　　화첩 속의 초상화는 환갑 넘어 벼슬길에 오른 표암이 한성판윤 등 고위직을 지내면서 남들과 함께 그려진 일반 초상화의 예이지만, 한종유가 '송하처사도松下處士圖'풍으로 그린 선면 초상은 조선시대의 초상화가 인물화 형식으로 전환할 수 있음을 보여주는 작품이다.

　　문헌에 의하면 표암은 나이 일흔에 이르기까지 대여섯 점의 자화상을 그렸다고 한다. 지금까지 전해오는 여러 초상화 중에서 미술사적으로 큰 의의를 지니는 것은 역시 표암의 〈자화상〉이다. 표암은 일찍이 54세 때 자화상을 그리면서 자신의 외모가 보잘것없지만 외모만 닮게 그리는 화원의 초상과 달리 자신은 정신을 나타내었다고 자부하였다. 그는 이렇게 자평했다.

　　키가 작고 외모가 보잘것없어서 그를 잘 모르는 사람 중에 그 속에 이렇게 탁월한 지식과 깊은 견해가 있으리라는 것을 모르고 그를 만만히 보고 업신여기는 경우도 있는데 그럴 때마다 그는 번번이 싱긋이 한 번 웃고 말았다. ⋯⋯ 외모는 모자라고 수수해 보이지만 속은 상당히 영특하고 지혜로워 뛰어난 지식과 교묘한 생각을 가졌다.

　　잘못 읽으면 자화자찬으로 들릴 수 있지만 사실 표암은 유머가 많은 사람이었다. 그는 자화상을 그리면서 화가답게 외모를 정확히 사실적으로 그리고 싶어 했다. 초상화는 산수나 화조와 달라서 삼차원의 모습을 이차원의 평면에

강세황 자화상, 강세황, 1782년, 비단에 채색, 88.7×51.0cm, 보물 590호, 진주강씨 전세품(국립중앙박물관 보관)

彼何人斯鬚眉皓白
頂烏帽披野服於以
見心山林而名朝籍
胸藏二酉筆搖五嶽

人那得知我自爲紫
翁年七十翁鬚露竹
其真自寫其贊自作
歲在玄黓攝提格

옮길 때 형상의 특징을 요약해서 잘 잡아내야 하는데 그게 보통 어려운 일이 아니었다.

《진휘속고震彙續攷》에 전하는 일화로 표암은 자화상을 그린 뒤 마음에 들지 않아 당시 초상화로 유명한 임희수任希壽를 찾아간 일이 있다. 이때 임희수가 표암이 그린 자화상의 광대뼈와 뺨 사이에 두어 번 붓을 대자 그의 모습과 흡사하게 되는 것을 보고 표암이 크게 탄복했다고 한다.

표암이 70세가 되는 1782년에 그린 〈자화상〉은 이런 성실한 조형적 실험과 탐구의 결과였다. 이 작품은 실로 명작이라 할 만하다. 인체 데생이 조금도 어긋나지 않아 어색한 곳이 없으며 얼굴을 표현한 기법도 완벽하다. 거기에 약간의 태서법泰西法도 가미하여 음영까지 들어 있다. 채색 또한 고상하고 푸른 도포에 붉은 도포 끈을 둘러 좋은 악센트가 되고 있다.

그런데 조선시대 초상화나 복식에 대해 조금이라도 상식이 있다면 이 그림에서 어색한 점이 바로 눈에 띌 것이다. 도포를 입었으면서 오사모烏紗帽라

왼쪽_ **강세황 자화상**(칠분전신첩 중), **강세황**, 18세기 후반, 비단에 채색, 지름 15cm, 국립중앙박물관 소장
오른쪽_ **강세황 초상**, **작가 미상**, 18세기 후반, 종이에 채색, 50.9×31.5cm, 국립중앙박물관 소장

는 관모를 쓰고 있지 않은가. 그 사연은 표암이 직접 쓴 찬문에 적혀 있다.

> 저 사람은 어떤 사람인가.
> 수염과 눈썹이 하얗구나.
> 오사모를 쓰고 야복을 걸쳤으니
> 마음은 산림에 있으면서 조정에 이름이 올랐음을 알겠다.
> 가슴에는 만 권의 책을 간직하였고,
> 필력은 오악五嶽을 흔들 만하지만
> 세상 사람이야 어찌 알리오, 나 혼자 즐기는 것임을.
> 노인의 나이는 일흔이요, 호는 노죽露竹이다.
> 초상을 스스로 그리고 화찬도 손수 썼다.
> 때는 임인년(1782)이다.

우리는 여기에서 표암의 인간적인 면모와 함께 그의 여유로운 유머 감각을 다시 한 번 읽을 수 있다.

표암은 초상화를 많이 남길 운수였는지 자화상을 그린 이듬해인 1783년에는 대례복을 입은 정식 초상화를 화산관華山館 이명기李命基가 제작하게 되었다. 이해에 71세가 된 표암은 기로소耆老所에 들어가는 영광을 누렸다. 할아버지 강백년, 아버지 강현에 이어 3대째 기로소 대신이 된 것이다. 기로소는 현직 정2품(판서급) 대신으로 71세가 되어야 들어갈 수 있으니 관운이 높고 천수를 누리지 않으면 얻을 수 없는 큰 경사였다. 그것도 3대를 이어오자 훗날 추사 김정희는 〈삼세기영지가三世耆英之家〉라는 현판 글씨로 이를 축하하기도 했다.

정조는 기로소에 들어간 표암을 축하하며 그해 5월에 화산관 이명기로 하여금 표암의 초상화를 그리게 한 것이다. 불세출의 초상화가인 이명기는 당시 36세로 정조의 어진을 그린 어용화사였다. 이리하여 표암은 조선 후기에 가장 뛰어난 초상화가가 그린 공식 초상까지 남기게 되었다.

표암의 진주강씨 집안에는 정조의 전교가 내려진 뒤 1783년 7월부터 8월까지 이명기가 표암의 초상화를 제작한 전 과정을 기록한 〈계추기사癸秋記事〉(계묘

년 가을의 일)가 전한다. 여기에는 초상화 제작에 든 재료비, 인건비, 영정함 제작비까지 상세히 기록되어 있어 진귀한 회화사 사료가 되고 있다.

이명기의 표암 초상을 보면 그의 대표작이라고 꼽을 만하다. 얼굴 묘사의 정확성과 품위는 말할 것도 없고, 대례복의 무늬, 화문석의 표현 등 어디 하나 소홀한 곳이 없다. 특히 좌안칠푼으로 앉아 있는 3/4정면 초상의 비례에 맞추어 사모 꼬리의 좌우 길이가 정확히 나타나 있다. 게다가 다른 공식적인 초상화와는 달리 오른손을 살짝 드러내어 인물의 생동감을 느낄 수 있다. 아주 작은 처리 같지만 이런 변화가 있었다는 것은 정조 시대의 초상화 양식이 경직되지 않고 난숙해 있음을 말해주는 징표이다.

표암은 79세까지 장수하였다. 표암이 세상을 떠나자 정조는 그를 애도하는 제문을 지었다. 표암의 초상화에는 정조의 어제御製 제문祭文이 적혀 있다.

> 탁 트인 마음, 고상한 운치, 소탈한 모습은 꾸밈이 없고
> 수만 장의 종이에 붓을 휘둘러, 궁중의 병풍과 시전지에 썼다네
> 높은 벼슬[卿]이 끊이지 않았고,
> 시서화 삼절은 당나라 문사 정건鄭虔을 닮았네
> 중국에 사신으로 나아가니,
> 그를 만나러 숙소인 서루西樓로 다투어 찾아왔다네
> 인재를 얻기 어려움을 생각하며,
> 한 잔의 술을 내리노라

제문을 읽노라면 표암 강세황의 인간됨이 어떠했고, 정조의 신하 사랑이 얼마나 극진했는지 여실히 느낄 수 있다. 표암의 초상화는 우리나라에 이런 아름다운 문화가 있었다는 것을 말해준다. 그것이 자랑스럽다. ◎

스승은 소나무를, 제자는 호랑이를 그렸다네

표암 강세황은 시서화 모두에 뛰어난 정조 시대 문신이다. 자신을 포함하여 3대가 연속해서 기로소에 들어간 명문 출신이다. 하지만 형 강세윤이 귀양살이하는 것을 보면서 과거에 응시할 생각을 버리고 재야에서 시서화에 전념하며 안산의 처갓집에서 근 30년을 지냈다.

그러다 1773년(영조 49) 영조의 배려로 61세의 나이에 처음 벼슬길에 올랐고 1778년(정조 2) 문신정시文臣庭試에 수석 합격하여 1783년 한성부 판윤에 이르렀다. 1784년 건륭제 70세 축하연에 가는 천추사千秋使의 부사로 북경에 다녀오기도 했으며 노년까지 많은 작품을 남기고 79세에 세상을 떠났다.

표암은 뛰어난 문인화가로 남종화를 완벽하게 소화하여 '표암풍'의 정형 산수화를 제시하였고, 서양화법의 도입을 솔선한 선구자였다는 점에서 회화사상 부동의 위치를 차지하고 있다. 그러나 표암이 조선시대 회화사에 끼친더 큰 공로는 왕성한 비평 활동에 있었다. 많은 작품에 화평을 남기는 왕성한평론 활동으로 당대 '예원藝苑의 총수'라는 평을 받았다.

표암의 비평 활동은 두 가지 점에서 주목된다. 하나는 앞 시기인 영조 시대의 관아재 조영석, 겸재 정선, 현재 심사정, 능호관 이인상 등 문인화가에 의해 전개된 새로운 화풍을 단원 김홍도, 혜원 신윤복, 고송 이인문 등 정조 시대 화원들에게 전달하는 다리 역할을 한 점이다. 개척은 지식인(문인화가)이 하고 발전은 전문가(화원)가 담당하는 새로운 문화 창조의 튼실한 길을 연 것이다. 다른 하나는 단원 김홍도라는 불세출의 화가를 키워 화원으로 활동할 수 있도록 끝까지 후원해준 공이다.

1786년 표암 74세, 단원 42세 때의 얘기다. 김홍도는 자신의 호를 단원檀園이라 짓고는 스승에게 기문을 하나 써주십사 부탁했다. 이에 표암은 기꺼이 제자의 청을 들어주려 했으나 정작 김홍도는 기문의 소재가 될 '원園'이 없었

송호도, 강세황·김홍도 합작. 18세기 후반, 비단에 담채, 90.4×43.8cm, 삼성미술관 리움 소장

다. 이에 〈단원기檀園記〉라는 소전小傳을 써주었다. 그리고 훗날 이를 보완하여 한 번 더 쓰고는 〈단원기 우일본又一本〉이라 하였다. 이 두 편의 글이 단원의 일생을 증언하는 가장 정확하고 정보가 가장 많은 글로 남을 줄은 표암도 단원도 몰랐을 것이다.

표암은 〈단원기〉에서 "단원은 젖니를 갈 때(나이 7, 8세)부터 나의 집에 드나들었다"고 했다. 이때부터 단원의 천재성을 발견하고 그를 성심으로 가르친 것이다. 표암은 단원을 지칭하여 '무소불능의 신필神筆', '조선 400년 역사상 파천황破天荒적 솜씨'라고 극찬하였다.

표암과 단원의 아름다운 사제 관계는 스승과 제자가 합작한 〈송호도松虎圖〉에 잘 나타나 있다. 소나무 아래로 돌아 나오는 한 마리 호랑이를 그린 그림에서 소나무는 표암이, 호랑이는 단원이 그렸다.

표암이 그린 소나무는 노송의 줄기와 여린 잔가지가 문인화풍으로 운치 있게 표현되었다. 노필의 선비화가다운 품격이 살아 있다. 이에 반해 패기 있는 화원 단원의 호랑이 그림은 사실감이 충만하고 필치가 치밀하기 이를 데 없다. 이것이 노년과 장년의 차이이다.

호랑이는 무언가를 노리고 있는 듯 꼬리를 바짝 추켜올리고 정면을 뚫어져라 응시하고 있는데 등을 한껏 굽어 올리고 앞발에 힘을 모으고 있어 금방이라도 이쪽을 향해 치달릴 것만 같다. 특히 놀라운 것은 호랑이 몸에 있는 털의 표현이다. 얼핏 보기에 호랑이 몸의 줄무늬를 검정색과 갈색으로 번갈아 칠한 것 같지만 실제로는 터럭 하나하나를 일일이 헤아리듯 그렸다. 이런 치밀함 때문에 호랑이는 더욱 사실감과 생동감을 얻게 된 것이다.

〈송호도〉를 언제 그린 것인지는 확실치 않다. 다만 1782년 단원 38세, 표암 70세 때 호랑이 그림을 합작했다는 기록이 있어 대략 그 무렵으로 추정된다. 표암의 처남인 유경종柳慶鐘은 꼭 이 그림인지는 모르겠으나 〈호랑이 그림을 읊다[詠畵虎]〉라는 시를 한 수 남겼다.

두 사람이 한 호랑이를 그리는데, 너무나 비슷하여 실물과 똑같네. ……
표암과 단원일세. …… 또 누가 있어 이 두 사람을 계승하겠나.

낙락장송 소나무 아래로는 오뉴월 마파람이 일어날 듯하고 ······
채색이 살아나니 더욱 그럴 듯해지네.

단원과 표암의 관계는 표암이 세상을 떠나는 1791년, 단원 나이 47세까지
계속되었다. 단원이 20대의 젊은 나이에 도화서 화원으로 들어갈 수 있었던
것도 표암의 추천 덕분으로 보인다. 훗날 단원이 어진 제작 후 관직을 얻어 사
포서司圃署에 근무하게 되었을 때는 마침 표암이 그곳의 별제別提로 제수되어
직장의 상하 관계로 근무하기도 했다. 그때도 표암은 단원과는 나이를 반으로
꺾는 '절년이하지折年而下之'하면서 나이를 잊고 지내는 '망년지우忘年之友'로 지
냈다고 했다.

그리고 마침내 단원의 이름이 높아져 사람들이 단원의 그림을 받아와서
표암에게 글을 써달라고 하니 감회가 깊었다고 한다. 표암은 단원과의 이런
만남을 〈단원기〉에서 다음과 같이 감격적으로 말하였다.

내가 단원과 사귄 것은 전후로 모두 세 번 변하였다. 처음에는 단원이 어
려서 내 문하에 다닐 때 그의 재능을 칭찬하기도 했고 그림 그리는 법[畵訣]
을 가르치기도 했다. 중간에는 관청에 같이 있으면서 아침저녁으로 함께 거
처했다. 그리고 나중에는 예술계에 있으면서 지기知己다운 느낌을 가졌다.

요약해서 말하면, 처음에는 사제 관계로 만났고, 중간에는 직장의 상하 관
계로 만났으며, 나중에는 예술로서 만났다는 것이다. 단원에게는 그런 스승이
있었고, 표암에게는 그런 제자가 있었다. ◎

불세출의 천재는 어떤 소재든 다 소화해냈다

다른 분야도 마찬가지지만 그림에서 천재天才와 대가大家는 다르다. 대가가 다 천재인 것은 아니고, 천재라고 다 대가가 되는 것도 아니다. 조선시대 회화사에서 오직 단원檀園 김홍도金弘道(1745~1806 무렵)만이 유일한 천재형 대가이다.

오세창의 《근역서화징槿域書畵徵》에서 단군 이래 조선시대까지 화가로 이름을 올린 이는 600명 정도 된다. 그중 전설적인 대가로는 신라의 솔거와 고려의 이녕이 있고, 조선의 대가로는 현동자 안견, 겸재 정선, 단원 김홍도를 꼽는다. 천재라는 칭송을 들은 화가로는 나옹 이정과 고람 전기가 있지만 나이 서른에 세상을 떠났다. 연담 김명국과 오원 장승업도 '그림의 귀신'이었다고 하지만 그들은 자신의 천품을 예술 속에서 다하지 못하고 기격奇格으로 흘렀다. 세상이 그들의 천재성을 받아주지 않은 면도 있지만, 기질 자체가 야생마 같아서 감성을 방만하게 발산하며 술과 기이한 행위로 빠진 면도 있다. 그들도 세상도 손해였다. 때문에 길들여진 천재만이 대가로 성장할 수 있다고 할 수 있다.

단원은 재주를 타고났고 이를 더욱 연마하여 남들이 따라올 수 없는 기량으로 세상에 많은 명작을 남겼다. 단원이 단원일 수 있었던 것은 일찍이 표암 강세황이라는 스승을 만나 자신의 재주를 길들일 수 있었고, 정조라는 계몽군주를 만나 맘껏 자신의 기량을 펼칠 수 있었기 때문이다. 문화가 성숙하여 세상이 천재를 알아보았고, 받아들여준 것이었다. 12세기 소동파 시절의 송나라, 16세기 미켈란젤로 시절의 이탈리아, 18세기 단원 시절의 조선 등 동서고금을 막론하고 천재는 문예부흥기에 출현하였고, 천재가 자기 기량을 맘껏 발휘한 시기가 문예부흥기였다.

단원은 진짜 천재였다. 당대의 증언이 그러했고 남긴 유작들을 보아도 과연 불세출의 천재 화가였다. 단원의 스승인 표암 강세황은 〈단원기〉에서 이렇게 말했다.

서원아집도(원통대사 부분)

단원은 어릴 적부터 그림을 공부하여 못하는 것이 없었다. 인물, 산수, 신선, 불화, 꽃과 과일, 새와 벌레, 물고기와 게 등에 이르기까지 모두 묘품에 해당하여 옛사람과 비교할지라도 그와 대항할 사람이 거의 없었다.

특히 신선과 화조를 잘하여 그것만 가지고도 한 세대를 울리며 후대에까지 전하기 충분했다. 또 인물과 풍속을 잘 그려 …… 모양을 틀리는 것이 없으니 옛적에도 이런 솜씨는 없었다.

그림 그리는 사람은 대개 화본을 보고 배우고 익혀서 공력을 쌓아야 비로소 비슷하게 할 수 있는데 단원은 독창적으로 스스로 알아내어 교묘하게 자연의 조화를 빼앗을 수 있는 데까지 이르렀으니 이는 천부적 소질이 보통 사람보다 훨씬 뛰어나지 않고서는 될 수 없는 일이다.

서원아집도(8곡 연결병풍), **김홍도**, 1778년, 비단에 담채, 129.5×365.8cm, 개인 소장

　화가의 솜씨는 3차원의 대상을 2차원의 평면에 담아내는 묘사력, 붓과 먹을 다루는 필력으로 평가되며, 또 대작을 얼마만큼 소화해낼 수 있느냐로 기량이 평가된다. 특히 인물을 제대로 그릴 줄 아는 화가라야 가히 천재 소리를 들을 수 있는데 단원은 일찍이 이 방면에서 작가적 기량을 한껏 보여주었다. 그 대표적인 작품이 〈서원아집도西園雅集圖〉이다.

　'서원아집도'라는 그림은 북송 영종의 사위였던 왕선이 자기 집 정원인 서원西園에서 당시의 유명한 문인 묵객들을 초청하여 베풀었던 한때의 모임에서 유래한다. 이 모임에는 소동파, 소철, 황정견, 이공린, 조보지, 미불, 원통대사 등 16인이 참여하여 시를 읊고, 글씨를 쓰고, 그림을 그리고, 담론을 즐겼다.

　당대의 명사들이 어울린 이 아취 넘치는 모임은 여기 참석했던 이공린이 그림으로 그리고, 미불이 찬문을 쓰면서 유명해졌다. 이공린의 그림은 전하지 않고 미불의 찬문만이 전하는데, 이는 훗날 하나의 전설이 되어 문인들의 이상적인 아회雅會로 칭송되고 선망의 대상이 되었다. 이후 서원아집도는 하나의 그림 소재가 되어 대대로 널리 그려지기 시작했다. 현재 남송의 마원, 명나라 구영의 그림이 전하고 있다.

단원 김홍도는 34세 때인 1778년 무렵에 6곡병풍, 8곡병풍, 선면扇面대폭 등 세 점의 〈서원아집도〉 대작을 그렸다. 세 점 모두 단원의 낙관은 없지만 6곡병풍과 선면화에는 표암 강세황의 화제가 들어 있다. 본격적인 대작이면서도 화가의 낙관이 없는 것은 당시 임금에게 바쳤던 그림에는 화원이 낙관을 하지 못했던 사정 때문으로 이해된다. 실제로 표암은 〈단원기〉에서 "궁중으로 들어간 병풍과 권축 뒤에 내 글을 붙인 경우가 더러 있다"고 하였다.

단원의 〈서원아집도〉 세 점 중 그의 기량이 한껏 발휘된 것은 역시 8곡병풍이다. 6곡병풍보다 스케일이 클 뿐만 아니라 화폭이 넓어 파노라마식 전개가 아주 시원하고 배경으로 삼은 바위들의 괴량감塊量感이 장관이다. 개울 건너 대밭에 이르는 공간도 시원스럽게 열려 있으며 각 인물의 묘사에 생동감이 넘친다.

구도를 보면 대각선 방향으로 나타낸 집 담장과 계곡을 두 개의 축으로 삼고 그 사이에 인물들을 크게 네 장면으로 나누어 옴니버스식으로 전개해갔다. 미불은 석벽石壁에 글씨를 쓰고, 소동파는 시를 짓고 있으며, 이공린은 그림을 그리고, 원통대사는 저 멀리 대밭에서 설법을 하고 있다. 각 인물의 특징과 성격을 집약적으로 나타내면서 전체 화면을 장악하고 있는 것이다. 각 장면이 마치 연극 무대의 세트 같다.

단원의 기량은 각 장면 주인공의 인물 표현에서 유감없이 발현되고 있다. 팔을 뻗어 올린 미불의 옷자락 주름을 표현한 필선도 명료하고, 책상에 앉아 시를 짓고 있는 소동파와 그림을 그리는 이공린의 자세가 실감나며, 대밭에 앉아 있는 원통대사의 모습은 독립된 화폭처럼 그윽한 운치가 있다. 아울러 조연들의 배치, 에피소드의 처리도 치밀하고 능숙하다. 옆에서 시중드는 이도 있고, 글 쓰는 것을 구경하는 사람도 있는데 그런 인물들의 성격이 명확하다. 특히 글씨 쓸 종이를 두 팔로 쭉 펼치고 있는 동자의 모습에는 웃음이 절로 나

오는 유머도 있다.

　배경 처리는 산수화나 화조화의 디테일을 보는 듯하다. 소나무, 버드나무, 대나무, 목련의 표현 또한 시정이 듬뿍 들어 있고 목련꽃에는 점점이 악센트가 가해져 있으며, 한 쌍의 학도 배치되어 이 모임의 고고함을 더해주고 있다. 그리하여 화면 전체에 정중하면서도 그윽한 운치가 일어나 감상에 젖어들 뿐 무엇 하나 아쉬울 것도 흠잡을 곳도 없다.

　표암 강세황은 〈서원아집도〉 6곡병풍에 쓴 글에서 단원의 그림 솜씨를 극찬하며 자신의 글씨가 그림을 따르지 못해 그림을 망쳐놓은 것은 아닌지 부끄럽다고 했다. 나 역시 〈서원아집도〉 8곡병풍을 해설한 내 글이 단원 김홍도의 그림을 제대로 설명하지 못해 미안하다고 해야 할 것 같다. ◎

서원아집도〈소동파 부분〉

개성 환갑노인의
합동 경로잔치를 기념하며

조선시대 화가 중 작품을 가장 많이 남긴 화가는 겸재 정선과 단원 김홍도이다. 현재 전하는 유작만도 수백 점을 헤아리니 역시 대가답다고 할 만하다. 겸재는 금강산 그림을 비롯한 진경산수화와 남종산수화에 집중적으로 몰입해 있었음에 비하여 단원은 산수, 화조, 풍속, 인물 등 소재가 아주 다양하고 대작이 많다는 특징이 있다.

단원이 작품을 많이 남길 수 있었던 것은 출중한 기량 덕분에 공적, 사적으로 그림 주문이 많았기 때문이다. 단원은 30대에 이미 인기 화가가 되어 있었다. 35세 때인 1779년에는 홍신유가 단원에게 시를 지어주면서 "단원은 나이 서른도 안 되어 그림으로 세상에 이름을 날렸다"고 하였고, 표암 강세황은 〈단원기〉에서 이렇게 증언했다.

세속이 김홍도의 뛰어난 기량에 감탄을 금치 못하여 …… 그림을 구하려는 자가 날마다 무리를 지으니 비단이 더미를 이루고 찾아오는 사람이 문 앞을 가득 메워 잠자고 먹을 시간도 없을 지경이었다.

단원은 도화서에서 화원으로 근무하는 동안에도 정조의 특명을 받아 그림을 그리는 데 바빴다. 1781년(정조 5)에는 어진 제작에 참여하여 그 공으로 1784년(정조 8)에 안기역安奇驛찰방에 제수되었다.

1788년(정조 12) 44세 때에는 복헌復軒 김응환金應煥과 함께 관동팔경과 금강산을 비롯한 영동의 승경을 그려오라는 특명을 받았다. 그때 수십 미터의 금강산 그림과 함께 60폭의 《금강사군첩金剛四君帖》을 그렸다.

금강산에서 돌아온 뒤에는 1790년(정조 14) 사도세자 현륭원顯隆園의 원당願堂 사찰인 용주사龍珠寺에 불화를 그렸다. 그 공으로 단원은 연풍현감이 되었

기로세련계도, 김홍도, 1804년, 종이에 담채, 137.0×53.3cm, 개인 소장

다. 정조는 지난 30여 년간 궁중의 그림에 관한 일은 단원과 상의했다고 말했으며, 그때마다 단원은 임금의 요구에 십분 응하는 명작들을 남겼다.

그러다 1795년, 51세 때 연풍현감에서 불명예 해직된 이후로는 다시는 관에 불려가는 일이 없게 되었고 정조의 사후에는 궁중에서 그에게 그림을 맡기는 일도 없었다. 이때부터는 세간의 그림 주문이 단원에게 쏟아졌다.

51세에 그린 《을묘년화첩》(8폭)의 〈총석정〉 그림에는 김경림에게 드린다고 적혀 있다. 소금 장사로 부를 축적한 김경림(김한태)은 장안의 대부자라는 뜻의 '대고大賈'라 불렸는데, 그가 단원 말년의 후원자였다.

50대 후반으로 들어서면 주문이 뜸하여 생계를 걱정할 정도가 되었지만 57세 되는 1801년에는 고위 관리의 요청을 받아 〈삼공불환도三公不換圖〉 등 세 점의 8곡병풍 대작도 주문받아 그렸다.

단원이 민간으로부터 주문받아 그린 작품 중 압권은 1804년, 60세에 그린 〈기로세련계도耆老世聯契圖〉이다. 개성에서 60세 이상 되는 노인 64명을 위해 합동 경로잔치를 베풀면서 이 뜻깊은 잔치를 그림으로 그려줄 것을 부탁하여 그리게 된 것이다. 잔치가 벌어진 곳은 송악산 아래에 있는 옛 고려궁터인 만월대였다. 때문에 '만월대계회도滿月臺契會圖'라고도 불린다.

나이 60세의 노老 단원은 원숙한 솜씨로 요구에 응했다. 우선 잔치 마당에 친 흰 차일을 기준으로 화면을 상하 2단으로 나누어 위쪽은 송악산의 준수한 봉우리를 그려 넣고, 아래쪽은 흥겨운 잔치 모습을 그렸다. 요구는 요구대로 응하면서 산수화와 풍속화를 절묘하게 한 화폭 속에 구현한 것이다.

잔치 장면을 보면 계회도이면서 동시에 풍속화적인 분위기도 살려냈다. 차일 안에는 초대받은 노인 64명이 둘러앉아 독상을 받고 있는데 잔치 마당 주위에는 구경꾼이 저마다 다른 모습으로 분위기를 한껏 돋우고 있다. 구경꾼의 표정과 몸동작이 정확히 묘사되어 낱낱의 상황을 실수 없이 읽어낼 수 있다. 언덕바지 소나무 아래서 느긋이 구경하는 사람, 음식을 이고 나르는 아낙네, 노상 주점을 차려놓은 주모, 이미 술에 취해 몸을 가누지 못하는 사람, 나무 지게를 내려놓고 황급히 구경 가는 초동, 동냥 손을 내민 거지…… 하나씩 헤아려보니 모두 173명이나 된다. 더없이 실감나는 흥겨운 잔칫날이다.

　　단원이 아니고서는 그릴 수 없는 그림이다. 작품이 완성된 뒤 화폭 아래에는 64명의 참석자 명단을 기록하고, 위에는 홍의영이 잔치의 내력을 자세히 증언해두었으며, 유한지는 '기로세련계도'라는 이름을 지었다. 단원 말년의 최대 명작인 〈기로세련계도〉는 이렇게 완성된 것이다.

　　돌이켜보건대 단원이 뛰어난 화가라고 해서 〈기로세련계도〉라는 불후의 명작이 탄생한 것은 아니었다. 개성 사람들의 주문이 없었다면 단원의 이 그림은 탄생하지 못했다. 이런 대작을 주문할 정도의 경제적, 문화적 풍요로움과 미술에 대한 사회적 수요가 있었기에 가능했던 것이다.

　　이로써 볼 때 미술문화를 창출하는 것은 공급자가 아니라 오히려 소비자임을 알 수 있다. 공급자인 화가는 그러한 문화적 수요가 일어났을 때 자신의 기량을 십분 발휘하는 것으로 자기 몫을 다할 뿐이다. 그런 의미에서 문화는 소비자가 만든다. ◎

기로세련계도〈부분〉

19. 춘화 이야기

조선의 춘화에는 스토리가 있다. 그래서 속화의 하나다

지난 2013년 1월, 갤러리현대 두가헌 전시장에서 열린 〈옛사람의 삶과 풍류〉전에는 조선시대 춘화春畵 22점이 전시되었다. 단원 김홍도와 혜원蕙園 신윤복申潤福(1758~?)의 전칭 작품으로 전하는 두 개의 화첩을 중심으로 한 전시였다. 춘화 중 일부는 그동안 책과 화집에 도판으로 공개된 적은 있으나 공신력 있는 화랑에서 공식적으로 일반에게 공개된 것은 처음이다.

춘화는 음화淫畵와 다르다. 외설과 예술의 차이를 어디에 둘 것인가는 항상 문제지만 그 잣대는 역시 작품의 예술성 여부에 있다. 단순히 성적 호기심만 자극하는 조악한 음화라면 당연히 전시회로 꾸밀 수 없다. 그러나 작품성이 있어 조선시대 풍속화의 연장선상에서 볼 수 있다면, 비록 사시장철 공개할 수는 없더라도 잠시 빗장을 열어 우리 미술사의 폭을 넓혀줄 필요가 있다.

1976년 덴마크에서는 〈세계 에로틱 아트 전시회〉가 열렸고 전 작품을 수록한 도록이 나왔다. 총 860여 점이 수록된 도록을 보면 유럽의 중세부터 20세기 현대 거장의 작품까지 망라되었으며, 일본·중국·인도·몽골의 춘화까지 실렸다.

유럽 중세의 춘화는 나이브 페인팅에 가까운 순진한 것이고, 바로크·로코코 시대의 춘화는 궁중화의 연장선상에 있으며, 프랑스 혁명기에는 일러스트레이션이 많다. 19세기 리얼리즘 시대에는 귀스타브 쿠르베가 레즈비언을 그린 〈게으름과 음탕〉, 여자의 성기를 클로즈업한 〈세계의 기원〉이라는 작품이 있고, 20세기에는 피카소, 고갱, 에곤 실레, 살바도르 달리의 작품이 그들의 개성적인 예술 세계를 그대로 보여주었다.

동양의 춘화로는 성희의 갖가지 자세가 무술영화의 허풍처럼 기묘하게 그려진 중국의 춘궁화春宮畵, 과장된 성기 묘사로 이미 정평 있는 일본의 우키

위_ 춘화(건곤일회첩 중), 전 신윤복, 18세기 후반, 종이에 담채, 23.3×27.5cm, 개인 소장
아래_ 춘화(운우도첩 중), 전 김홍도, 18세기 후반, 종이에 담채, 28.0×38.5cm, 개인 소장

요에[浮世會]가 여러 점 출품되었다. 그런가 하면 인도의 춘화는 거의 다 요가를 연상케 하는 동작의 성희로 일관되어 있고, 몽골의 춘화는 한결같이 말 타고 달리면서 마상에서 성교를 하는 그림들이다. 그림마다 민족적 특성을 그렇게 반영하고 있다.

이때 조선 춘화가 단 한 점도 출품되지 못했던 것은 참으로 아쉬운 일이다. 조선시대 춘화가 오늘날에 오도록 여전히 성의 수치심을 유발하는 음화로 인식되어 일반에게 공개된 적이 없었으니 먼 유럽에서 어떻게 그 가치와 묘미를 알 수 있었겠는가. 만약에 이번 전시회에 출품된 춘화《건곤일회첩乾坤一會帖》이나《운우도첩雲雨圖帖》같은 작품이 이들과 어깨를 나란히 하였다면 한국 춘화, 나아가서는 조선시대 회화의 독자성을 보여줄 수 있는 기회가 되었을 것이다.

이 두 화첩은 현재까지 알려진 조선시대 춘화 중 최고 수준을 보여준다. 《건곤일회첩》은 '하늘과 땅이 하나로 만난다'는 뜻이니 음과 양의 만남을 말하는 것으로 12폭에 혜원 신윤복의 낙관이 있다.《운우도첩》은 비구름이 뒤엉켜 하나로 되었다는 뜻이니 성희를 상징하는 것으로 10폭에 단원 김홍도의 도인이 찍혀 있고 운보 김기창의 배관拜觀이 적혀 있다.

춘화(운우도첩 중), **전 김홍도**, 18세기 후반, 종이에 담채, 28.0×38.5cm, 개인 소장

그러나 이 도서낙관은 후대의 누군가가 추가한 후낙관으로 보인다. 본래 춘화는 그림의 성격상 화가가 당당하게 도서낙관을 하기 힘들다. 혜원은 춘화를 그렸기 때문에 도화서에서 쫓겨났다고 전한다.

단원, 혜원과 동시대 화가 중에는 물고기 그림으로 유명한 옥산玉山 장한종張漢宗이 있다. 그는 수원 감목관 시절 열청재閱淸齋에서 '잠을 쫓는 이야기'라는 《어수록禦睡錄》을 썼는데, 절반 정도가 음담패설이다. 이 책의 상당 부분이 음담패설집인 《고금소총古今笑叢》에도 실려 있다. 그렇다면 장한종도 춘화를 그렸음 직한데 전하는 것이 없다. 혹시 무낙관 춘화 중에 그의 작품이 있을지도 모를 일이다.

그럼에도 이 화첩들을 단원과 혜원의 작품으로 추정하는 것은 인물 묘사와 자연 풍광을 그린 필법에 그들만의 섬세하고도 독특한 필치가 들어 있고 인물 묘사력에서 뛰어난 솜씨가 보이기 때문이다.

《건곤일회첩》과 《운우도첩》에 실린 춘화를 보면 춘화의 주인공이라 할 여인들의 표정이 그렇게 아름답고 정확할 수가 없다. 가히 매력적이라는 찬사가 절로 나오게 되는데, 한 한국화가는 "도대체 얼마나 가는 붓을 사용했기에 귀밑머리 솜털까지 그렸을까" 하고 감탄했다. 그런가 하면 인물화를 잘 그리는 중년의 한 화가는 "당시는 사진으로 찍어놓은 이미지를 갖고 그린 것이 아닐 텐데 인체 비례를 이렇게 정확히 맞춘다는 것은 상상이 가지 않는다"고 했다. 그러면서 여자가 엄지발가락을 비튼 것 좀 보라고 귀띔했다. 그래서 만약에 단원이나 혜원이 그린 것이 아니라면 단원이나 혜원보다 더 잘 그리는 화가의 솜씨일 수밖에 없다는 평도 나오는 것이다.

세계 에로틱 아트의 역사 속에서 조선 춘화의 특성을 말하라고 한다면 무엇보다도 '스토리텔링'에 있다. 각 장면마다 성희가 일어나게 된 동기와 배경이 어떤 식으로든 묘사되어 있다. 어느 기방에서의 한 장면, 양반이 여종을 희롱하는 것을 엿보는 장면, 진달래꽃 만발한 야산이나 버드나무 사이로 보름달이 훤히 비치는 한밤중 냇가에서의 정사, 봄볕 따사로운 날 툇마루에 앉아 늙은 부부가 성기를 내보이며 옛날을 회상하는 장면 등 때론 유머가 넘친다. 그래서 조선 춘화에는 낭만과 풍류의 연장을 느끼게 하는 시정과 서정이 있다고

말하게 된다.

일본의 우키요에 춘화는 한결같이 남녀 모두 옷을 입고 있으며 과장된 성기를 노출시키고 있는 것이 특징이다. 중국 춘화 역시 갖가지 변태적 장면이 요란하게 연출되고 있다. 이에 반해 조선 춘화는 서정성과 이야기를 담고 있기에 실내 가구와 집기들의 묘사나 자연 풍광이 그림에서 차지하는 비중이 아주 크고 그 표현 또한 대단히 정밀하다. 배경에 대한 세심한 묘사 덕분에 그림 속 이야기는 더욱 명확히 재미있게 읽힌다.

춘화의 예술성은 무엇보다도 정교한 필치에 있다. 분명한 것은 성행위를 그렸다고 다 춘화가 아니라는 것이다. 조악한 음화는 성기와 성희의 동작만을 강조한다. 그것은 카메라가 없던 시절의 질 낮은 포르노그래피라고 할 수 있다. 춘화는 작가의 예술 세계와 그 연장선상에서 감상되고 평가될 만한 것이어야 한다. 단원·혜원의 춘화는 그들의 풍속화와 얼마나 잘 어울리는가. 그래서 감히 '옛사람의 풍류와 낭만'이라는 제목 아래 전시될 수 있었던 것이다.

에두아르트 푹스는《풍속의 역사》에서 한 시대의 사회상을 가장 잘 반영

춘화(건곤일회첩 중), **전 신윤복**, 18세기 후반, 종이에 담채, 23.3×27.5cm, 개인 소장

하는 것은 성의 표현이라고 단언하였다. 정상적인 성관계란 어느 시대 어느 사회에나 인간의 삶 속에 있는 일이고 그것은 개개인들이 간직하고 있는 비밀스러운 영역이지만, 성의 유희성을 노출하여 자신의 비밀과 대조하는 일 또한 어느 사회 어느 시대에나 있었다는 것이다. 그리고 정상적인 성의 윤리를 일탈하려는 모습에는 기존의 사회적 제약으로부터 벗어나려는 시대적 기류가 가장 직접적으로 나타난다고 했다. 때문에 춘화와 같은 에로틱 회화는 문명이 침체되었거나 문화가 쇠퇴해가는 과정에서 등장하는 것이 아니라 문화가 꽃 피는 전성기에, 또 다른 새로운 문화로의 도약을 준비하는 시점에서 유행한다.

내가 이제까지 본 조선시대 춘화첩은 열 권 내외다. 그 가운데《건곤일회첩》·《운우도첩》처럼 높은 수준을 보여주는 것은 모처에 소장된 두 첩뿐이다. 그중 하나는 혜원이 그린 것이 분명하고, 또 하나는 단원이 그렸다고 전하지만 시산 유운홍의 작품으로 생각된다. 그 외에는 단원, 혜원의 작품을 모작模作한 것들이며 필치와 묘사력이 아주 떨어진다.

춘화의 역사는 후대로 이어져 정재 최우석 등이 단원·혜원의 춘화를 베껴 그린 것이 몇 첩 있는데 솜씨는 말할 것도 없고 조형적 성실성이 떨어진 퇴락한 춘화가 되고 말았다. 오히려 개화기 구한말 때 겉표지와 속 내용을 국한문 혼용 불경으로 위장한 목판화 춘화첩이 유머도 있고 당시의 세태를 반영한다. 그러나 이 역시 조형적 밀도가 떨어진다.

이렇게 볼 때 조선시대 춘화의 역사는 단원·혜원 시절인 정조·순조 시대가 전성기이다. 그 이전의 작품은 알려진 것이 없고, 있다고 해도 이런 높은 수준은 아닐 것이며 그 이후는 쇠퇴의 길로 들어갔다. 그렇다면 조선시대 춘화의 역사는 풍속화의 역사와 궤도를 같이하며 조선시대 회화사와 문화사의 흐름을 그대로 반영하는 셈이다.

현대미술에 들어와 춘화가 어떻게 되었는지 나는 알지 못한다. 분명히 있기는 있을 것이다. 미술의 역사에 춘화가 없을 리 없기 때문이다. 아직 공개할 수 있는 역사적 거리를 확보하지 못해서 모르는 점도 있다. 때가 되면 그 춘화들도 일반에게 공개되는 날이 있으리라 믿는다. ◎

20. 고송 이인문
〈강산무진도〉·
〈단발령 망금강〉

대가는 완벽한 형식미가
무엇인지를 말해준다

화가의 기량은 대작에 여실히 나타난다. 대작은 소품의 아기자기한 멋과
달리 웅혼하고 장쾌한 기상을 자아내니 이것이야말로 회화의 진면목이라 할
수 있다. 그 점에서 대작을 남긴 화가라야 비로소 대가라고 할 수 있다. 우리가
겸재 정선과 단원 김홍도를 대가로 말하는 것도 이들이 기량의 출중함을 대작
에서 유감없이 보여주었기 때문이다.

조선 후기에는 산수화에서 단원 김홍도와 쌍벽을 이룬 이인문李寅文(1745~
1824 이후)이 그런 대작의 대가였다. 본관은 해주海州, 자는 문욱文郁이고, 호는
유춘有春 또는 고송유수관도인古松流水館道人이라고 하였는데 그냥 고송古松으
로 불리곤 했다. 대대로 사자관, 의관 등 기술직에 종사하던 중인 집안에서 태
어나 도화서 화원이 되어 정조·순조 연간에 화가로 활동하여 조선 산수화를
한 차원 높이 끌어올렸다. 그림을 그린 공으로 주부와 첨사 벼슬을 얻었다고
하나 이인문에게 있어 그런 관직이 주는 의미는 크지 않다.

그는 오직 화가로서 한생을 살았고, 그림으로 이 세상을 위해 충실히 봉사
하였다. 1795년(정조 19)에는 〈화성능행도華城陵幸圖〉, 1802년(순조 2)에는 《순조
순원후 가례도감의궤純祖純元后嘉禮都監儀軌》의 제작에 참여했다. 작품 자체로
미술사에 이바지하고 자신의 이름을 남긴 것이다.

이인문의 명작으로는 〈강산무진도江山無盡圖〉를 첫손에 꼽지 않을 수 없
다. 길이 8미터 56센티미터에 달하는 이 장축은 조선시대 회화사의 기념비적
대작이다. 강산의 아름다움을 무진장 전개하는 이 그림은 아름다운 누각산수
에서 시작하여 큰 배가 오가는 유장한 강변 풍경을 거쳐, 기암절벽으로 이루
어진 웅장한 산세로 끝없이 펼쳐진다. 곳곳엔 절집과 계곡을 잇는 돌다리들이
있고 거기에 사는 사람과 탐승객探勝客의 모습이 점점이 묘사되어 있다. 그리
고 뒤로 가면 다시 산마을 풍경이 나오고 마지막으로는 평온하고 아련한 강마

강산무진도(부분), 이인문, 18세기 후반, 비단에 담채, 그림 전체: 43.8×856.0cm, 국립중앙박물관 소장

을로 긴 여운을 남기며 끝난다. 스케일만 큰 것이 아니라 어느 한 구석 소홀한
필치가 없으며 산세의 표현엔 부벽준斧劈皴, 피마준披麻皴, 미점법米點法 등이 두
루 구사되어 단조롭지 않다. 이인문 특유의 나무 묘사법인 수지법樹枝法과 바
위 묘사법이 곳곳에 구사되어 그의 개성도 뚜렷이 드러난다.

　　이런 장대한 산수화는 험준한 산세의 웅장한 아름다움을 표현한 중국의
〈촉잔도蜀棧圖〉에서 유래했다. 일찍이 현재 심사정이 그린 대작 〈촉잔도〉(간송
미술관 소장)가 있으며 이인문에 와서 또다시 이런 명작을 낳은 것이다. 이 그림
하나만으로도 이인문이 대가였음을 알 수 있는데, 감식안이 까다롭기로 유명
한 추사 김정희의 감상도장이 횡축 마지막에 찍혀 있다.

　　이인문은 다른 화가에 비해 대폭 산수를 많이 남겼다. 72세에 지두로 그
린 〈대부벽준 산수도大斧劈皴山水圖〉(1816), 76세 때 임희지, 김영면 등과 어울리
면서 그린 〈누각아집도樓閣雅集圖〉(1820), 80세에 그린 대폭의 8곡병풍인 〈산정
일장 호두병山靜日長護頭屛〉(1824) 등은 노대가의 흔들리지 않는 기량을 유감없

이 보여준다.

고송 이인문의 평생 벗은 단원 김홍도였고, 고송의 예술은 단원과 짝을 이룸으로써 더욱 빛났다. 산수화에서 당대에 쌍벽을 이루었다고 했고, 실제로 그렇다. 고송은 단원과 동갑으로 외가로 치면 인척이 된다는 설도 있다.

고송과 단원은 환갑 때 함께 그림을 그리고 화제를 쓴 〈송하한담도松下閑談圖〉(1805)를 남겼고 송석원시사의 《옥계시사첩玉溪詩社帖》이 제작될 때는 둘이 함께 초청되어 고송은 낮 풍경을, 단원은 밤 풍경을 그린 바 있다. 고송과 단원이 이렇게 어울리는 모습은 아름다운 이야기로 삼을 만하다.

그러나 고송의 산수화는 단원의 그것과 전혀 달랐다. 고송은 아호 그대로 송림松林을 즐겨 그렸다. 노송이나 솔밭의 소나무를 아주 운치 있게 표현하고 단아한 필치의 수목들과 각진 바위들을 배치하는 것이 그의 특징이었다. 남종화와 북종화의 화법을 두루 사용하여 완벽한 형식미가 주는 감동이 있다. 마치 결벽증이라도 있는 듯 깔끔하게 마무리되어 있다. 그래서 고송의 작품에는

송석원시회도, 김홍도, 1791년, 종이에 담채, 25.6×31.8cm, 개인 소장

태작駄作이 거의 없어 감식가들이 말하기를 고송의 그림을 보면 적이 안심이 된다고 한다.

단원과 비교해 말한다면 고송의 필치는 맑고, 단원은 그윽하다. 구도로 볼 때 고송은 시각을 넓게 잡고, 단원은 대상을 압축적으로 표현했다. 카메라로 치면 고송은 광각렌즈를 사용하고 단원은 접사렌즈를 즐긴 셈이다. 그 점은 무엇보다도《옥계시사첩》의 그림에 잘 나타난다.

고송은 드물지만 간혹 진경산수도 그렸다. 〈수옥정〉과 〈발연〉 같은 대폭의 진경산수도 있고, 사신을 따라 북경에 갔을 때 그린 것으로 생각되는 〈운리제성도雲裡帝城圖〉도 있다.

그중 대표작을 꼽자면 단연코 〈단발령 망금강斷髮嶺望金剛〉이다. 이 작품은 조선시대 명화를 열 점만 꼽더라도 반드시 들어가야 할 아름다운 그림이다.

조선시대 문인들의 금강산 유람에는 일정한 탐승 코스가 있었다. 옛 금강산 기행문을 보면 내금강으로 들어가는 길은 대개 서울에서 양주(의정부) → 포천 → 철원 → 김화金化 → 창도昌道까지를 기본적으로 거치게 되어 있었다. 여기까지가 닷새 거리였다. 그리고 창도에서 하룻밤 묵고 이튿날 단발령을 오르

단발령 망금강, 이인문, 18세기 후반, 종이에 담채, 23×45cm, 개인 소장

고, 여기서부터 30리 더 들어가면 금강산 장안사 입구에 다다른다.

이유원李裕元의 글에 의하면 묵희령墨戲嶺 10리 고개의 정상이 단발령이라고 한다. 이 고갯마루에 올라서는 순간 금강산 일만 이천 봉우리가 서릿발처럼 하얗게 환상적으로 피어올라 사람들은 순간 너나없이 "차라리 머리 깎고 중이 되어 저기서 살고 싶다"는 말을 내뱉곤 하여 단발령이라는 이름을 얻었다고 한다.

그러면 왜 묵희령이라고 했을까. 묵희란 먹장난이라는 뜻으로 그림 그리는 것을 말한다. 그 고갯마루에서 보면 절로 그림의 구도가 잡히기 때문이었을까?

'단발령 망금강'이라는 화제가 처음 제시된 것은 겸재 정선이 36세 때 금강산을 유람하고 돌아와 그린《신묘년화첩》이다. 이후 단발령에서 바라본 금강산은 진경산수의 좋은 소재가 되었고, 대개 비슷한 구도로 되어 있다.

단원이 44세 때 정조의 명을 받고 그렸다는《금강사군첩》속에도 〈단발령〉 그림이 있었다. 지금은 화첩이 낙질되어 흩어지는 바람에 어떤 그림이었는지 확인할 수 없다. 그러나 단원의《금강사군첩》은 훗날 많은 화가들이 방작하여 이풍익李豊翼의《동유첩東遊帖》, 김하종金夏鍾의《풍악첩》등을 통해 그 대략을 짐작할 수 있는데 역시 똑같은 구도이다.

화면 오른쪽 아래로는 근경으로 단발령을 넘는 탐승객들이 점경인물로 묘사되어 있고 고갯길 양옆에는 소나무들이 배치되어 있다. 단발령에서 보았다면서 단발령을 그려 넣은 것이다. 이 점은 겸재 이래로 우리나라 진경산수의 중요한 특징 중 하나가 되었다. 화가의 시점을 그림 속에 제시함으로써 실경이 더욱 현장감 있게 다가오게 한 것이다.

그리고 안개 너머로 피어오르는 일만 이천 봉우리의 모습을 그렸는데, 여기에서 고송 이인문은 고송다운, 고송만의 표현법을 유감없이 보여준다. 그야말로 금강석이 뿌리째 모습을 드러내는 듯한 환상적 모습이다. 화가의 노련한 솜씨에 찬사가 절로 나온다.

고송은 회화의 형식미가 무엇인지를 잘 알고 있던 화가였다. 그래서 〈강산무진도〉건 〈단발령 망금강〉이건 완벽한 회화미와 더불어 예술적 감동을 전해준다. 실로 고송유수관도인 이인문은 산수화의 대가였다. ◎

21. 초전 오순
〈산수도〉

그림을 그려보고 싶어
대감을 찾아왔습니다

　　세월이 무심한 것인지 역사가 비정한 것인지 시간이 오래면 오랠수록 우리가 기억하는 인물은 그 시대를 대표하는 몇몇에 지나지 않는다. 정조·순조 연간이라면 100년 남짓 되는 세월인데 그 당시 활동했던 화가로 우리에게 알려진 이는 단원 김홍도, 혜원 신윤복, 긍재 김득신 등 열댓 명 정도밖에 안 된다.

　　그러나 1800년을 기준으로 보았을 때 문인화가는 별도로 치더라도 예조의 도화서에는 언제나 20명의 화원이 근무하고 있었고, 규장각에 소속된 차비대령差備待令화원도 30명이 있었다. '차비'란 임시란 뜻이고 '대령'이란 명령을 기다린다는 뜻이니 요즘으로 치면 일종의 임시직 화원인 것이다. 한 세대에 최소한 50명의 화원이 있었다는 얘기다.

　　그 많은 화가의 삶과 예술을 어떻게 기억하고 평가해야 할 것인가. 기량이 부족하여 이렇다 할 예술적 성과를 내지 못한 경우라면 평범한 인생으로 세월 속에 잊혔어도 아쉽거나 미안하지 않다. 그러나 여건이 닿지 않아 회화사에 이름을 올리지 못했을지언정 그 시대를 엿볼 수 있는 아담한 작품을 남겨준 화가라면 우리는 그냥 지나칠 수 없다.

　　정조·순조 연간에 활동한 화가로 초전焦田 오순吳珣이란 화원이 있다. 그 역시 회화사에서 비중이 크지 않기에 회화 전문가가 아니면 이름조차 아주 낯선 화가일 것이다. 유작도 그리 많이 전하지 않는 듯 내가 여태껏 실견한 작품은 네 점뿐이다.

　　그러나 그의 유작들은 모두 잘 짜인 구도에 필법도 세련되었다. 머릿병풍에서 낙질된 것으로 보이는 〈운림雲林산수도〉와 〈송계松溪산수도〉를 보면 오순은 참으로 착한 성품의 얌전한 화가라는 인상을 받게 된다. 또 다른 작품인 〈하경夏景산수도〉 역시 실경을 사생한 것은 아니지만 우리가 흔히 볼 수 있는

왼쪽_ **운림산수도, 오순**, 19세기 전반, 종이에 담채, 55.8×35.8cm, 개인 소장
오른쪽_ **송계산수도, 오순**, 19세기 전반, 종이에 담채, 55.8×35.8cm, 개인 소장

녹음이 우거진 여름날의 계곡 풍경을 그윽한 분위기로 잡아내었다. 수묵의 번지기가 제법이고 형식적 완결성이 높아 작품 전체의 인상이 아주 차분하다. 필치에서 작가적 개성이 뚜렷하게 드러나지는 않지만 조형적 성실성만은 높은 점수를 줄 만하다. 이런 화가의 존재를 알면 정조·순조 연간 회화사의 넓이와 깊이를 더할 수 있다. 그가 누구였는지 궁금해진다.

헌종 때 영의정을 지낸 경산經山 정원용鄭元容의 《수향편袖香編》에서 오순의 삶을 읽은 뒤로 나는 더욱 이 화가를 마음속에 두게 되었다. 글 제목은 〈오순 화사 사적吳珣畵師事蹟〉이다.

화사 오순은 스스로 호를 지어 초전이라 했다. 그는 부안 사람으로 수묵산수를 잘 그리고 화제 글씨도 잘 썼다. 정조께서 불러서 서울로 올라와 화원이 되어 궁궐에서 대명待命하게 되었다.(차비대령화원이 되었다는 뜻이다.)

성격이 술 마시기를 좋아하여 취하면 자기 마음대로 하여 거리끼는 바가 없었다. 한번은 정조께서 화본畵本(그림 그리는 종이나 천)을 주며 산수화를 그리라 한 적이 있었는데, 오순은 그 비단을 팔아 술을 사 마시고는 대취大醉한 다음 도망치고 말았다. 정조께서 이 얘기를 듣고는 웃으면서 다시 비단을 하사하며 그리라 하였다. 오순은 이 말을 할 때마다 항상 눈물을 흘렸다.

경신년(1800), 즉 정조께서 타계한 이후에는 일정한 직업이 없어서 떠돌아다니다 자주 우리 집에 놀러왔다. 그리고 언젠가는 나도 그의 고향집에 가보기도 했다.

내가 기영箕營(평양)에 있을 때 오순이 병든 몸으로 찾아왔는데 그때 그는 근 여든 살이었다. 아직도 그림을 그릴 수 있느냐고 물으니 오순은 그림을 그려보고 싶어서 왔다고 했다. 그래서 종이를 찾아 병풍 그림 두 틀을 만들었다. 그후 표구를 해놓고 보니 그 사람을 보는 듯하였다. 그는 역시 말속末俗의 저속한 사람이 아니었다.

정원용이 평양에 있었던 때는 관서위무사로 내려간 1821년 무렵일 텐데 이때 오순이 근 80세였다고 하니, 그는 1740년 무렵에 태어났고 40, 50대에 차비대령화원을 지냈다고 추정할 수 있다.

유복렬의《한국회화대관》에는 8곡병풍 중의 한 폭이라며 산수화 한 점이 흑백사진으로 실려 있다. 육중한 바위 아래 서재가 있는데 저 멀리로는 폭포가 쏟아지고 앞쪽에는 계곡이 시원스럽다. 아래쪽에는 동자와 더불어 한 선비가 다소곳이 서 있는 학을 바라보고 있는 전형적인 남종문인화이다. 화면 위쪽에는 초전 거사居士가 직접 썼다는 화제가 적혀 있다.

산은 고요하여 태곳적 같은데　　　　　山靜似太古

날이 긴 것은 소년 시절 같네　　　　　日長如少年

언젠가 이 병풍이 세상에 공개되어 볼 수 있게 된다면 나는 잊혔던 조상님을 만난 것 같이 반가울 것만 같다. ◎

신숙주의 〈화기〉와 유한준의 《석농화원》 발문

알면 사랑하게 되고,
사랑하면 모으게 되나니

안평대군安平大君 이용李瑢(1418~1453)은 세종의 셋째 아들로 서예의 대가일 뿐만 아니라 회화 수장가로도 유명했다. 그의 수장품은 송나라 곽희의 산수화를 비롯하여 5대 왕조에 걸친 서화가 35인의 작품으로 모두 222점이었다. 우리나라 화가로는 유일하게 안견의 그림만 들어 있었다. 1445년 초가을, 28세의 안평대군은 그동안 수집한 소장품을 신숙주申叔舟에게 보여주며 이렇게 말했다.

내 천성이 그림을 좋아하니 이 역시 병이다. 넓고 깊게 찾은 지 10여 년이 지나 이렇게 모았으니 놀랍구나. 물物의 이룸과 무너짐에는 때(時)가 있고, 모임과 흩어짐에는 수數가 있으니 오늘의 이룸은 다시 훗날의 무너짐이 되어 그 모임과 흩어짐이 필연이 아님을 어찌 알리오. …… 그대는 나를 위해 이를 기록해주시오.

이때 신숙주가 쓴 글은 그의 《보한재집保閑齋集》에 〈화기畵記〉라는 제목으로 실려 있다. 신숙주는 222점의 화가와 제목을 일일이 나열하고서 이렇게 말했다.

무릇 그림이란 반드시 천지의 조화를 자세히 살피고 음양의 운행을 파악하여 만물의 성정性情과 사리의 변화를 가슴속에 새긴 연후에 붓을 잡고 화폭에 임하면 신명神明과 만나게 되어, 산을 그리고자 하면 산이 보이고 물을 그리고자 하면 물이 보이며 무엇이든 붓으로 그대로 나타내니

가상假像에서 참모습을 나타나게 된다. 이것이 화가의 법이다.
……

이 수장품을 보면 진실로 저 맑고 깨끗하고 고아함이 우리의 성정을 즐겁게 하고, 저 호방하고 웅장함은 우리의 기상을 길러줄 것이니 어찌 그 도움이 적다 하리오. 나아가서 물리物理를 정확히 이해하고 널리 살피고 많이 익힘에 이른다면 시詩 못지 않은 공功이 있을 것이다. 다만 세상 사람들이 과연 여기에 이를 수 있을지는 알지 못하겠노라.

석농화원 표지

조선시대는 회화의 발전과 함께 많은 수장가, 훌륭한 감식가를 낳았다. 중기에는 낭선군朗善君 이우李俁(1637~1693)의 소장품에 미수眉叟 허목許穆이 평을 쓴 것이 유명하다. 낭선군 소장품은 지금 국립중앙박물관에 소장된 《화원별집》의 모태가 되었다.

조선 초기의 안평대군과 중기의 낭선군은 왕손이기 때문에 이와 같은 컬렉션을 모을 수 있었다. 그러나 후기로 들어오면 상업이 발달하면서 경제력을 갖고 있는 수장가가 등장한다. 상고당尙古堂 김광수金光遂(1699~1770)와 석농石農 김광국金光國(1727~1797)이 대표적인데 특히 석농은 양반이 아니라 중인이었다. 석농은 나중에 선배인 상고당의 소장품까지 인수받음으로써 조선시대 회화사상 불후의 명화첩인 《석농화원石農畵苑》을 남기게 되었다.

석농 김광국은 7대에 걸쳐 의관을 지낸 부유한 중인 집안 출신으로 그

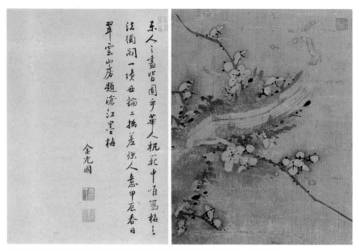

조속의 묵매도와 김광국 화평. 그림 부분: 17세기 초, 비단에 수묵, 28×23cm, 개인 소장

역시 수의首醫를 지냈다. 1776년에는 사신을 따라 중국에도 다녀왔는데 우황牛黃을 비롯한 중국 의약품의 사무역私貿易으로 부를 축적한 것으로 알려졌다. 김광국은 이런 재력을 바탕으로 많은 작품을 구입할 수 있었다. 그리고 뛰어난 감식안을 갖고 있었으며 무엇보다도 그림을 소중히 다룰 줄 알았다.

석농은 자신의 수집품 중 뛰어난 작품에는 별지로 화가의 이름과 평을 써넣은 제첨題簽을 붙였다. 이는 조선시대 회화 감정에서 절대적 기준이 되었다. 이 책에 실린 충암 김정의 〈숙조도〉, 공재 윤두서의 〈석공공석도〉가 그 예이다. 석농은 자신이 쓴 화평을 강세황, 이광사, 황기천, 유한지, 김이도 등 당대의 안목 있는 명사의 글씨로 받아 붙이기도 했다. 두 아들이 대필代筆한 것도 있다. 그래서 탄은 이정의 〈풍죽〉에는 '김광국 제題, 유한지서書'라는 제첨이 붙어 있다. 이렇게 모아 정리한 화첩이 《석농화원》이다.

그러나 안평대군의 말대로 '물의 이룸과 흩어짐'은 세월의 필연이어서 현재 《석농화원》은 석농이 성첩한 상태로 전하지 않는다. 이동주의 증언에 의하면 다섯 권으로 되어 있었다고 하는데 현재는 간송미술관에 《해동명화첩》이라는 이름으로 28점이 전하고, 홍성하의 소장이었다가 지금은 선문대학교박물관에 소장된 것이 32점이며 그 밖에 낱폭으로 흩어진 것 등도 확인된다.

《석농화원》에 수록된 내용을 보면 대개는 석농의 시대와 가까운 공재 윤두서 이래의 조선 후기 화가들 작품이며, 조선 초기·중기 화가도 있다. 그중에는 중국 그림, 일본 우키요에 그리고 네덜란드 동판화까지 들어 있어 그의 견문이 얼마나 넓었는지 알 수 있다. 북경에도 다녀온 적이 있기에 가능했던 일이다.

석농은 《석농화원》의 장황이 이루어진 뒤 유한준兪漢儁에게 발문을 부탁하였다. 안평대군이 신숙주에게 청한 것과 마찬가지였다. 유한준의 《저암집著菴集》에는 그 발문이 이렇게 실려 있다.

그림에는 그것을 아는 자, 사랑하는 자, 보는 자, 모으는 자가 있다. 한갓 쌓아두는 것뿐이면 잘 본다고 할 수는 없다.

본다고 해도 어린아이가 보듯 하고 벙어리가 웃는 듯한다면 칠해진 것 이외는 분별하지 못하는 것이니 아직 사랑한다고는 할 수 없다.

사랑한다고 해도 오직 붓, 채색, 종이만을 취하거나 형상의 위치만을 구한다면 아직 아는 것은 아니다.

안다는 것은 형태와 법도는 물론이고 깊은 이치와 조화를 잘 알아야 한다. 그러므로 그림의 묘는 사랑하는 것, 보는 것, 모으는 것의 겉껍질 같은 태도가 아니라 잘 안다는 데 있다.

알면 참으로 사랑하게 되고, 사랑하면 참되게 보게 되고, 볼 줄 알게 되면 모으게 되니 그것은 한갓 모으는 것은 아니다. ……

석농이 젊어서는 당대의 명사인 김광수, 이인상과 교유했는데, 이제 늙어 머리가 희고 옛 친구는 세상을 떠나 지금은 내가 그의 벗이 되어 가까이 지내고 있다.

일본화 미인도와 김광국 화평, 그림 부분: 작가 미상, 18세기, 종이에 채색, 31.0×45.5cm, 개인 소장

유한준이 이 글을 쓴 것은 1795년이었다. 그때 석농은 69세였고 그로부터 2년 뒤인 1797년에 71세로 세상을 떠났다.

사람이 돈을 버는 것은 능력이면서도 운세다. 그러나 그렇게 모은 돈을 어떻게 쓰느냐는 자신의 선택이다. 《석농화원》이 없었다면 석농의 인생은 무엇이었을까. 세상을 풍요롭고 이롭게 하는 데 이바지한 석농은 한국문화사의 위인으로 기려도 부족함이 없을 것이다.

오래전에 나는 인사동 고미술상에서 다 떨어진 《석농화원》의 비단 표지를 만나게 되었다. 상인 이야기로는 홍성하의 집에서 잡동사니와 함께 나온 것이라고 했다. 나는 이를 헐값으로 구입해 낙원표구사에서 깔끔히 장황하여 석농을 기렸다. 그러다 2003년 이태호 교수와 함께 학고재에서 〈유희삼매遊戱三昧〉전을 기획할 때 지금은 고인이 된 청관재 조재진에게 《석농화원》 중 중국, 일본, 네덜란드 동판화 세 점을 빌려 함께 전시한 후 이 표지를 선물로 드렸다. 우리 것이 아니라고 대접받지 못하던 그림이지만 석농을 기리는 마음으로 소장해온 청관재의 마음이 아름다워서였다.

그리고 나는 석농을 연구하다가 유한준의 발문을 읽게 되었고 가슴속에 오래 남은 그 글을 나중엔 내 식으로 번안하여 "사랑하면 알게 되고, 알면 보이나니, 그때 보이는 것은 전과 같지 않으리라"라고 하며 《나의 문화유산 답사기》를 썼다. 이래저래 석농은 나에겐 잊을 수 없는 선현이다.

　나는 지금 조선시대 뛰어난 수장가의 얘기를 전하고 있지만 서화 감상과 수장이란 꼭 재력가의 몫만은 아니다.《산림경제山林經濟》에는 부유하지 않은 선비들은 어떻게 서화를 즐겼는가를 말해주는 〈현화법懸畵法〉이라는 글이 있다. '벽에 그림을 거는 법'을 말한 것이다.

　　서재에는 축 하나 정도만 거는 것으로 족하다. 때때로 바꾸어 걸어 여름 봄에는 추경·동경, 가을 겨울에는 하경·춘경을 택하고 산에 살고 있으면 수경水景을, 물가에 살고 있으면 산경山景을 걸어야 한다. 그래야만 기분이 좋다.

　　축 아래로는 작은 탁자를 놓고 작은 괴석이나 작은 화분을 하나 놓으면 된다. 향로나 화로를 서화 가까이 놓으면 안 된다. 그을리거나 불에 탈 위험이 있다.

　　그림을 양쪽 벽에 마주 거는 것은 심히 속된 것이다. 벽에는 여백을 두어야 한다. 서화를 오려서 너절하게 붙여놓으면 눈이 어지럽다.

　　성현聖賢의 교훈을 담은 글귀나 아름다운 문장을 해서楷書로 좌우에 붙이는 것도 좋다.

　그러면 그림을 한 점도 소장할 수 없는 궁핍한 처지의 사람은 어쩌란 말인가. 연암 박지원은 〈필세설筆洗說〉에서 이렇게 말했다.

　　감상은 잘하되 수장을 못 하는 이는 가난하되 자신의 눈을 저버리지 않는 사람이다.

　현대적으로 말하자면 좋은 전시회를 찾아 열심히 관람하는 사람은 그것으로 자신의 서정을 간직하면서 미술문화에 동참하는 것이다. ◆

22. 수월헌 임희지 〈춘란〉

난엽에 춤사위를 넣으면 이렇게 된다오

조선 후기는 중인들의 사회적 지위가 높이 향상된 시기였다. 사실 신분만 양반이 되지 못했지, 교양과 지식으로 치면 웬만한 양반을 훨씬 뛰어넘는 중인이 많았다. 중인이 담당한 서리胥吏(행정), 역관譯官(통역관), 의관醫官(의사), 관상관觀象官(천문관측), 산관算官(수학) 등은 지식인이 아니면 담당할 수 없는 직책이었다. 서출도 중인인데 이들도 실상은 양반집 자제였다.

조선 후기에 들어와 사회가 변하면서 이 기술직들이 자기 목소리를 내기 시작했다. 가장 대표적인 예가 천수경의 집에서 모인 중인문학 모임인 '송석원시사'이다. 이들이 이룩한 문학적 업적은 조선 문학사에서 여항閭巷문학이라는 이름으로 별도의 한 장을 차지하고 있다.

화가들도 중인문화에 동참하였다. 순조 연간으로 넘어가면 추사의 제자 중 우봉 조희룡, 고람 전기, 우선 이상적, 소치 허련 등이 모두 중인 출신이었고 훗날에는 역매 오경석, 몽인 정학교, 소당 김석준 등으로 이어진다.

이렇게 중인들의 사회적 지위가 높아지자 우봉 조희룡은《호산외사》라는 '중인 명사 열전'을 지었다. 호산은 조희룡의 또 다른 호이고, 외사는 정사正史가 아니라는 뜻이다.《호산외사》에는 문장으로, 기술로, 그림과 글씨로, 음악으로 이름을 날렸던 중인들의 이야기가 나온다. 뿐만 아니라 기발한 행동으로 사람들의 입에 오르내렸던 기인도 열전에 올려놓았다.

이 책에서 내가 주목하는 부분은 역시 화가들에 대한 증언이다. 호생관 최북을 비롯하여 많은 중인 화가의 삶을 이 책을 통하여 알 수 있다. 그중 수월헌水月軒 임희지林熙之(1765~?)에 대한 이야기는 그의 예술 세계를 이해하는 데 빠뜨릴 수 없는 일화들로 가득하다. 수월헌은 난초와 대나무를 잘 그렸다. 특히 그의 난초 그림은 부드럽고 유연한 춘란春蘭으로 어찌 보면 춤을 추는 듯하고, 어찌 보면 요염하기도 하다. 그 내력을《호산외사》는 이렇게 전한다.

묵란도, 임희지, 19세기 전반, 종이에 수묵, 29.5×41.8cm, 개인 소장

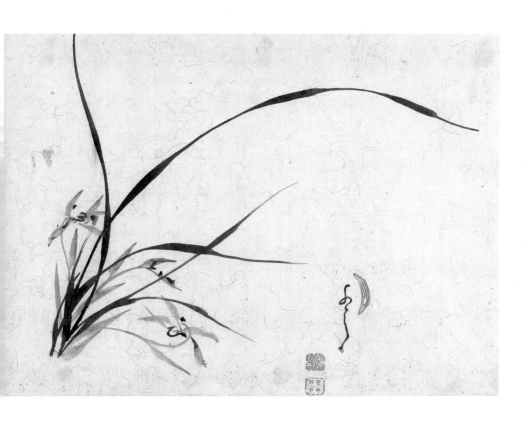

임희지는 스스로 호를 수월도인水月道人이라 하였는데, 중국어 역관이다. 사람됨이 강개慷慨하고 기절氣節이 있었다. 둥근 얼굴에 뾰족한 구레나룻, 키는 팔 척으로 특출한 모습이 도인이나 신선 같았다. 술을 좋아하여 간혹 밥 먹는 것을 폐하고 며칠씩 술에서 깨어나지 않았다. 대와 난을 잘 그렸는데, 대 그림은 표암 강세황과 이름을 나란히 하였고 난에 있어서는 표암보다 더 뛰어났다.

그림을 그리면 문득 수월水月이라는 두 글자를 반드시 이어 붙여 썼으며,

묵란도, 임희지. 19세기 전반, 종이에 수묵, 62.5×38.5cm, 국립중앙박물관 소장

혹 제시를 쓰게 되면 부적 같아 알아보기 어려웠고, 글자의 획이 기이하고 예스러워 인간의 글씨 같지 않았다.

실제로 수월헌의 낙관은 초서로 물수水 자와 달월月 자를 이어 붙여 써서 얼핏 알아보기 힘든데 그게 여간 멋있는 것이 아니다. 도장도 초승달 모양으로 생겼는데 그 안에는 물수 자를 전서체로 새겨놓았다. 멋쟁이 글씨에 멋쟁이 도장이다. 화제로 쓴 글은 글자들이 끊임없이 이어져 있어 조희룡은 부적 같다고 했지만 그의 난초 그림과는 조형적으로 잘 어울리는 추상성이 있다.

그는 생황을 잘 불어 그에게 배우는 사람이 많았다. 집이 가난하여 특별한 보물이라고는 없었으나 거문고, 칼, 거울, 벼루 등을 보관하고 있었는데, 그 물건 중에 옛 옥玉으로 된 필가筆架의 가격은 칠천 전錢이나 되어 집값의 두 배에 해당하였다.

이처럼 수월헌은 취향이 호화롭고 사치스러웠던 모양인데, 거의 몸에 배어 있었던 듯하다.

수월헌은 첩을 한 명 데리고 살았는데 말하기를, "내 집에는 꽃을 기를 만한 정원이 없는데, 나의 첩이 좋은 꽃 한 송이에 해당한다"라고 하였다. 거처하는 집은 몇 개의 서까래로 만들어진 것에 불과하고 빈 땅이라고는 반 이랑도 안 되었지만 반드시 사방 몇 자 되는 못을 팠는데, 샘을 얻지 못하여 쌀뜨물을 모아 부어 물이 뿌옇게 탁했다. 매양 못가에서 휘파람을 불고 노래하며 이렇게 말하였다.
"내 수월의 뜻을 저버리지 않으리니, 달이 어찌 물을 가려서 비추리오."

기발한 행동도 많이 하였던 모양이다. 《호산외사》에는 두 가지 기행을 소개하고 있다.

한번은 배를 타고 교동을 향해 가는데 바다 가운데 이르러 큰 비바람 때문에 거의 건너갈 수 없게 되었다. 배에 탔던 사람들이 모두 정신없이 엎드려 '나무관세음보살'을 부르며 울부짖었다. 그러나 수월헌은 갑자기 크게 웃으며 일어나 검은 구름 흰 파도의 격랑 속에서 춤을 추었다. 바람이 멎고 사람들이 까닭을 물으니 말하기를, "죽는 것은 늘 있는 일이다. 그러나 바다 가운데서 비바람 치는 기이한 장관은 만나기 어려운 것이니 어찌 춤추지 않을 수 있으리오"라고 하였다.

한번은 이웃집 아이로부터 거위 털을 얻어 이를 엮어서 옷을 만들었다. 달 밝은 밤에 두 개의 상투를 틀고 맨발에 거위 털옷을 입고 생황을 비껴 불면서 십자로十字路를 다니니, 순라군이 이를 보고 귀신이라 생각하고 모두 달아났다. 그의 미치광이 같은 행동이 이와 같았다.

왜 그랬을까. 그것은 중인이라는 신분에 대한 억울함의 다른 표현이기도 했을 것이다. 낭만을 발하면서 살려고 해도 세상은 그것을 허락하지 않았다.

그래서 주체할 수 없는 감성을 있는 그대로 표출하면 그렇게 되었던 것이다. 다만 수월헌이 그런 기행을 해도 세상은 그를 벌주지 못하고 그러려니 받아들일 만큼은 성숙해 있었다. 중인들의 사회적 위상이 그만큼 올라 있었던 것이다. 그래서 조희룡은 이렇게 말했다.

> 수월헌은 태평 시대에 있을 만한 사람이다. 어떤 도도한 세상인들 이와 같은 사람을 다시 볼 수 있을는지 의문이다. 수월헌이 바다 위에서 일어나 춤을 춘 것은 기백의 힘이 굳센 사람이 아니면 할 수 없는 것이다.

이러한 수월헌이었으니 그의 기질이 그림으로 나타날 때면 남다르지 않을 수 없었다. 조희룡은 그의 그림에 대해 이렇게 말했다.

> 일찍이 나를 위하여 돌 하나를 그려주었는데, 붓을 몇 번 움직이지 않고도 돌에 주름이 잡히고 틈이 생겼으며 영롱한 정취가 갖추어졌으니 참으로 기이한 솜씨이다.

조희룡이 받았다는 수월헌의 〈괴석도〉는 현재 전하지 않는다. 그러나 난초를 그리면서 곁들인 돌을 보면 조희룡의 감탄을 이해할 만하다. 그가 붓을 몇 번 움직여 그림을 그렸다는 것은 난초 그림에서 더욱 잘 보인다.

수월헌의 난초는 모두 춤을 춘다. 흐드러진 멋을 보여주는 긴 난초를 중심으로 작은 난초 잎이 배치되는 것을 보면 프리마돈나를 중심으로 짜인 군무를 보는 듯하다. 이런 난초가 갖는 멋은 회화적 분석보다도 풍랑 속에서 춤을 추고, 집이 가난해도 달그림자를 보기 위해 연못을 만들었다는 그의 일대기가 더 잘 해설해준다. 심지어는 그의 대나무 그림에서도 춤사위를 느끼게 된다.

우봉 조희룡이 전해주는 일화들이 있기에 우리는 수월헌 임희지의 그림을 더욱 실감나게 감상할 수 있다. 그래서 우봉의 《호산외사》를 값진 미술사적 증언이라고 하는 것이다. ◎

암울한 시대에
피어난 꽃

조
선

말
기

23. 우봉 조희룡
〈매화〉

나는 매화를 그리다가
백발이 되었다오

우봉又峯 조희룡趙熙龍(1789~1866)은 추사 김정희의 예술적 이상을 가장 훌륭히 구현한 19세기의 대표적인 문인화가다. 추사와 거의 똑같은 글씨를 썼고, 산수와 사군자 모두에서 뛰어난 기량을 보여주었다. 특히 매화에서는 우봉 앞에도 없고, 뒤에도 없는 명화를 남겼다.

그럼에도 불구하고 우봉은 미술사에서 그가 이룩한 예술적 업적에 걸맞는 대접을 받지 못하고 있다. 그의 예술이 항시 추사 김정희의 그늘에 가려져 있기 때문이다. 게다가 추사는 아들에게 보낸 편지에서 우봉 조희룡의 예술을 낮추어 보는 말을 했다.

난초를 치는 법은 예서를 쓰는 법과 가까워서 반드시 문자향文字香과 서권기書卷氣가 있는 다음에야 얻을 수 있다. …… 조희룡 배輩(무리)가 나에게서 난 치는 법을 배웠으나 끝내 그림 그리는 법식 한쪽에서 벗어나지 못하는 것은 문자기文字氣가 없는 까닭이다.

이 글은 추사가 아들에게 열심히 공부하라고 강조한 말이었지만 결국 우봉의 예술을 평할 때면 항상 꼬리표로 따라붙는 직격탄이 되었다. 추사가 여기서 '배'라고 한 것은 중인들을 지칭한 것으로 보인다.

우봉은 중인 출신으로 오위장 벼슬을 지냈을 뿐 이렇다 할 이력이 따로 없다. 그는 진실로 추사를 존경하고 따르며 자신의 시서화를 세련했다. 그러나 추사의 제자는 아니었던 것 같다. 나이 차이도 세 살밖에 안 된다.《완당전집阮堂全集》어디에도 제자라는 면이 보이지 않으며, 추사가 세상을 떠났을 때 우봉이 쓴 제문에도 스승이라는 말이 없다.

중인 사회에서 우봉은 시서화에 능한 대표적인 명사였다. 1844년(56세)에

홍매(10곡 연결병풍) 부분

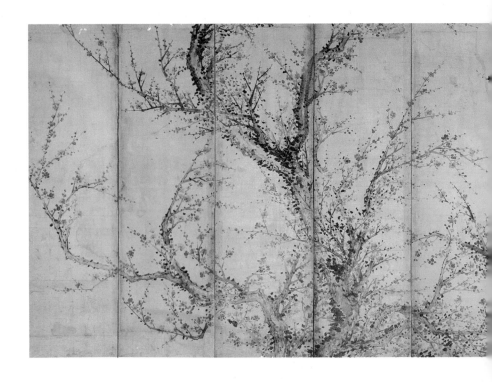

는 중인 열전인《호산외사》를 찬술했으며, 1847년(59세)에는 유최진, 나기 등과 함께 중인 문학동인인 벽오사碧梧社를 결성하였다. 우봉의 명성이 높아지자 헌종은 우봉에게 금강산을 탐승하고 명승지마다 시를 지어오라고 명을 내렸고, '문향실聞香室'이라는 현판을 써오라고도 했다.

우봉은 추사의 예술론을 열심히 전파하였다. 1849년(61세) 여름, 고람 전기, 북산 김수철, 혜산 유숙 등 젊은 서화가 열네 명이 추사에게 품평을 받는《예림갑을록藝林甲乙綠》 자리를 마련한 것도 우봉이었다. 그러나 바로 직후 정변이 일어나 영의정 권돈인이 귀양 가게 되자 추사는 배후자로 몰려 북청으로 가고, 우봉은 추사의 복심腹心이었다는 이유로 전라도 임자도로 귀양살이를 가게 되었다. 우봉은 귀양살이 3년 동안 많은 시문을 짓고 그림을 그렸다. 이때 〈황산냉운도荒山冷雲圖〉 등의 작품을 남겼고, 시문집《해외난묵海外讕墨》도 저술하였다.

1853년(65세) 귀양살이에서 풀려난 우봉은 다시 서울로 올라와 중인 벗들

홍매(10곡 연결병풍), **조희룡**, 19세기 중엽, 비단에 담채, 128×374cm, 개인 소장

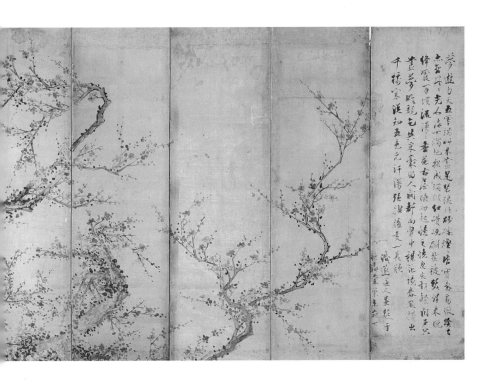

과 어울리며 시서화로 세월을 보냈다. 1863년(75세)엔 회고록 《석우망년록石友忘年錄》을 남기고 1866년 78세로 세상을 떠났다.

우봉의 예술에 대해 말할 것 같으면, 추사의 훈도에 따라 글씨에는 금석기金石氣를 담으려고 노력했고, 그림에서는 문기를 추구했다. 우봉은 추사가 곧잘 거론하는 소동파, 정판교, 옹방강 등의 글귀를 화제로 옮기곤 했다.

난초를 그릴 때면 정판교의 글을 빌려 "내가 난초를 그리는 것은 이것으로 즐거움을 삼자는 것이 아니라 세상을 위해 애쓰는 사람들을 위로하기 위함이다"라고 곧잘 썼다. 추사는 우봉의 이런 면이 오히려 못마땅했던 것 같다. 학문적 천착에서 우러나오는 것이 아니라 명구의 표피만 외워서 사용하는 것 같아 깊이가 없다고 생각했는지도 모른다.

그러나 우봉의 매화 그림에 이르면 모든 사정이 달라진다. 우봉은 〈홍매〉 10곡 연결병풍, 〈홍매〉 대련, 〈매화서옥도〉 등 매화 그림에서 많은 명작을 남겼다.

〈홍매〉 10곡 연결병풍은 우봉 매화의 진면목을 보여주는 대작이다. 10곡 병풍을 하나의 화면으로 삼았는데, 폭이 장장 3.8미터에 이르러 서양화 약 500호의 크기와 맞먹는다. 그 넓은 화면에 붉은 꽃이 만발한 노매 두 줄기를 장관으로 펼쳐 그렸다. 이런 대작은 웬만한 기량으로는 시도조차 할 수 없다. 줄기와 가지의 표현에는 서예에 능숙한 자만이 보여줄 수 있는 필력이 완연하고, 붉은 매화의 꽃송이들은 디테일이 섬세하여 갓 피어난 것처럼 홍채紅彩를 발한다. 병풍 마지막 틀에는 추사체를 아름답게 다듬은 듯한 그의 독특한 서체의 화제가 있어 그림에 문기를 더해준다.

낙관은 임자도 귀양살이 시절에 많이 사용한 '철적도인鐵笛道人'으로 되어 있다. 우봉은 자신의 잠자리에 매화 병풍을 쳤다고 하는데 혹 이런 병풍이 아니었을까 생각하게 한다. 낱폭으로 이루어진 병풍은 이처럼 환상적인 매화경梅花境을 이루지는 못하기 때문이다.

낱폭으로 그려진 매화 그림은 아주 많은데 그중 〈홍매〉 대련은 대담한 구도와 강렬한 필치로 보는 순간 놀라움까지 일어난다. 기굴하게 뻗어 오른 노매의 줄기, 분홍빛 꽃송이의 집합적 배치, 추사체의 파편이 튕기는 것 같은 점묘 그리고 금석기가 완연한 화제가 어울리면서 하나의 추상 공간을 이룬다.

여기에서는 문자향 서권기가 문제가 아니라 근대성의 획득이라는 찬사가 나온다. 우봉은 대나무 그림에 제화를 쓸 때면 소동파의 말을 빌려 입버릇처럼 "나에겐 그림 그리는 법이 따로 없다", "아법我法이 죽법竹法이다"라고 호언하였다. 그래서 매화에서도 이처럼 파격적인 구도를 취할 수 있었던 것이다.

우봉이 매화에서 이런 예술적 성취를 이룬 것은 단순한 필법이 아니라 그의 매화에 대한 무한한 사랑 때문이다. 말년에는 '매화도인梅花道人, 매수梅叟, 단로丹老'라는 호를 즐겨 사용했으며 타계하기 2년 전에 쓴《석우망년록》에서 자신의 매화 사랑을 이렇게 말했다.

나는 매화에 벽癖이 있다. 나는 큰 매화 병풍을 눕는 자리에 둘렀다. 벼루는 '매화시경연梅花詩境硯'을 사용하고 먹은 '매화서옥장연梅花書屋藏煙'을 쓴다. 매화 시 100수를 읊어 시가 이루어지면, 내 거처하는 곳에 '매화백영루

홍매(대련), 조희룡, 19세기 중엽, 종이에 담채, 각 폭 127.5×30.2cm, 개인 소장

'梅花百詠樓'라고 현판을 달아 매화를 좋아하는 나의 뜻을 보이고자 하는데 아직 이루지 못했다. 읊조리다가 목이 마르면 '매화편다梅花片茶'를 마셔 목을 적신다. 지금 먼저 완성한 것은 칠언율시 50수다.

우봉은 매화를 그리다가 백발이 되고 말았다며 "오위매화 도백두吾爲梅花 到白頭"라고 했다. 그러나 그가 원하던 매화 시 100수는 뜻을 이루지 못한 것 같다. 그는 자신이 매화광이 된 이유를 이렇게 말했다.

매화와 난초는 사람에게 정이 생겨나게 한다. 정이 생기는 것이 이보다 더한 것은 없다. ……
매화와 난초는 초목의 하나에 불과하지만 마주하고 있으면 마치 고상한 사람, 맑은 선비와 같아서 감히 명리名利의 일을 말하지 못한다. ……
평생토록 가슴을 털어놓을 사람은 한정되어 있어 쉽게 마음을 허락하지 않지만, 매화와 교분을 맺은 뒤로는 그것이 허락된다. 도리어 매화가 허락해 주지 않을까 두려워 붓을 매개로 삼고 있다.

분란, **조희룡**, 19세기 전반, 종이에 수묵, 22.5×27.3cm, 개인 소장

우봉은 이렇게 매화에 정을 붙이고 매화에게 흉금을 털어놓으며 살았다. 나는 이것이 우봉이 환상적인 매화 그림을 그린 비결이라고 생각한다.

가슴속에 깊은 산골의 매화경을 만들고, 스스로 그 가운데 숨어 한 송이 꽃이라도 세상에 나가는 것을 허용하지 않았다. 그러나 때때로 술기운을 따라 열 손가락 사이로 나오게 되면 온갖 형상으로 나뉘어 나타나는데, 진짜 매화가 절로 거기에 있었다.

우봉은 난초에서도 이런 파격적이고 현대적인 아름다움을 보여주었다. 추사는 조희룡 배의 난초에 문기가 없다며 얕잡아 말했지만 우봉의 예술 세계에는 추사 배들은 감히 넘볼 수 없는 매화경이 있었다. 어떤 면으로 따져도 추사 일파 문인화풍의 대표 작가는 우봉 조희룡이고 19세기 최고의 문인화가 역시 우봉 조희룡이다. ◎

난초, 조희룡, 19세기 전반, 종이에 수묵, 22.5×26.7cm, 개인 소장

24. 고람 전기
〈계산포무도〉

무정한 흙덩이도 이분의
손가락은 썩히지 못하리

천재가 모두 대가인 것은 아니지만 그림에 남다른 천재성을 보인 화가는 분명 따로 있다. 고람古藍 전기田琦(1825~1854)는 당세부터 천재로 불렸다. 우봉 조희룡은 고람에 대해 말하기를 "그림은 스승에게 배운 바가 없는데 문인화의 오묘한 경지에 들어갔고, 시는 세속을 훌쩍 뛰어넘는 빼어남이 있다"며 고람의 시화는 당세에 짝이 없을 뿐 아니라 전후 100년을 두고 논할 만하다고 했다.

고람 전기는 중인 출신으로 처음엔 호를 두당杜堂이라 하였다. 약포藥鋪를 경영하면서 서화 매매의 중개도 했던 것으로 보인다. 약포가 있던 이초당二草堂은 중인 서화가들이 자주 모이는 장소가 되었고, 화가 중에는 대여섯 살 위인 북산 김수철, 다섯 살 아래인 형당 유재소와 금란지교로 일컬어질 만큼 가깝게 지냈다. 특히 유재소와는 합작으로 그림을 그리기도 하고 이초당이라는 호를 공유할 정도였다.

고람은 초산 유최진이 이끄는 여항문인 모임인 벽오사에 참여하면서 교류의 범위를 넓혀갔다. 조희룡, 오경석, 나기 등 중인 문사들과 만났으며, 특히 유최진과 조희룡은 그의 재주를 높이 평가하고 아꼈다.

그러다 25살 때인 1849년에 열린《예림갑을록》모임이 그의 서화 발전에 큰 계기가 되었다. 그해 늦여름, 우봉 조희룡은 젊은 서화가 열네 명을 모아 제주도 귀양살이에서 돌아온 추사 김정희에게 평을 받는 자리를 마련했다. 추사는 이들을 마치 서화의 전선戰線에 출전한 병사들처럼 묵진墨鎭 여덟 명, 화루畵壘 여덟 명으로 편성하여 각각 사흘씩 세 차례에 걸쳐 제시된 과제를 제출하게 하고 여기에 평을 내렸다. 실로 한국회화사에서 보기 드문 장대한 서화 경진 대회였다.

화루 여덟 명은 소치 허련, 고람 전기, 북산 김수철, 희원 이한철, 혜산 유숙, 하석 박인석, 자산 조중묵, 형당 유재소 등이었으며 6월 28일, 7월 7일, 7월

계산포무도, 전기, 19세기 중엽, 종이에 수묵, 24.5×41.5cm, 국립중앙박물관 소장

14일 사흘간 열렸다. 묵진은 6월 24일, 6월 27일, 7월 9일에 열렸다. 고람 전기와 형당 유재소는 화루와 묵진 모두에 출전하였다. 추사는 시험문제를 직접 출제하였고 이들의 작품을 성심껏 평하였다. 이때 고람의 그림에 대해 추사는 이렇게 평했다.

쓸쓸하고 간략하고 담박하여 자못 원나라 문인화가의 풍치를 갖추었다. 그러나 갈필 쓰기를 좋아하는 이는 중국 청초의 석도와 운수평만 한 분이 없으니 이 두 사람을 따라서 배우면 가히 문인화의 정수를 얻을 수가 있을 것이요, 한갓 그 껍데기만 취한다면 누가 그렇게 하지 못하겠는가.

추사는 고람의 글씨에 대해서도 최상등의 점수를 주면서 극찬을 아끼지 않았다.

자유자재하면서도 정밀하고 세미細微하니 이는 다만 글씨의 절묘한 법일 뿐만 아니라 글씨 쓰는 사람이 더욱 깊이 착안해야 할 것이다. …… 그런데 이 글씨는 걸음걸이가 좋아서 완급 조절의 본보기를 보여준다.

고람은 추사의 모든 평을 받아 적어 간직했다. 그리고 창작의 지침으로 삼았다. 그러던 어느 날 오래된 광주리 속에서 이 쪽지를 찾아내어 옮겨 써놓았는데, 그것이 바로 유명한 서화비평서 《예림갑을록》이다. 그는 이 기록을 정리하면서 이렇게 말했다.

한번 읽어보니 말은 간략한데 뜻은 원대하여 경계하고 가르침이 정성스럽고도 정성스러워 잘하는 자는 더욱 정신 차려 정진하게 하고, 잘못하는 자는 두려워하여 고치게 하였다.

추사는 고람에 대한 기대가 커서 자신보다 더 나은 예술가가 되기를 바라는 마음으로 청출어람靑出於藍에서 글을 따 '고람古藍'이라는 아호를 지어주었다. 고람의 서화는 이런 분위기에서 성장하였다. 그가 전형적인 문인화풍으로 그린 〈천광운영도泉光雲影圖〉와 〈계산적적도溪山寂寂圖〉 등은 부드러운 필법과 담담한 먹빛으로 해맑은 느낌을 자아내어 조선 말기의 문인화풍을 대표하는 명작으로 꼽힌다.

역매 오경석에게 드린다는 관기가 들어 있는 〈매화서옥도梅花書屋圖〉는 아담한 소품으로 여백 없이 하늘까지 먹으로 칠하여 자못 무게감이 느껴지는데 점점이 흰 매화꽃을 화면 가득 메워 밝은 기상이 일어난다.

고람의 천재성을 보여주는 작품은 〈계산포무도溪山苞茂圖〉이다. 간결한 구도에 스스럼없이 속사速寫하여 단 몇 분 만에 그려낸 것 같은 작품이지만 사의寫意가 역력하여 선미禪味조차 감돈다. 나이 스물다섯에 그렸다는 것이 더욱 놀랍다.

화제 글씨를 보면 오래 사용하여 붓끝이 갈라지는 독필禿筆을 사용한 것처럼 보인다. 이런 그림은 흉내 낸다고 되는 것이 아니며, 흉내 내어본들 객기가 드러나 추하게 되고 만다. 과연 고람의 천재성이 담긴 작품이다.

불행하게도 고람은 1854년, 나이 서른에 갑자기 세상을 떠났다. 많은 동료들이 천재의 요절을 안타까워했다. 우봉 조희룡은 그의 죽음을 애도하는 애사哀詞를 쓰면서 이렇게 통곡했다.

아, 슬프다. 일흔 먹은 노인이 서른 살 청년의 일에 대해 쓰기를 마치 옛 친구 대하듯 하고 있으니, 이것이 어찌 차마 할 노릇이냐.

그러고는 다음과 같이 조시弔詩를 마무리하였다.

흙덩이가 아무리 무정한 물건이라지만
과연 이 사람의 열 손가락을 썩힐 수 있겠는가. ◎

25. 북산 김수철
〈산수도〉·〈연꽃〉

그대의 그림을 보면 근대가 가까움을 알겠노라

　　북산北山 김수철金秀哲은 조선 말기, 철종 연간에 활약한 신비의 화가다. 북산의 삶과 예술은 모두 베일 속에 덮여 있다. 그러나 그는 조선 말기 회화사의 한 가닥 빛줄기였고, 19세기 중엽이 근대로 가는 길목임을 절감하게 한다.

　　북산은 동시대 누구와도 다른 신선한 감각의 참신한 화풍을 보여주었다. 특히 20세기 서양의 모더니스트들이 특기로 삼은 형태의 요약과 변형, 즉 데포르마시옹이 일품이었다. 색채 감각은 대단히 밝고 맑으면서 아련한 느낌을 주어 20세기 프랑스 여류 화가 마리 로랑생을 연상케 한다. 어떤 면에서 21세기 한국의 화가보다 더 현대적인 감각을 보여주고 있다. 그 시대에 북산 같은 화가가 나올 수 있었다는 것이 신기할 따름이다.

　　북산 김수철의 본관은 분성盆城, 자는 사상士盎이라는 사실만 전할 뿐 생몰 연대와 이력이 불분명하다. 그러나 여러 정황으로 미루어 1820년 무렵에 태어나 1860년대까지 대략 40여 년의 짧은 삶을 살았던 것으로 추정된다. 그의 삶은 교우 관계를 통해 확인되는데 절친한 친구로는 대여섯 살 아래인 고람 전기가 있다.

　　고람의 이초당 약방에는 중인 문사와 화원들이 많이 모여 예원을 이루었다. 고람은 서화 매매를 중개하기도 했다. 고람의 편지를 모은 《전기척독집첩田琦尺牘集帖》에 이런 편지가 들어 있다.

　　부탁하신 북산의 〈절지도折枝圖〉는 마땅히 힘써 빨리 되도록 하겠습니다. 이 사람의 화필이 워낙 민첩하여 아마도 늦어질 염려는 없을 것입니다. ……
　　북산의 병풍 그림을 어제서야 찾아왔습니다. 내가 거친 붓으로 제題하였는데 당신의 높은 안목에 부응하지 못할까 심히 염려되고 송구스럽습니다.

산수도, 김수철, 19세기 중엽, 종이에 담채, 48.4×26.0cm, 개인 소장

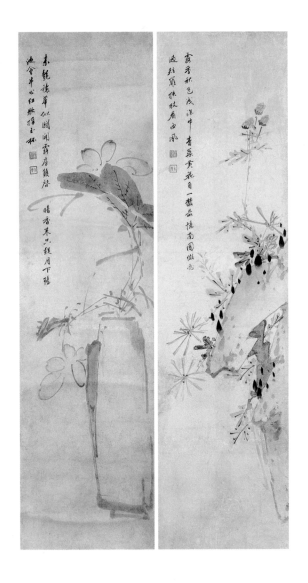

북산의 그림을 보면 화필이 워낙 민첩하다는 고람의 말에 고개가 끄덕인
다. 북산은 고람의 또 다른 친구인 형당 유재소와 더불어 셋이서 잘 어울렸다.
형당은 북산보다 열대여섯 살 아래였으니 북산이 큰형뻘 된다. 《형당화의첩
衡堂畫意帖》에는 북산의 큰형님다운 평이 하나 실려 있어 마치 베일 속 화가의

왼쪽_ **연꽃, 김수철,** 19세기 중엽, 종이에 담채, 120.8×32.8cm, 개인 소장
오른쪽_ **국화, 김수철,** 19세기 중엽, 종이에 담채, 121.8×33.0cm, 개인 소장

목소리를 듣는 듯 반가운 마음이 일어난다.

　지금 형당의 산수화 소폭을 보니 두세 그루의 나무 아래 한가로운 정자 하나를 더했구나. 푸른 하늘은 평야를 대하고 먼 산은 물들었으니 담묵의 붓끝으로 가을의 모습을 능히 드러냈구나. 이것은 모두 원나라 문인화가 예찬과 황공망 사이에 전하는 바인데 …… 집집마다 얻고자 하나 일일이 응할 수 없으니 어찌 이를 초수初手의 그림이라 하겠는가.

　북산의 행적 중 가장 확실한 것은 1849년에 열린 《예림갑을록》 서화 경진대회에 고람 전기, 형당 유재소와 함께 '화루 8인'으로 출전한 것이다. 이때 추사 김정희는 북산의 그림에 대해 다음과 같이 평했다.

　〈매우행인도梅雨行人圖(봄비 속에 가는 나그네)〉: 구도가 대단히 익숙하고 붓놀림에 막힘이 없다. 다만 채색이 세밀하지 못하고 인물 표현에서 속기를 면치 못했다.
　〈계당납상도溪堂納爽圖(계곡가 초당에서 시원하게 더위를 식힌다)〉: 대단히 잘 된 곳이 많으니 요즘의 아무렇게나 쓱쓱 그리는 법(솔이지법率易之法)을 사용하지 않았다. 다만 채색을 지나치게 한 것이 흠이다.
　〈풍엽심유도風葉尋幽圖(낙엽 휘날리는 그윽한 곳을 찾아가다)〉: 필의가 약간 거칠고 너무 쉬운 느낌을 준다. 구도가 자못 좋다.

　추사의 눈에는 북산의 그림이 잘 그린 것 같으면서 부족함이 있고, 뭔가 있기는 한 것 같은데 아리송하게 보였던 모양이다. 《예림갑을록》 당시 북산의 나이는 서른 남짓 되어 아직 그림이 무르익지 않은 때였고, 또 추사의 출제 문제가 《개자원화보》 등에 나오는 고전적인 화제였기 때문에 북산은 자기 기량을 한껏 발휘하기 힘들었을 것이다. 실제로 북산의 초년 시절에 그린 〈방원인필의倣元人筆意 산수도〉를 보면 추사의 평이 그럴 수 있었다고 이해가 간다.
　그러나 북산의 멋과 개성, 매력이 잘 살아 있는 산수, 화훼 그림을 보면 어느

시점에선가 답답한 문인화풍의 굴레를 시원스럽게 벗어던졌다. 북산은 산이고 바위고 꽃이고 모든 대상을 있는 그대로 그리지 않고 자신의 뜻대로 변형시키면서 이미지를 강조했다. 북산이 서른 살일 때 환갑이던 우봉 조희룡은 후배의 이런 자유자재한 모습이 대견한 듯 북산의 〈매우행인도〉에 다음과 같은 화제를 써넣었다.

산을 그리면서 진짜 산처럼 그리니　　畵山如眞山
진짜 산이 그림 속 산과 같네　　　　眞山如畵山
사람들은 진짜 산을 좋아하지만　　　人皆愛眞山
나만은 그림 속 산을 사랑한다네　　　我獨愛畵山

북산은 산수도도 잘 그렸지만 화훼도가 더욱 일품이었다. 고려대학교박물관 소장 〈화훼10곡병〉은 그의 초년작으로 일찍부터 꽃 그림에 마음을 두었음을 알 수 있다. 폭마다 화제를 달았는데 〈작약도〉에는 다음과 같은 화제를 달았다.

간들간들 봄바람에 봄빛이 무르익고
안개는 자욱한데 행랑채에 달 비치네

밤송이, 김수철, 19세기 중엽, 종이에 담채, 14.8×22.4cm, 개인 소장

이대로 밤이 깊어 꽃들이 다 잠들까봐

은촛대에 불을 붙여 단장한 얼굴 비쳐본다네

북산은 이런 사랑의 감정으로 꽃을 대하며 데포르마시옹 기법을 구사하여 많은 명작을 남겼다. 간송미술관 소장 《북산화첩》은 '기미년(1859) 가을날 석곶 전사石串田舍에서 그렸다'는 관기가 들어 있다. 북산 나이 40세 무렵으로 사실상 그의 만년작인 셈인데, 대단히 아름다운 꽃 그림이 여러 폭 실려 있다.

북산은 어떤 인간상을 갖고 있었기에 이처럼 간일하면서도 아름다운 화훼도를 남겼을까. 그가 세상을 떠난 뒤 춘방春舫 김영金瑛은 북산의 〈석죽도〉에 제를 쓰면서 그의 모습을 이렇게 회상하며 깊은 애도의 뜻을 표했다.

고인(북산)은 옛것을 좋아하고 취미 또한 담박하여 기암괴석과 그윽한 피리 소리를 마음 깊이 좋아하였다오. 그를 위하여 서재 아래서 운림의 경치를 그리노라니 밝은 달 봄 이슬에 옷과 수건 적신다오.

북산이 즐겨 그린 꽃은 매화, 국화, 작약, 백합 그리고 연꽃이었다. 특히 연꽃 그림에서 감각과 기량을 한껏 발휘했다. 연꽃, 연잎, 연줄기 모두 속필로 이미지만 요약하고, 꽃잎에 악센트를 찍듯 산뜻한 분홍빛을 살짝 가하여 더욱 화사한 분위기를 자아낸다. 줄기는 먹으로 스스럼없이 그어 올린 것 같지만 자세히 보면 유탄柳炭으로 스케치한 엷은 자국까지 들어 있다. 그의 노란 〈국화〉 그림과 극사실화풍의 〈밤송이〉 그림을 보면 북산의 현대성에 놀라움을 금할 수 없다. 그래서 이동주는 북산을 '신감각파'라 했고, 안휘준은 '이색화풍'으로 분류했던 것이다.

북산 김수철이 보여준 '신감각의 이색화풍'은 어떻게 가능했던 것일까. 얼핏 떠오르는 것은 형상보다 사의寫意를 중시했던 문인화풍의 정신, 개성으로서 괴怪가 용인되었던 추사 시대의 분위기 그리고 어쩔 수 없이 밀려오는 근대라는 시대감각 때문이 아니었을까. 그렇다면 북산 김수철은 자신의 감성과 시대감각을 저버리지 않은 화가인 셈이다. 감각에도 천분이 있다면 그는 감성의 천재화가였다고 해야 할 것이다. ◎

26. 일호 남계우
〈나비〉

나비와 함께 평생을
아방궁에서 살았다오

19세기 후반, 조선왕조의 철종 연간은 근대의 문턱이었다. 1862년(철종 13) 임술민란이라 불리는 삼남 지방의 농민 봉기 이후 1910년 일제의 강제 병합까지 50여 년간 조선왕조에서는 소요와 변란이 5년이 멀다 하고 연이어 일어났다.

이 격동의 50년은 조선이 세계와 만나는 개항기이자 근대의 문턱으로 들어서는 개화기이기도 했다. 그러나 개항은 열강들의 침략에 의해 강압적으로 이루어졌고 낯선 개화의 바람은 미래에 대한 전망이 불투명한 채로 조선을 근대사회로 내몰고 있었다. 사회 전체가 아무런 준비 없이 개화기를 맞았다. 그런 상황에서 미술계의 능동적인 대처는 애당초 기대할 수 없는 일이었다.

그러나 근대성은 사상과 물질로만 나타나지 않는다. 예리한 감수성을 지닌 예술가들은 거의 동물적 감각으로 근대를 감지하였다. 19세기 중반에 나타나는 신감각파의 이색적인 화풍이 이를 말해준다. 북산 김수철, 일호 남계우, 몽인 정학교 등의 신선한 감각파 그림은 이 시기가 개화기이고 근대가 멀지 않음을 작품으로 말해준다.

일호一濠 남계우南啓宇(1811~1888)는 나비를 잘 그려 '남나비'라는 별명까지 얻은 신감각파의 대표적 화가였다. 의령남씨 명문가 출신이자 소론의 영수였던 남구만의 5대손으로 용인에서 태어났다. 아버지는 부사까지 지냈지만 세월은 어진히 소론에게 불리하여 그에겐 벼슬이 돌아오지 않았다. 나이 56세에 감역(9품)에 제수되고, 72세에 가정대부(종2품)가 내려졌지만 실직에 나가지는 않았다.

남계우는 평생을 초야에 묻혀 나비 그림만 그렸다. 그의 나비 그림은 앞 시대 화가들과는 전혀 달랐다. 극사실에 가까울 정도로 정밀했고 너무도 다양했다. 국립중앙박물관에 소장된 4폭의 〈군접도群蝶圖〉에는 각종 나비 150여 마리가 극사실로 그려져 장관을 이룬다.

'나비박사' 석주명은 남계우의 작품 속에서 무려 37종의 나비를 암수까지

호접도(부분)

구별해냈다. 그중엔 남방공작나비라는 열대종까지 있다고 했다. 남계우의 나비 그림은 일본의 국보로 지정된 마루야마 오쿄[圓山應擧]의 〈곤충도보昆蟲圖譜〉보다 훨씬 훌륭하다고 극찬했다.

남계우는 나비에 대한 연구도 대단히 열심이었다. 국립중앙박물관 소장 〈화접도花蝶圖〉 대련에는 나비에 대한 각 설을 적어놓았는데 그 한 폭엔 이렇게 쓰여 있다.

《고금주古今注》에서는 귤의 좀이 나비로 변한다고 하였고, 《이아익爾雅翼》에서는 배추벌레가 나비로 변한다고 했고, 《열자列子》에서는 까마귀 발의 잎[烏足之葉]이 나비로 변한다고 했고, ……《북호록北戶錄》에는 나뭇잎이 나비로 변한다고 하였고, 〈단청야사丹靑野史〉에서는 색옷이 나비로 변한다고 했으나 이는 모두가 각기 목격한 바에 의거하여 말한 것이리라.

도대체 이 많은 지식을 어떻게 찾아내어 섭렵한 것인지 감탄이 절로 나온다. 그러나 '남나비'는 그 정도에 그친 것이 아니라 직접 나비를 채집하였다. 나비를 정말로 좋아하고 나비에 미쳐 있었던 것이다. 예쁜 나비를 보곤 갓 쓰고 도포 입은 채로 10리를 쫓아가 잡아온 적도 있다고 한다. 잡아온 나비는 유리그릇에 넣고 관찰했으며, 나비 수백 마리를 책갈피

호접도, 남계우, 19세기, 종이에 채색, 128.5×29.6cm, 개인 소장

에 끼워놓고 실제로 보면서 그림을 그렸다. 나비에 유리를 대고 그 위에 종이를 얹어 유탄으로 윤곽을 그린 후 채색을 더하기도 했다.

그는 〈영접詠蝶〉이라는 시에서 나비를 이렇게 노래했다.

따뜻한 햇볕 산들바람 날씨 좋은데	暖日輕風好天氣
부드러운 더듬이 비단 날개로 천천히 맴도네	柔鬚錦翅緩徘徊
전생이 채향사였음을 알겠으니	前身知是採香使
작은 꽃 숨은 풀까지 뒤적이며 날아오네	領略小花幽草來

우봉 조희룡이 화제를 쓴 그의 〈호접도〉를 보면 화면의 경영이 대단히 근대적이다. 막 태어난 새끼 나비들의 모습이 아련하고 나비 한 마리가 꽃에 앉아 꿀을 빨고 있다. 마티에르 감각도 탁월하여 금박지인 냉금지冷金紙를 사용하였고, 노란색은 금가루를, 흰색은 진주가루를 사용하여 채색하였다. 모두가 모더니즘적 변형이다. 게다가 우봉의 강하면서도 아름다운 화제가 그림과 혼연히 조화를 이루어 희대의 명작이 되었다.

남계우의 그림을 보고 있자면, 무언가 하나에 전념하면서 자신의 감성을 속이지 않고 살아간 사람의 삶에는 시대상이 절로 반영된다는 것을 실감하게 된다. 그것은 자기만이 아니라 세상을 이롭게 하는 인생임을 우리에게 말해준다.

사람들이 그에게 왜 나비만 그리냐고 물으면 그는 쓰르라미와 귀뚜라미는 가련한 벌레지만 나비는 일생을 아방궁에서 살지 않느냐며 '나비'라는 시를 읊었다.

가련한 저 쓰르라미나 귀뚜라미들은
쓸쓸하고 메마르고 또 바람 타는데
가장 화려한 건 오직 나비뿐이라
일생을 꽃 밑에서 보내네그려

그렇게 생각했다면 '남나비' 남계우야말로 나비와 함께 평생을 아방궁에서 산 사람이 아닐까. ◎

27. 몽인 정학교 〈괴석〉 | 누가 추상을 모더니스트들의 창안이라 말하는가

생각하자면 어지럽고 불우했던 조선왕조의 말기에 일호 남계우와 함께 몽인夢人 정학교丁學敎(1832~1914)가 있었다는 것은 우리 회화사의 큰 위안이 아닐 수 없다. 남계우가 나비를 잘 그려 '남나비'라고 불릴 때, 정학교는 괴석을 잘 그려 '정괴석'으로 불렸다.

그런 정학교건만 그의 이름이 오늘날 세상 사람들 기억에서 멀어지게 된 것은 참으로 미안한 일이다. 미술사에서도 정학교는 오원 장승업의 그림에 대필로 화제를 많이 써주었다는 것 정도만 이야기할 뿐, 정작 괴석과 대나무에서 많은 명작을 남겼음은 평가해주지 않는다. 이는 작품에 예술성이 부족해서가 아니라 그의 삶과 예술이 제대로 밝혀지지 않았기 때문이다. 그의 출신과 행적이 학계에 발표된 것도 아주 근래의 일이다.

정학교의 본관은 나주로 1832년 문경에서 정약면丁若冕의 장남으로 태어났다. 정약면은 다산 정약용과, 정학교는 다산의 아들인 유산 정학연과 돌림자가 같다. 그러나 정학교 집안은 중인이었다.

1858년 27세 때 생원시에 합격하여 서울로 올라와 한양 외곽 여항인閭巷人 동네에 자리 잡았다. 이때부터 자연스럽게 오경석, 김석준, 전기 등 중인 문사들과 유숙, 유재소, 장승업 등 화원들과 교류하였다. 그렇다고 특별한 활동을 한 것은 아니었다. 그는 성격이 아주 조용하여 크게 두드러진 행동을 하지 않았다. 그저 돌 같은 사람이었고, 괴석 같은 멋을 지닌 서화가였을 뿐이다.

정학교는 33세 되는 1864년 무반직 종9품인 훈련원 부사용副司勇에 제수되어 관직에 오르는데, 뛰어난 글씨 솜씨 덕에 임용된 지 한 달도 안 된 7월 《선원보약璿源譜略》(왕실 족보 간략본)을 수정할 때 발탁되어 왕실 족보를 다듬는 중책을 수행하게 된다. 일이 끝난 이듬해(1865)에는 파격적으로 종6품으로 승

위_ **첩석도**, 정학교, 19세기 말, 종이에 수묵, 27×40cm, 개인 소장
아래_ **괴석도**, 정학교, 19세기 말, 종이에 수묵, 27×39cm, 개인 소장

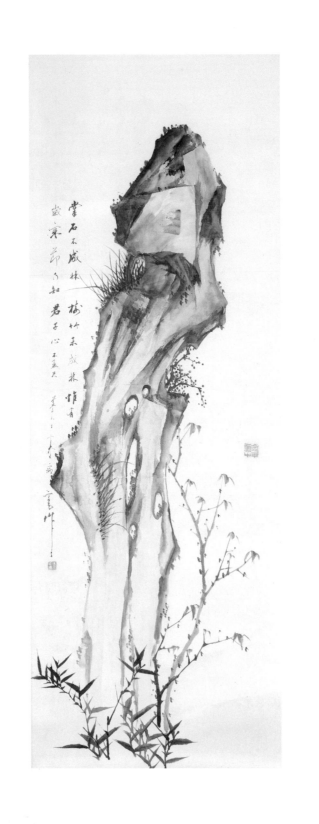

진하였으나 중인이었기 때문에 사실상 그 이상의 직위에는 오를 수 없었다. 그에게 있어서 관직이란 오늘날로 치면 생계를 위한 취직 이상의 의미가 없었다.

정학교는 한때 광화문 현판이 그의 글씨라고 알려질 정도로 글씨를 잘 썼다. 그래서 장승업의 그림에 화제를 대필해주기도 하고 미관말직의 박봉으로 생활이 넉넉지 못하여 글씨를 가르치기도 했다. 윤치호는 열네다섯 살 때 정학교에게 글씨를 배운 적이 있는데 그때 손자의 학교 수업료를 내주자 정학교가 기뻐했다고 회상했다.

이후 40대에는 별제, 내섬시內贍寺 주부, 50대에는 통리교섭통상사무아문의 주사로 근무했다. 30대 이후부터 60대까지 끊임없이 관직에 머문 것이다. 64세 되는 1895년에 종5품직인 강화판관判官, 대구판관에 임용된 것을 끝으로 관직 생활을 마감하였고, 남은 여생을 서화로 보내다가 83세까지 장수하고 세상을 떠났다.

셋째 아들인 정대유丁大有는 아버지의 별호인 향수香壽를 이어받아 호를 우향又香이라 하였고 일제강점기 서화협회가 결성되었을 때 심전 안중식, 소림 조석진에 이어 제3대 회장을 지낸 근대의 서화가였다.

몽인 정학교가 잘 그렸다는 괴석은 본래 내력 있는 소재였다. 북송의 미불은 돌만 보면 절을 하였다고 해서 미불배석米芾拜石이라는 고사를 낳았다. 송나라 휘종 때 간행된《선화화보宣和畵譜》에는 이미 석화石畵라는 장르가 나타난다. 정원에 괴석을 배치하는 것은 더욱 오랜 전통이다. 익산 왕궁리의 옛 백제 정원에 사용되었던 괴석과 경주 월지궁(안압지)에 배치된 정원석은 참으로 아름답다. 세종 때 문인인 강희안은《양화소록養花小錄》에서 괴석에 대해 이렇게 말했다.

괴석은 굳고 곧은 덕을 갖고 있어서 참으로 군자의 벗이 됨에 마땅하다.

그리하여 옛 그림의 도상을 모두 모아 편집한 청나라《개자원화보》에서는 돌 그림을 설명하면서 이렇게 말했다.

돌은 천지의 뼈요, 기氣도 그 속에 들어 있다. 그러므로 돌을 운근雲根(구름

죽석도, 정학교, 1913년, 종이에 수묵, 113.2×41.2cm, 개인 소장

의 뿌리)이라고 한다. 기가 없는 돌은 완석頑石(무딘 돌)이니 이는 기가 없는 뼈가 후골朽骨(썩은 뼈)인 것과 마찬가지다.

이런 돌을 독립된 그림 장르로 이끌어간 조선시대 화가는 추사 김정희의 절친한 벗이었던 황산黃山 김유근金逌根이다. 그는 괴석이 아니라 바윗덩어리 같은 돌을 그렸다. 그래서 김유근의 돌 그림은 담담하여 매우 철학적이다. 김유근에 뒤이어 나타난 것이 정학교의 괴석이다. 당시는 실내장식으로 화분에 돌을 심어놓은 분석盆石과 정원을 장식하는 태호석太湖石의 괴석이 크게 유행하였다. 창덕궁 낙선재와 흥선대원군의 운현궁에는 그때 장식한 괴석들이 지금도 남아 있다. 그런 돌에 대한 취미가 정학교의 괴석 그림을 낳은 것이다.

몽인 정학교의 괴석 그림은 구도와 필치 모두에서 신선한 감동을 준다. 괴석은 생김새 자체가 기이한 데다 구멍이 숭숭 뚫린 공허空虛 공간이 있어서 대단히 조형적이다. 돌의 결이 층층이 이어지는 큐비즘적 구성의 첩석疊石도 그렸다. 오랜 풍상 속에 떨어버릴 건 다 떨어버린 자연의 뼈골 같은 모습이다. 또 선돌처럼 높이 솟아오른 날카로운 형상의 입석立石도 그렸다. 그의 첩석과 입석을 쌍으로 놓으면 음양의 조화가 느껴진다.

정학교는 괴석을 그리면서 수묵화의 여러 기법을 동원하였다. 돌의 모양새에 따라 구륵법鉤勒法으로 형태의 윤곽을 잡기도 하고, 절대준折帶皴 같은 준법皴法으로 돌의 주름을 잡기도 하고, 파묵법破墨法으로 질감을 나타내기도 하며, 태점법苔點法으로 생명감을 불어넣기도 했다. 요컨대 정통 수묵화법에 충실하면서도 돌의 존재를 밝히 드러낸 것이다. 그리고 아주 드물지만 채색 괴석도도 그렸다. 채색 괴석은 그야말로 현대화라고 할 만한 신선한 조형 감각이 흥건히 배어 있다.

간혹 괴석 그림에 풀이나 난초 또는 대나무나 소나무를 곁들여 자연 속 돌의 의미를 강조하면서 어떤 서정을 이끌어내기도 했다. 하지만 가볍게 지표만 덩그러니 그린 것이 훨씬 인상이 강렬하며 괴석, 첩석, 입석을 화면에 고착시킴으로써 현대미술의 오브제 정신을 환기시킨다. 물物 자체의 존재 의미와 아름다움을 냉랭히 제시하는 것으로 화가로서의 일을 끝내고 나머지는 보는 이의 감상에 맡겨버리는 것이다. 그러면서도 정학교의 괴석 그림이 단조롭게 느껴지지 않는 것은 항시 화면 한쪽에 그의 유려한 필치의 화제가 혼연히 어울리기 때문이다. 정학교의 글씨는 웬만해서는 알아보기 힘들 정도로 흘림이 강하다. 사람들은 이를 '몽인체夢人體'라고 불렀다.

'정괴석'과 '몽인체'는 파격의 극치를 말해준다. 그러나 정학교의 진정한 매력은 그것이 기이한 데로 흐른 것이 아니라 아름다운 공간으로 승화된 데에 있다. 일반적으로 파격은 저항이나 냉소로 흐르지만 정학교의 그림에선 오히려 순응과 정직함 그리고 착함이 느껴진다. 그것이 돌의 본성이기도 하다.

정학교는 죽을 때까지 괴석에서 붓을 놓지 않았던 듯하다. 세상을 떠나기 1년 전인 1913년, '팔십이년 몽중八十二年 夢中'이라 낙관한 〈죽석도〉에는 이렇게 제화했다.

손바닥만 한 돌 숲을 이루지 못하고　　掌石不成林
대를 심었으나 숲을 이루지 못했네　　樹竹未成林
오직 차가운 계절이 오면　　惟有歲寒節
군자의 마음을 알게 되리라　　乃知君子心

돌이켜보건대 몽인 정학교의 괴석은 암울한 시절에 일호 남계우와 함께 그늘진 한쪽에서 피어난 꽃이었다. '남나비'는 채색화의 극사실주의 화가였고 '정괴석'은 문인화풍의 수묵 추상주의 화가였다는 것이 다를 뿐이다. 매사엔 짝이 있어 더욱 제빛을 발하는데 영조 시대 겸재 정선과 함께 관아재 조영석이 있었고, 정조 시대 단원 김홍도와 함께 혜원 신윤복이 있었듯, 철종·고종 시대엔 남나비와 정괴석이 짝을 이루었다.

후대 사람들은 그 시절의 어둠만 생각하고 꽃은 보려 하지 않아 이름도 아름다운 몽인 정학교를 잊고 있다. 어둠이 걷히는 순간, 정괴석은 남나비와 함께 세상에 밝게 드러날 것이다. ◎

28. 오원 장승업
〈쏘가리〉

우리의 취흥을 필묵에 담아볼 거나

오원吾園 장승업張承業(1843~1897)은 조선왕조의 마지막을 장식한 전설적인 화가이다. 그러나 그림을 좀 안다는 사람에게 오원은 미궁 속의 화가이다.

오래전 모처럼 〈오원 장승업 특별전〉이 열렸을 때 전시를 보고 온 미술애호가 한 분이 나에게 불만이 가득 찬 목소리로 말했다. "도대체 오원의 아이덴티티가 무엇니까? 작품이 아름답다는 겁니까, 개성 있는 화가라는 겁니까."

오원의 명성에 이끌려 전시회에 가보았는데 화조화, 동물화, 산수화, 신선도, 기명절지도 등 한결같이 소재가 진부하고 상투적인 데다 진경산수나 풍속화는 한 점도 없고 문인화다운 문인화도 없더라는 것이다.

정확히 본 것이다. 사실 이것이 오원 장승업의 예술 세계이자 오원 장승업의 약점이다. 그는 주어진 소재를 거침없이 잘 그려내어 명성을 얻은 것이지, 작가 정신을 발현한 화가는 아니었다. 그럴 만한 소양이 없었고 작가적 고뇌도 없었다.

장지연張志淵의 《일사유사逸士遺事》에 의하면 장승업은 조실부모한 일자무식의 비렁뱅이로 한 부잣집에서 머슴을 살았다고 한다. 그 부잣집은 수표교에 살던 이응헌李應憲 또는 역관 출신의 변원규卞元奎라고도 한다. 장승업은 주인집 도련님이 글공부하는 것을 어깨너머로 배우고, 주인이 사랑방에서 손님들과 함께 중국의 명화를 감상하는 것을 보다가 문득 그림의 이치를 터득하여 붓도 쥘 줄 모르면서 산수화, 화조화 등을 닥치는 대로 그려내었다.

이 소문은 장안에 퍼져 그는 졸지에 인기 화가가 되었고 급기야 궁궐에까지 알려져 차비대령화원이 되었다. 장승업은 의기양양하여 "단원, 혜원만 '원園'이냐, 나[吾]도 '원'이다"라며 호를 오원이라 했다. 그러나 그는 객기가 넘치고 술과 여자를 몹시 좋아했으며 특히 어떤 것에도 얽매이기를 싫어하는 통제 불능의 인물이었다. 그림을 그려 돈을 벌면 주색으로 탕진했고 마흔 살에 늦장

***쏘가리**, 장승업, 19세기 후반, 종이에 수묵, 125×61cm, 개인 소장*

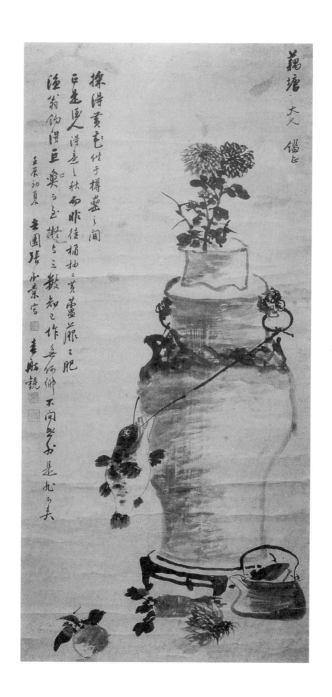

왼쪽_ **수리**, 장승업, 19세기 후반, 종이에 담채, 135.5×55.0cm, 삼성미술관 리움 소장
오른쪽_ **고양이**, 장승업, 19세기 후반, 종이에 담채, 136.0×52.8cm, 일본 도쿄국립박물관 소장

가를 들었으나 하룻밤을 지내고는 처를 버렸다고 한다.

구속받는 것을 죽기보다 싫어했기에 왕실 병풍을 제작하라는 명을 받고 궁궐에 불려갔을 때 두 차례나 도망쳐 큰 벌을 받을 지경에 이르렀다가 민영환의 도움으로 간신히 화를 면하기도 했다. 이러한 무절제한 성격 때문에 무성의한 태작도 남발하게 되었다. 그러다 보니 오원의 작품은 걸작과 졸작이 뒤엉켜 어떤 작품으로 말하느냐에 따라 전혀 다른 평가를 받게 된다.

반면 이러한 기질이 긍정적으로 나타날 때는 강렬한 필법과 묵법으로 화면상에 웅혼한 기상이 감돈다. 오원의 명작으로는 삼성미술관 리움 소장의 〈수리〉와 〈꿩〉을 꼽는다. '호취도豪鷲圖'라고도 불리는 〈수리〉 그림을 보면 노목의 굵은 가지에 올라앉은 한 쌍의 수리를 그렸는데 아래쪽 수리는 먼 데를 응시하는 눈빛이 매섭기 그지없고, 위쪽 수리는 땅 아래 먹잇감을 보았는지 꼬리를 치켜 올리고 고개는 한쪽 방향으로 틀고 있다. 나뭇가지를 박차고 비상하기 위해 날카로운 발톱이 드러나 있다. 그 순간을 포착한 솜씨는 오원이 왜 오원인가를 유감없이 보여준다.

〈수리〉와 같은 병풍이었다가 낙질된 것으로 보이는 일본 도쿄국립박물관 소장의 〈고양이〉도 오원의 신들린 필치를 잘 보여준다. 아무렇게나 뻗어 올라간 노목의 줄기는 불과 몇 분 만에 그렸을 것 같은 속도감이 느껴지며 나무 아래위에서 장난치는 고양이 세 마리의 묘사는 정교하기 그지없다.

몇 해 전 삼성미술관 리움에서 〈조선화원대전〉이 열렸다. 조선시대 역대 화원들의 명작을 한자리에 모은 대단한 규모였는데 오원의 〈수리〉, 〈꿩〉, 〈고양이〉가 함께 전시되었다. 세 작품이 어우러진 공간에서는 필묵이 화면 밖으로 튀어나올 것만 같은 활력이 솟아나고 있었다. 다른 화가에게서는 볼 수 없는 싱싱함이 가득하여 그야말로 기운생동의 공간이었다.

오원이 당대의 유명 화가가 된 까닭은 그동안 화단에 만연해 있던 단원 화풍의 매너리즘과 추사 아류의 문인화풍에서 홀연히 벗어나, 화가란 그림을 잘 그리는 사람이라는 것을 확실히 보여주었던 데 있다. 매천梅泉 황현黃玹은 오원의 그림 병풍에 다음과 같이 제화하였다.

오원 장승업의 그림은 근대의 신품神品이라고 추앙받아 유력자가 아니면 가질 수가 없다. …… 나는 그림을 잘 모르기 때문에 그 공교롭고 묘함을 헤아리진 못한다. 다만 필치가 대단히 소방疏放하고 계산하지 않은 듯 가볍게 점철했는데도 자연스러운 가운데 그윽한 운치가 있다. 이런 것을 일컬어 신품이라고 하는가 보다.

일찍이 환재瓛齋 박규수朴珪壽는 당시 화단에 만연해 있던 문인화의 사의지법寫意之法이 말폐末弊 현상을 일으켜 일종의 아마추어리즘이 팽배해 있음을 호되게 비판한 적이 있다. 추사 이후 주눅 들어 있던 화원들에게 직업 화가라면 직업 화가다운 본연의 모습을 찾으라고 호소하였다. 이런 시대적 요청에 부응하여 나타난 것이 오원 장승업이었고 그는 진실로 프로가 무엇인가를 보여주면서 당대의 스타가 된 것이다.

오원은 배운 것이 없어서 글자속이 없었다. 그래서 '오원 장승업' 다섯 글자만 질질 끌리는 글씨로 겨우 써넣고 화제는 정학교, 안중식, 김영 같은 서화가들이 대필해주곤 했다. 위 세 작품의 흐드러진 필치의 화제는 몽인 정학교의 글씨다.

오원은 당시 청나라에서 유행했던 기명절지器皿折枝도 많이 그렸다. 이는 시창청공詩牕淸供이라는 문인풍의 정물화가 도안화된 그림이다. 기명절지는 오원에게는 정말로 잘 맞지 않는 화제였다. 그러나 아무리 배우지 못했다 해도 시정詩情이 전혀 없는 것도 아니고, 또 그런 소재를 많이 그리다 보면 자기화시킬 수도 있는 법이다.

〈쏘가리〉라는 작품은 오원다운 기명절지화라 할 만한 예외적인 작품이다. 화면 왼쪽에 춘방 김영이 대필한 화제를 보면 내용은 이렇다.

노란 국화를 꺾어 큰 술독[樽罍]에 올려놓으니 그야말로 술꾼들이 제철을 맞는 가을이다. 귤이 노랗게 익었고 무도 살이 잘 쪘는데 낚시꾼은 대어大漁를 낚아왔으니 두세 명의 지기와 어울려 무하향無何鄕을 이루며 기탄없이 놀면서 세상 밖의 시비는 불문에 부칠 일이다.

화면 오른쪽에는 누구인지 모르지만 우당藕塘 대인大人에게 드린다고 하였으니 혹 오원, 춘방, 우당 셋이 모여 술자리를 하면서 그린 것이 아닌가 싶다.

그림은 화제의 내용대로 커다란 중국식 술독에 국화꽃 화분이 놓여 있고 항아리 손잡이에는 싱싱한 쏘가리 한 마리가 달려 있다. 아래쪽엔 술 주전자와 당근, 무, 파 등 안줏감이 풍성하다.

마른 붓질로 거침없이 쓱쓱 그려간 붓놀림이 소략한 가운데 항아리는 큼직한 볼륨감을 자랑하고 있고, 매달린 쏘가리는 지느러미가 생생하고 눈동자도 동그랗다. 쏘가리를 잡아맨 끈에는 팽팽한 긴장감이 있는데 술독 위의 국화꽃은 청초하여 화면에는 신선한 멋과 유머조차 느껴진다. 오원 필묵의 멋이 확연히 드러나는 작품이다. 화제를 보면 임진년(1892)에 그렸다고 적혀 있으니 오원의 나이 50세로 필력이 한창 원숙할 때다.

화제를 쓴 춘방은 그런대로 이름을 얻은 서화가인데 가끔 서화를 감상하고는 감정인鑑定印을 찍곤 했다. 이 그림에는 '증경아안즉아유曾經我眼卽我有'라는 도장을 사용했다. 풀이하면 그 뜻은 이렇다.

이미 내 눈을 거쳐간 것은 내 것

오원 장승업은 불행하게도 화가로서 자기 관리를 하지 못하고 쏟아지는 주문에 일일이 응하면서 졸작을 남발했다. 그러나 우리는 친구를 사귈 때나 역사적 인물을 기릴 때나 그의 장점을 찾아 인생의 벗으로 삼고 역사적 교훈으로 삼지 않는가. 오원의 〈수리〉, 〈고양이〉, 〈쏘가리〉 같은 명작이 없었다면 조선 말기의 회화가 얼마나 쓸쓸했을까를 생각해본다면 오원의 회화사적 위상은 자명해진다. ◎

뜻을 일으켜 난을 그리고
거기에 정을 실었다

흥선대원군인 석파石坡 이하응李昰應(1820~1898)은 난초 그림으로 일가를
이루었다. 그의 독특한 난초는 '석파난'이라고 불릴 정도로 개성이 강하다. 석
파는 난초 그림을 추사 김정희에게 배웠다.

석파가 추사를 처음 찾아간 것은 1849년으로 석파 30세, 추사 64세였다.
이때 추사는 9년간의 제주도 귀양살이에서 막 풀려나 한강변의 일휴정日休亭
초막에 머물렀다. 석파는 영조의 현손인 남연군의 아들이고, 추사는 영조의 계
비인 정순왕후가 11촌 대고모였기 때문에 촌수를 따지면 내외종간의 먼 친척
이 된다. 그래서 추사는 석파에게 편지를 쓸 때면 척생戚生(친척)이라고 했다.

황현의 《매천야록》에 의하면 당시 석파는 안동김씨의 눈에서 벗어나기 위
해 파락호로 떠돌이 생활을 하며 불량배와도 서슴없이 어울렸다. 명색이 종친
부의 유사당상有司堂上이면서도 안동김씨 집을 찾아가 구걸하여 궁할 궁窮 자
'궁도령'이라는 비웃음까지 받으며 세도가의 눈을 속였다. 그런 석파가 이번엔
추사를 찾아가 그림을 배워 농묵弄墨이나 하면서 그들을 안심시킬 속셈이었다.

석파가 추사를 찾아간 것은 탁월한 선택이었다. 개인적으로는 그 파란만
장한 시절 난초 그림이 있어서 큰 위안이 되었고, 그렇게 그려진 석파난은 조
선왕조의 마지막을 장식하는 회화사적 업적으로 남게 되었다. 석파는 추사에
게 난보蘭譜를 하나 보내달라고 했다. 이에 추사는 자신의 《난맹첩蘭盟帖》을 보
내주면서 난초를 그리는 자세에 대해 다음과 같은 진지한 가르침을 내렸다.

세후에 보내신 편지는 마치 해가 새로워짐을 본 것 같기도 하고 꽃이 핀
때를 만난 것 같기도 합니다. …… 《난보》는 망령되이 제가 제기題記한 것이
있어 부쳐 올리오니 거두어주시겠습니까. …… 대체로 난초를 그리는 일은
비록 하나의 하찮은 기예技藝지만, 거기에 전심하여 공부하는 것은 격물치지

석란도(대련), **이하응**, 1887년, 비단에 수묵, 각 폭 151.5×40.8cm, 호림박물관 소장

格物致知의 학문과 다를 바가 없습니다. …… 가슴속에 5천 권의 책을 담고, 팔목 아래 금강저金剛杵를 휘두르는 자세로 해야 할 것입니다.

문자향 서권기를 갖추고 필력을 쌓으라는 주문이다. 석파는 《난맹첩》에 실린 그림 10폭과 제발 4폭을 열심히 공부하여 훗날 이를 방작倣作한 《석파 난맹첩》(1851)을 따로 만들어 제자인 노천 방윤명에게 주었다. 때문에 석파의 초기 난은 추사의 것과 아주 비슷하다.

석파가 난초를 배운 지 불과 2년도 안 되어 추사는 권돈인이 귀양 갈 때 배후 인물로 몰려 다시 북청으로 유배가게 되었다. 그 바람에 석파의 난초 교습은 중단될 수밖에 없었다. 그로부터 1년 뒤인 1852년 여름, 추사가 유배에서 풀려 과천의 과지초당으로 돌아왔을 때 석파는 그동안 익힌 난초 그림을 추사에게 보내어 품평을 부탁했다. 이에 추사는 석파의 난초 그림을 극찬했다.

보내주신 난초 그림을 보니 이 노부老夫도 마땅히 손을 오므려야 하겠습니다. 압록강 이동以東에는 이만한 작품이 없습니다. 이는 내가 면전에서 아첨하는 말이 아닙니다.

스승에게 이런 칭찬을 듣게 되자 석파는 자신의 《난화첩》에 글을 써달라고 부탁했다. 이에 추사는 다음과 같은 발문을 붙였다.

그림 중에는 난을 그리기가 가장 어렵다. 산수·매죽·화훼·동물 등에는 예로부터 능한 자가 많았으나 유독 난초 그림에는 특별히 이름난 이가 없다. …… 난초 그림의 뛰어난 품격이란 형사形似에 있는 것도 아니고 지름길이 있는 것도 아니다. 또 화법만 가지고 들어가는 것은 절대 금물이며, 열심히 많이 그린 후에라야 가능하다. 당장에 부처를 이룰 수는 없으며 또 맨손으로 용을 잡으려 해서도 안 된다.

아무리 9천9백9십9분에 이르렀다 해도 나머지 1분은 원만하게 성취하기 어렵다. 마지막 1분은 웬만한 인력으로 가능한 것이 아니다. 그렇다고 이것이 인력 밖에서 나오는 것도 아니다. ……

　석파는 난에 깊으니 대개 그 천기天機의 맑음이 난과 비슷하기 때문일 것이다. 그러나 마지막 1분까지 나아갈 공력이 있어야 한다.

　나는 …… 난을 그리지 않은 지 아마도 20여 년이 된다. …… 이 늙은이가 다시는 더 하지 못할 것을 요구하고 싶은 자는 마땅히 석파에게 구함이 옳다.

얼핏 읽으면 칭찬 같지만 자세히 읽어보면 마지막 1분을 위해 더 애쓰라는 얘기다. 오늘날 우리는 흔히 2퍼센트 부족을 얘기한다. 그러나 추사는 0.01퍼센트 부족을 말하면서 완벽성을 요구했다. 석파는 스승의 가르침을 저버리지 않고 진실로 마지막 1분까지 열성을 다했다.

1863년, 44세의 석파는 마침내 흥선대원군이 되어 국정을 밀어붙였다. 그러다가 1873년 11월, 하야下野하여 양주 곧은골[直谷]에 은거한 9년 동안 많은 난초를 그렸다. 1882년에는 임오군란을 계기로 잠시 정계에 복귀했으나 청국의 개입으로 연행되어 청나라 보정부保定府에 3년 동안 유폐되었다. 이때도 석파는 난초를 많이 그렸다. 그의 난초를 원하는 사람이 많았기 때문이다.

1885년 청나라의 원세개와 같이 귀국한 뒤에는 정권에 대한 집념을 버리지 않고 동학농민운동 세력과 통하기도 하였고, 1894년 갑오개혁 뒤에는 일본의 지원 아래 군국기무의 총괄을 위임받아 정치 소신을 피력했지만 1894년 일본이 김홍집 내각을 내세우며 석파를 은퇴시켰다. 그 후 공덕동 아소정我笑亭에서 외부와의 접촉이 차단된 유폐 생활을 강요당했는데 이때 난초 그림이 생의 위안이 되었다. 명성황후가 시해되고 1896년 아관파천으로 친러 정부가 들어서자, 다시 양주 곧은골에 은거하다가 1898년 79세로 세상을 떠났다.

이런 굴절 많은 행적으로 인해 석파의 난초는 추사에게 배우는 수업기, 곧은골 시절, 보정부 시절, 아소정 시절, 다시 만년의 곧은골 시절로 이어지며 세련되어갔다.

석파의 난은 대단히 개성적이다. 난초 그리는 법에 의하면 잎은 사마귀 배처럼 불룩하다가 쥐 꼬리처럼 뻗으라고 한다. 이를 '당두螳肚에 서미鼠尾'라고 하는데, 석파의 난초 잎은 당두가 짧고 야무진 반면에 서미가 맵시 있게 뻗어

나가는 것이 특징이다. 참으로 흉내 내기 힘든 난법으로 어찌 보면 성깔 있어 보이고, 어찌 보면 요염하다. 한마디로 매력적이다.

추사의 말대로 본래 난초에는 대가가 따로 없다. 화법 또는 서법書法에 따라 그리면서 자신의 서정을 넣으면 된다. 역대로 화가들이 그렇게 난을 그렸다. 탄은 이정의 난초는 전아典雅한 기품이 있고 잎새가 어여쁘기 그지없다. 난초의 아름다움을 그린 것이다. 능호관 이인상의 난초는 강직하기만 하다. 난초의 고고함을 그린 것이다. 수월헌 임희지의 난초는 춤을 추는 율동이 느껴진다. 난초 잎에 춤사위를 넣은 것이다. 석파와 정치적 라이벌이기도 했던 운미 민영익의 난초는 기개 넘치는 건란建蘭이다. 난초에서 굳셈을 본 것이다.

이에 비해 추사의 난초에는 일종의 서예미가 있다. 그는 난초를 화법으로 그리면 악마의 소굴로 빠진다면서 예서 쓰는 법으로 그리고 긴 난초 잎을 그릴 때

는 붓이 바닥을 세 번 누르는 삼전법三轉法을 쓰라고 했다. 그래서 추사 난초에는 서예의 멋이 들어 있고 긴 난초 잎에는 긴장감 있는 리듬이 있다.

석파는 추사에게 배운 대로 예서법으로 시작했다. 당두는 예서법이다. 그러나 서미를 나타낼 때는 추사의 삼전법이 아니라 초서를 쓸 때 길게 뻗치는 장별법長撇法을 구사했다. 그래서 석파의 난은 까슬까슬한 예서 맛도 있고 유려한 초서의 리듬도 있다. 긴장감이 아니라 서정이 살아난다. 그것도 기쁜 서정

분란, 이하응. 19세기 후반, 비단에 수묵, 110.0×38.3cm, 개인 소장

이 발현된다. 석파는 68세 때 그린 〈석란도石蘭圖〉에서 이렇게 말했다.

> 무릇 그림이란 반드시 흥興을 끌어와서 그려야 하는데 흥이란 모름지기 기쁨과 같은 것이다. 내가 난을 그린 지 40년 가까이 되었는데 나는 매번 뜻 [意]을 끌어와서 정情을 그림에 실었다.

석파는 화분 속의 난초를 간결하면서도 아름답게 그린 〈분란盆蘭〉도 남겼다. 그는 많은 문자도장을 사용하였는데 그중에는 자신의 난초 그리는 뜻을 강조한 것이 둘 있다.

> 사란작의寫蘭作意 : 난을 그리면서 뜻을 일으킨다.
> 희기사란喜氣寫蘭 : 기뻐하는 기운으로 난을 그린다.

이것이 석파난의 본색이다. 나는 지금 석파난의 유래와 매력에 대해 말하고 있지만, 석파는 시도 잘 지었고, 글씨도 잘 썼고, 독서도 많이 했으며, 파란만장한 이력이 말해주듯 술도 잘할 수밖에 없었다. 이러한 석파의 모습은 그가 즐겨 사용한 문자도장에 잘 나타나 있다.

> 독미견서 여봉양우讀未見書 如逢良友 독이견서 여우고인讀已見書 如遇故人 : 아직 보지 못한 책을 읽으면 좋은 친구를 얻은 것과 같고, 이미 보았던 책을 읽으면 옛 친구를 만난 것과 같다.
> 유주학선 무주학불有酒學仙 無酒學佛 : 술이 있으면 신선을 배우고, 술이 없으면 부처를 배운다. ◎

30. 심전 안중식 〈백악춘효〉

백악산에 봄날의 새벽이 오기를 기다리며

모든 일에는 처음과 끝이 있고, 시작과 마무리가 잘되어야 본체가 살아난다. 조선왕조 500년 회화사의 첫머리를 장식하는 것은 안견의 〈몽유도원도〉이다. 이 한 폭의 그림이 있음으로써 우리는 자부심과 기대감을 갖고 조선시대 회화사를 출발할 수 있다. 그러면 마지막 작품으로는 무엇을 꼽을 수 있을까. 단언컨대 심전心田 안중식安中植(1861~1919)이 1915년에 그린 〈백악춘효白岳春曉〉이다.

심전 안중식의 〈백악춘효〉는 여름본과 가을본 두 점이 있다. 여름과 가을에 그렸으면서도 그림의 제목을 '백악춘효', 즉 '백악산(북악산) 봄날의 새벽'이라고 했다. 빼앗긴 조국에 봄의 새벽이 오기를 기다리는 마음인 것이다.

제목은 백악산이라고 했지만 실제 그림의 주제는 경복궁이다. 화면 위로는 백악산이 우뚝하고, 그 아래로는 새벽안개가 걷혀가는 경복궁의 근정전, 경회루, 광화문 그리고 해태상이 보인다. 텅 빈 육조거리엔 사람 하나 보이지 않아 적막감마저 감돈다.

초목이 싱그러운 여름본은 초록을 주조로 하면서 색채의 강약이 두드러져 화면이 맑지만, 낙엽이 물든 가을본은 화면 전체에 갈색이 감돈다. 〈백악춘효〉는 가을본이 뭉클한 감동을 일으키며, 이것을 정본으로 보고 있다.

지금 이 작품은 국립중앙박물관에 소장되어 있는데 본래는 이왕가李王家미술관 소장품이었다. 나라를 빼앗기고 이왕가로 전락한 왕실에서 당대 미술계의 리더였던 심전에게 그림을 부탁한 것으로 전한다.

심전이 그림을 그린 1915년은 일제가 경복궁에서 '조선물산공진회'를 개최(1915년 9월 11일~10월 31일)한다며 궁궐의 전각을 허물어내고 있을 때였다. 조선총독부가 들어설 계획도 이미 세워져 있었다. 이런 상황에서 그린 그림이기에 심전은 경복궁을 더욱 앞으로 내세운 것이다. 포악한 일제의 눈을 피하기 위해 '백악춘효'라고 했을 뿐이다.

백악춘효(가을본), 안중식, 1915년, 비단에 담채, 129.5×50.0cm, 국립중앙박물관 소장

왼쪽_ **도원문진, 안중식**, 1913년, 비단에 채색, 164.4×70.4cm, 삼성미술관 리움 소장
오른쪽_ **풍림정거, 안중식**, 1913년, 비단에 채색, 164.4×70.4cm, 삼성미술관 리움 소장

심전 안중식은 소림小琳 조석진趙錫晋과 함께 조선왕조의 마지막 화원이었다. 그는 12세 때 부모를 모두 잃었고 오원 장승업에게 그림을 배웠다는 사실 이외에는 알려져 있는 게 많지 않다. 그러다 1881년 21세 때 신식 무기의 제조법과 조련법을 배우기 위하여 떠나는 영선사 일행의 제도사製圖士로 조석진과 함께 톈진[天津]에 가서 1년 동안 견문을 넓히고 돌아왔다. 1902년에는 조석진과 더불어 어용화사로 발탁되어 화명을 얻었다. 그는 스승인 오원에게 배운 대로 신선도, 노안도, 관념적인 청록산수를 그리는 전형적인 화원이었다.

그러나 세월은 그에게 서화계의 리더로서 우리 근대미술의 서막을 이끌어가도록 요구하였다. 심전은 이 시대적 요청을 마다하지 않고 응하였다. 무엇보다도 근대미술을 이끌어갈 제자 양성에 나섰다. 1911년 조석진과 함께 '서화미술회 강습소'를 열어 청전 이상범, 소정 변관식, 심산 노수현, 심향 박승무, 이당 김은호 등 후진을 양성했다. 심산, 심향 등의 심心 자는 심전의 호를 이어받은 것이다.

1918년에는 최초의 근대적 미술가 단체인 '서화협회'를 결성하고 초대 회장에 취임했다. 민족서화가들의 모임이었다. 그러나 이듬해 3·1운동이 일어나자 내란죄라는 죄명으로 경성지방법원에 회부되었다가 석방되는 고초를 겪었고, 그해 11월에 세상을 떠났다. 평생의 벗이자 동료였던 소림 조석진도 이듬해 5월에 타계함으로써 근대미술계는 그의 20대 제자들에게 맡겨졌다.

생각건대 심전 안중식은 참으로 불우한 시대를 살았던 화가였다. 그는 〈도원문진桃源問津〉, 〈풍림정거楓林停車〉 같은 청록산수를 잘 그리는 전통적인 화가였을 뿐, 근대사회를 헤쳐나갈 아무런 준비도 지식도 없었다. 그러나 시대는 그에게 많은 것을 요구했고 심전은 나름대로 성실히 세월에 임했다. 무엇보다도 새 시대를 열어갈 제자들을 길러냈으며, 잃어버린 왕조의 애달픈 마음을 담은 〈백악춘효〉를 남김으로써 조선왕조 500년 회화사의 대미를 장식하는 화가가 되었다. ◎

특선, 특선이라, 장하도다 김관호 군!

우리 근대미술의 기점을 어느 시기부터 잡을 것인가에 대해서는 여러 견해가 있다. 일찍이 근대미술사 연구를 개척해온 이경성은 근대의 맹아는 개화기부터지만 실질적인 근대미술의 시작은 서양화를 본격적으로 도입하는 1910년대로 잡을 수밖에 없다고 했다.

실제로 근대를 살아간 사람들이 체감한 근대미술의 시작은 그러했다. 춘곡春谷 고희동高羲東이 조선인으로는 처음으로 서양화를 배우기 위하여 일본에 유학하여 도쿄미술학교(현재 도쿄예술대학)를 졸업하고 귀국했을 때 〈매일신보〉 1915년 3월 11일자에는 "서양화가의 효시 ― 조선에 처음 나는 서양화가의 그림"이라고 대서특필하였다. 그런데 기사의 내용을 보면 당시 서양화에 대한 인식 수준이 얼마나 미약한지를 알 수 있다.

> 동양의 그림과 경위가 다른 점이 많고 그리는 방법도 같지 아니하며, 또한 그림을 그리는 바탕과 그 쓰는 채색에 이르기까지 모두 다른 그림인데 ……
> 기름기 있는 되다란 채색으로 그리는 이 서양화는 ……

오일 온 캔버스oil on canvas를 '천에다 되다란 채색을 하는 것'이라는 식으로 설명할 정도로 서양화는 이질적이었다. 이듬해인 1916년, 조선인으로서 두 번째 도쿄미술학교 유학생인 김관호金觀鎬(1890~1959)가 졸업 작품인 〈해질녘[夕暮]〉으로 그해 '문부성 전람회'에서 영예의 특선을 차지하자 언론은 흥분을 감추지 못하고 대대적으로 이 사실을 보도하였다.

〈매일신보〉는 10월 28일자와 31일자, 2회에 걸쳐 도쿄에 있는 춘원 이광수의 기고문을 게재했다. 당대의 문장가인 이광수는 감격에 겨워 그저 감탄사만을 연발하고 있다.

해질녘, 김관호, 1916년, 캔버스에 유채, 127.5×127.5cm, 일본 도쿄예술대학 소장

아! 특선! 특선이라 하면 미술계의 알성급제謁聖及第이다. …… 장하도다!
우리 김군!

일제의 식민지 지배를 받으면서 문화적으로 멸시받고 있던 상황에서 그들
이 가장 권위 있게 내세우는 문부성 주최 공모전에서 특선을 했다는 사실은 오
늘날 김연아 선수의 금메달만큼이나 자랑스러운 쾌거였다. 그러나 기사 맨 끝
에는 당시의 답답한 상황을 말해주는 글이 실려 있다.

김관호 군이 그린 작품 사진을 기자는 갖고 있으나 벌거벗은 그림인고로
게재하지 못함을 양해 바람.

김관호 자화상, **김관호**, 1916년, 캔버스에 유채, 60.5×40.0cm, 일본 도쿄예술대학 소장

실제로 김관호의 〈해질녘〉은 대동강 가에서 목욕하는 두 여인을 그린 누드화다. 보랏빛으로 물든 석양의 능라도를 배경으로 풍만한 두 나부裸婦의 뒷모습이 몽환적으로 그려졌다. 육감적인 분위기를 보면 인상파풍이기도 하고 낭만파 화풍도 엿보인다. 좀 더 정확히 말하면 그림에 감도는 몽롱하고 아련한 분위기는 당시 일본 화단에서 유행한 '일본화된 인상파풍'이다. 때문에 공모전에서 특선을 할 수 있었다.

　　이 작품을 통해 조선인도 얼마든지 서양화를 소화해낼 수 있다는 근대미술의 가능성을 객관적으로 인정받은 셈이다. 때문에 언젠가《월간미술》이 '한국 근대유화 베스트 10'을 전문가들 대상으로 설문 조사한 결과 〈해질녘〉이 1위로 선정된 바 있다. 현재 이 작품은 김관호의 모교에 소장되어 있다. 도쿄미술학교 졸업생들은 자화상을 제출해야 한다는 원칙이 있어 그의 자화상도 함께 보관되어 있다.

　　평양의 부잣집 아들로 태어난 김관호는 일본 유학을 마치고 근대미술의 기린아로 화려하게 데뷔했다. 그러나 우리 근대미술계를 이끌어가는 화가로 성장하지는 못했다. 졸업한 그해에 평양에서 개인전을 열었고, 제2회 조선미술전람회에 〈호수〉라는 작품이 입선했으며, 1925년에는 평양에서 김찬영과 '삭성회朔星會'라는 회화연구소를 개설하여 길진섭, 문학수, 정관철 같은 제자를 길러냈다. 그러나 1927년 무렵 소리 소문 없이 화단에서 사라졌다. 술과 사냥에 빠졌다는 쓸쓸한 소식만 들려왔다. 식민지적 현실이 그를 인생과 예술 모두에서 좌절시킨 것이다.

　　그 후 그의 며느리가 증언한 바에 의하면, 8·15해방 때 평양에 있던 김관호는 조선미술가동맹의 고문으로 불려나가 할 수 없이 30년 만에 다시 붓을 잡고 폴란드에서 열린 조선미술전에 〈모란봉의 가을〉을 출품하기도 했다지만 1959년 10월 20일, 70세로 쓸쓸히 세상을 떠났다. 결국 김관호는 근대의 문턱에서 잠깐 나타났다 사라진 샛별 같은 존재였다. ◎

32. 수화 김환기
〈어디서 무엇이 되어 다시 만나랴〉

나는 고국의 오만 가지를 생각하며 점을 찍었다

문화재청에서는 50년 이상 된 유물은 등록문화재 심사 대상에 올리고, 100년 이상 된 유물 중에서 보물·사적 등을 지정하며 그중 뛰어난 것을 국보로 승격시키고 있다. 회화 중에서 현재 국보로 지정된 그림의 주인공은 공재 윤두서, 겸재 정선, 단원 김홍도, 혜원 신윤복, 추사 김정희 다섯 명뿐이다.

그렇다면 20세기 화가로는 누가 그런 대접을 받아 마땅할까? 박수근, 이중섭, 김환기를 우선적으로 꼽을 수 있다. 박수근과 이중섭은 서양화라는 새로운 조형어법을 한국적으로 토착시킨 화가이고, 김환기는 모더니즘을 구현한 화가이다.

2013년은 수화樹話 김환기金煥基(1913~1974) 탄신 100주년을 맞이하는 해였다. 이를 계기로 갤러리현대에서는 2012년에 그 서막을 여는 대규모 김환기전을 열었다. 이 전시회에서는 이벤트로 관객과 전문가에게 그의 대표작 두 점을 고르라는 인기투표가 있었다. 나는 〈항아리와 매화가지〉, 〈어디서 무엇이 되어 다시 만나랴〉에 한 표씩 던졌다. 두 점 모두 미래의 국보라고 생각하면서.

전라남도 신안군 안좌도 섬마을에서 태어난 김환기는 서울로 올라와 중동학교를 마친 뒤 니혼[日本]대학 미술학부에 유학하면서 화가의 길을 걸었다. 처음에 추구한 것은 추상미술이었다. 훗날 그는 대상을 어떻게 그려도 관계없다는 것을 보여준 피카소가 고마웠다고 했다.

8·15해방이 되고 얼마 안 되어 6·25전쟁이 일어나는 혼란 속에서도 김환기는 〈피난 열차〉 같은 아담한 작품을 남겼다. 전쟁이 끝나고 몇 해 지난 1956년에는 파리로 건너가 현대미술의 현장을 체험하고 돌아와서는 유영국, 장욱진 등과 함께 '신사실파新寫實派'라는 이름의 동인전을 열면서 한국적 서정을 바탕으로 한 세련된 모더니즘을 추구하였다. 이 무렵에 그린 작품이 〈항아리와 매화가지〉이다.

어디서 무엇이 되어 다시 만나랴, 김환기, 1970년, 면포에 유채, 232×172cm, 개인 소장

190 ——— 191

이때까지 김환기가 추구한 예술 세계는 한국적인 서정을 모더니즘 어법으로 표현하는 것이었다. 그가 마음속으로 포착한 한국적 이미지는 매화와 백자 달항아리 등이었다. 고미술을 보는 안목이 높았던 그는 당시 백자 달항아리의 아름다움에 깊이 매료되어 많은 달항아리를 수집하여 아틀리에를 장식했다. 백자 달항아리를 한국미의 아이콘으로 부각시킨 것은 사실상 김환기와 그의 절친한 벗인 최순우였다.

김환기가 미국으로 건너가 제2의 인생을 살면서 또 다른 예술 세계를 보여주게 된 계기는 1963년 제7회 상파울로 비엔날레에 한국 작가로 출품하면서였다. 김환기는 그 전시회에서 대상을 받은 미국 작가 아돌프 고틀리브에게 큰 감동을 받아 아예 미국으로 건너가버렸다. 50세의 나이에 예술원 회원, 한국미술협회 이사장, 홍익대학교 미술대학 학장이라는 사회적 지위를 헌신짝처럼 버리고 뉴욕으로 건너간 것이다. 그는 당시 일기에 이렇게 적었다.

뉴욕에 나가자. 나가서 싸우자. (1963년 10월 13일)

피난 열차, 김환기, 1951년, 캔버스에 유채, 37×53cm, 개인 소장

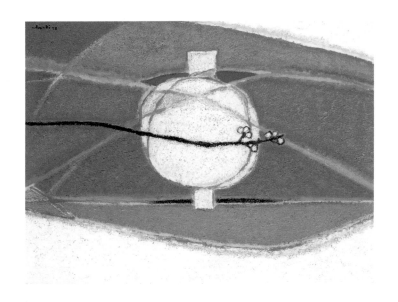

뉴욕에서 김환기는 조형적 실험과 고민을 거듭하였다. 1968년 일기에는 이렇게 적었다.

1월 2일 : 점인가? 선인가? 선보다 점이 개성적인 것 같다.
1월 23일 : 날으는 점, 점들이 모여 형태를 상징하는 그런 것들을 시도하다. 이런 걸 계속해보자.

이때부터 김환기의 점 그림이 본격적으로 시작되었다. 즐겨 그리던 대상들을 점으로 환원시켜갔고, 고향 땅 신안의 섬마을, 뻐꾸기 소리를 생각하며 점을 찍었다. 그는 일기에서 '서울의 오만 가지'를 생각하며 점을 찍었다고 했다. 점으로 "새로운 창을 하나 열었다"고 했다.
김환기가 그렇게 도달한 점의 세계는 1970년 한국일보사 주최 〈한국미술대상전〉에 출품하여 대상을 받았다. 이때 출품한 작품이 〈어디서 무엇이 되어 다시 만나랴〉이다. 이 작품은 절친한 선배이기도 한 김광섭의 시 〈저녁에〉에 붙인 그림이다.

항아리와 매화가지. **김환기**, 1958년, 캔버스에 유채, 58×80cm, 개인 소장

저렇게 많은 별 중에서
별 하나가 나를 내려다본다
이렇게 많은 사람 중에서
그 별 하나를 쳐다본다

밤이 깊을수록
별은 밝음 속에 사라지고
나는 어둠 속에 사라진다

이렇게 정다운
너 하나 나 하나는
어디서 무엇이 되어
다시 만나랴

그 별, 고향의 별을 생각하며 찍은 무수한 점이다. 김환기의 점에는 이처럼 서정이 들어 있어 서구 모더니스트들의 냉랭하고 물질뿐인 올 오버 페인팅, 색면파 추상, 미니멀 아트와는 다른 따뜻함이 서려 있다. 수화와 가깝게 지낸 예술철학가 조요한은 이렇게 말했다.

쉴러는 《소박素朴의 시와 감상感傷의 시》에서 자연을 대하는 시인(예술가)의 태도에는 '자연적natürlich'으로 느끼는 시인과 '자연적인 것das Naürlich'을 느끼는 시인 두 가지가 있다고 했다. 전자는 자연을 소유하지만, 후자는 자연을 탐색한다고 규정하였는데, 수화의 예술은 뉴욕 체류 이전과 이후를 '자연을 소유했던 시기'와 '자연을 탐색했던 시기'로 나누어 표현해도 좋을 것 같다.

김환기의 점은 끊임없이 계속되었다. 그는 모든 작품마다 에스키스로 구도를 잡았고, 점 하나를 찍는 데 여섯 번의 붓질을 가했다. 그래서 그의 대작 〈10만 개의 점〉 앞에선 절로 뭉클한 감동이 일어난다.

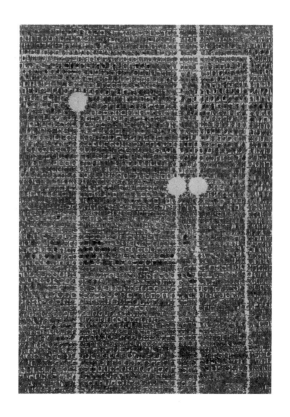

그런 김환기가 무슨 일인지 자꾸 죽음을 얘기하기 시작했다. 1970년 7월 15일자 일기에는 "왜 자꾸 죽음에 대해서 생각하게 될까. 더운 날이다"라고 했다. "꿈은 무한하고 세월은 모자란다"라고도 했다. 그러다가 1974년 그 밝고 환하던 푸른빛이 사라지고 회색 톤이 짙은 묵점墨點이 시작되었다.

그러던 어느 날 김환기는 교통사고를 당했고 후유증이 남아 수술을 받기 위해 병원에 입원했다가 1974년 7월 25일 9시 40분 병상에서 떨어져 뇌진탕으로 세상을 떠났다. 그는 뉴욕주에 있는 발할라Valhalla 마을의 켄시코Kensico 묘지 산마루, 평소에 "아, 이런 데 누워서 쉬었으면 좋겠다"고 하던 그 자리에 안장되었다.

2013년은 그의 탄신 100주년이 되는 해이다. 백 년의 세월 속에 수화 김환기 같은 화가를 갖고 있다는 것은 우리 근대미술의 큰 위안이자 자랑이다. ◎

무제. 김환기, 1974년, 면포에 유채, 121×85cm, 개인 소장

아름다운 글씨와
서예가 이야기

—

사
경
과

글
씨

33. 고려사경
〈법화경 보탑도〉

사경을 할 때는 모름지기 이렇게 하였다

책 중에서도 기독교와 불교의 경전은 인쇄와 장정에 갖은 정성을 다하였다. 오늘날 기독교의 성경책은 인쇄본이지만 15세기 구텐베르크의 금속활자 발명 이전에는 직접 손으로 베꼈다. 활판 인쇄 발명 이후에도 수도원에서는 고급 필사본으로 제작하여 성경의 성스러움을 끊임없이 보여주었다.

불경도 마찬가지다. 인도에서 처음 만들어진 불교 경전은 나무껍질에 썼다고 해서 패엽경貝葉經이라 불렀다. 8세기에 목판 인쇄본이 등장하였음은 석가탑에서 출토된 세계에서 가장 오래된 인쇄본인 《무구정광대다라니경無垢淨光大陀羅尼經》이 말해준다. 불경의 목판 인쇄는 13세기에 제작된 해인사 팔만대장경에 이르러 그 성대함을 여실히 보게 된다.

인쇄술의 발달에도 불구하고 불경을 직접 손으로 쓰는 사경寫經의 전통은 계속되었다. 사경은 고급 장식경裝飾經이자 하나의 의식이었다. 당시 사람들이 사경에 얼마나 정성을 다했는가는 삼성미술관 리움에 소장된 《신라 백지묵서 대방광불화엄경新羅白紙墨書大方廣佛華嚴經》(755)의 발문에서 밝힌 제작 과정에 잘 나타나 있다.

뿌리에 향수를 뿌려 키운 닥나무 껍질을 벗겨 삶아서 종이를 만든다. ……
경전을 필사하는 사람은 모두 보살계를 받았고 대소변을 보거나 잠을 자고 난 뒤, 밥을 먹은 뒤에는 반드시 향수를 사용하여 목욕하였다.

숙소에서 사경 장소로 갈 때는 청의靑衣동자 둘을 앞세우고, 네 사람의 악사가 음악을 연주하며, 길에는 꽃과 향수를 뿌리고, 법사는 뒤에서 범패를 부르며 따라온다. 도착 뒤에는 삼귀의三歸依(불법승에 귀의함)를 외우고 삼배를 올린 다음 필사했다. 필사를 마치고 숙소로 돌아갈 때도 청의동자와 악사만 제외하고 올 때와 똑같이 했다.

법화경 보탑도(처녀 부분)

참으로 정성이 지극한 의식이 아닐 수 없
다. 사경에 이렇게 정성을 다하는 것은 고려시
대에도 마찬가지였다. 특히 《묘법연화경妙法
蓮華經》(줄여서 법화경이라 함)에서는 사경을 적
극 권장하여 이렇게 말했다.

어떤 사람이 법화경을 얻어 듣고, 스스로
쓰거나 혹은 사람으로 하여금 쓰게 하면 부
처님의 공덕을 입는 것이 이루 헤아려 끝이
없느니라.

이를 '사경공덕'이라고 하였다. 고려시
대에는 많은 사경공덕이 이루어져 감지紺紙
에 금물로 써서 일곱 권의 절첩折帖으로 꾸민
《법화경》이 여러 점 전한다.

그중 일본 교토의 도지[東寺]에 소장된
〈법화경 보탑도寶塔圖〉는 고려시대 때 사경 제
작에 얼마나 정성을 다했는지를 잘 보여주는
아주 특별한 작품이다.

얼핏 보면 감지에 금물로 7층탑을 그린
것 같지만, 실제로는 《법화경》 전 7권의 내용
을 글씨로 써서 7층 보탑도를 그린 것이다. 상
륜부에서 지붕골과 탑신부의 기둥을 거쳐 기
단부에 이르기까지 전체가 법화경의 내용으
로 되어 있다. 여백에는 흩날리는 꽃, 비천, 공
양보살 등으로 장식하고 탑신부에는 화불을
그렸는데 고려불화의 유려한 필치가 그대로
살아 있다. 특히 법화경 구절로 쓴 하늘에서

법화경 보탑도, 고려 1249년, 감지에 금니, 250×61cm, 일본 도지 소장

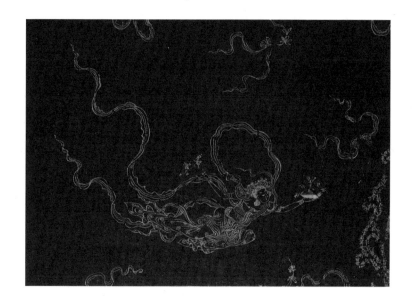

내려오는 구름자락에 이르러서는 그 정성과 공력이 극에 달했음을 볼 수 있다.

후대에 가면 260자로 이루어진 《반야심경般若心經》 같은 짧은 경문을 탑의 윤곽선을 따라 쓴 것이 나오지만 이처럼 탑신부는 물론 상륜부와 기왓골까지 모두 글씨로 새긴 엄청난 공력의 작품은 아직까지 발견되지 않았다.

이 〈법화경 보탑도〉 화면 아랫부분에는 다음과 같은 간절한 마음의 화기畫記가 쓰여 있다.

기유년 12월 신효사神孝寺 전향도인典香道人이 전란을 물리쳐 나라가 태평하고 해마다 풍년이 들고 불법의 신령스러움이 가득하기를 더없이 기원한다.

여기서 기유년은 1249년(고종 36)으로 몽골과의 전쟁이 치열할 때다. 부처님의 힘으로 외적을 물리치려는 마음이 그렇게 글자 하나하나에 들어 있는 것이다. 화기에서는 이 그림을 '법화탑法華塔'이라고 했다. ◎

법화경 보탑도(비천상 부분)

입이 있어도 말할 수 없으면, 잠자느니만 못하니라

사라진 문화재가 어느 것인들 안타깝지 않으랴마는 고려시대의 초상
화가 불과 몇 점밖에 전하지 않는 것은 정말로 아쉽다. 고려시대에는 임금,
공신, 문신, 학자, 승려 등의 초상화가 많이 제작되었다.

《고려사高麗史》에 의하면 궁궐에는 왕과 왕비의 초상을 봉안하는 경영
전景靈殿이 있었으며 임금의 초상은 여러 사찰에 따로 봉안되었다. 또 고려
는 건국과 동시에 공신들의 초상을 제작하여 후삼국을 통일한 직후 봉진사
鳳進寺에 태조의 영정을 가운데 두고 동·서 벽에 37공신상과 12장군상을
그려 걸었다고 한다.

귀족과 학자의 초상도 많이 제작되어 사당에 봉안되었음을 《고려사》
〈열전〉과 문집 등에서 확인할 수 있다. 그중 고려 후기 문신인 안치민安置民
의 초상화 이야기를 보면 사라진 고려시대 초상화가 더욱 아쉬워진다.

안치민의 생몰년은 미상이지만 고려 의종·명종 연간의 문인이었다. 그
는 경주 토박이 관료 집안 출신으로 호는 취수선생醉睡先生이라 하였다. 뛰
어난 문장가로 글씨와 그림에도 조예가 있었는데, 그는 글이란 인륜을 표현
하고 시대와 사회의 교화에 도움이 되어야 한다는 고문정신古文精神을 견지
했다고 한다.

그러다 무신정권이 들어서자 현실 정치와는 거리를 두었고, 농민 반란
이 일어났을 때는 유랑민들이 정착해 살 수 있는 정책을 마련해야 한다는
곧은 의견을 피력했다고 전한다.

최자崔滋의 《보한집補閑集》에 의하면 안치민의 초상을 당대의 이름난 초
상화가 이기李杞, 李琪가 그리고 직접 찬讚을 썼다며 〈취수선생 화상찬畵像讚〉

을 다음과 같이 전하고 있다.

> 유도불행 불여취 有道不行 不如醉
> 유구불언 불여수 有口不言 不如睡
> 선생취수 행화음 先生醉睡 杏花陰
> 세상무인 지차의 世上無人 知此意

> 도가 있어도 행하지 못한다면 술에 취하는 것만 못하고
> 입이 있어도 말하지 못한다면 잠을 자는 것만 못하네
> 선생은 술에 취해 살구꽃 그늘에서 잠들었는데
> 세상엔 이 뜻을 아는 사람이 없다네

이렇게 멋진 찬시가 들어 있었다면 그 초상화 또한 얼마나 멋진 것이었을까.

예나 지금이나 차라리 취수선생이 되고픈 인생이 있을 수밖에 없음을 생각할 때, 이 초상화가 있다면 사람들이 오늘날에도 큰 위안을 받지 않았겠는가. ◆

사람들은 양녕대군 글씨로 믿고 싶어 했다

서울 도성의 남대문인 숭례문崇禮門은 1396년(태조 5)에 서울성곽 건설과 함께 창건되어 1447년(세종 29)과 1479년(성종 10)에 고쳐 지은 것이다. 2008년 2월, 숭례문 방화 사건의 책임을 지고 문화재청장직에서 사임한 나로서는 이에 대해 할 말이 있어도 말할 수 없는 입장이지만 화재의 와중에 현판을 구해낸 것은 그나마 다행이었다. 불길이 문루로 번지기 시작하자 한 사려 깊은 소방관이 현판의 대못을 뽑아내고 바닥으로 떨어뜨려 놓았고, 이것을 당시 문화재청 직원이던 강임산 씨가 밖으로 끌어내어 살린 것이다.

당시 네티즌 중에는 현판을 마구 다루어 떨어뜨렸다고 불만을 표한 이도 있었으나 현판은 길이 3.5미터, 폭 1.5미터에 무게가 자그마치 150킬로그램이나 된다. 끌어내온 현판을 안전한 곳으로 옮기는 데 경찰이 10여 명이나 동원되었다. 멀리서 올려다보기만 했기 때문에 그 크기를 잘 몰랐던 것이다.

숭례문 현판 글씨는 참으로 장대하다. 한 획의 길이가 1미터나 되는 것도 있다. 과연 당대의 명필이 쓴 정중하면서도 품위 있는 글씨라는 느낌을 받게 된다. 어떻게 이렇게 큰 글씨가 균형을 잘 갖추고 획마다 붓 맛이 역력할 수 있을까. 도대체 이 큰 글씨를 어떤 붓으로 어떻게 썼을까 궁금해진다.

유재건劉在建의 《이향견문록里鄕見聞錄》을 보면 대동강 부벽루 현판을 쓴 평양의 명필 눌인訥人 조광진曺匡振이 대자大字를 쓸 때면 절굿공이만 한 붓대에 큰 새끼를 동여매어 이를 어깨에 걸어 메고는 쟁기를 갈듯 큰 걸음으로 걸어다니며 썼다고 한다. 소전 손재형이 육군사관학교 간판인 '화랑대'를 쓸 때는 먹을 잔뜩 갈아 대야에 듬뿍 담아놓고 썼다고 한다. 모두 허투루 말하는 과장이 결코 아니다.

그런데 숭례문 현판의 글씨는 누구의 작품인지 확실치 않다. 양녕대군讓寧大君(1394~1462), 신장申檣(1382~1433), 정난종鄭蘭宗(1433~1489), 유진동柳辰소

(1497~1561) 등 여러 설이 분분하다. 각 설을 보면 다음과 같다.

　가장 많이 알려진 것은 세종대왕의 큰형인 양녕대군이 썼다는 설이다. 이수광李睟光의 《지봉유설芝峯類說》, 이긍익의 《연려실기술》에는 이렇게 전한다.

　　한양 정남쪽 문을 숭례문이라고 하는데, 양녕대군이 현판 글씨를 썼으며 민간에서는 남대문이라 부른다.

　그래서 "글씨의 장려하고 빼어남은 양녕대군의 사람됨을 상상하게 한다"는 전설까지 생겼다. 이 이야기는 고종 때 간행된 인문지리서인 《동국여지비고東國輿地備考》에도 그대로 나와 있어 일반적으로 조선 말기까지 양녕대군의 글씨로 인식되어 왔음을 알 수 있다.

　반면 일찍부터 학자들은 양녕대군 글씨가 아니라는 주장을 펴왔다. 백과전서라고 할 이규경李圭景의 《오주연문장전산고五洲衍文長箋散稿》에서는 이렇게 주장했다.

숭례문. 국보 1호, 서울 중구 소재

숭례문이라는 이름은 삼봉 정도전이 지은 것이요, 그 편액은 세상에 전하기를 양녕대군의 글씨라 하지만 사실은 정난종이 쓴 것이다.

그런가 하면 추사 김정희는 《완당전집》 제7권에서 무슨 근거에서 그랬는지 신장의 글씨라고 말했다. 신장은 조선 초기 문신으로 신숙주의 아버지이다.

숭례문 편액扁額은 곧 신장의 글씨로 깊이 뼛속까지 치고 들어갔고 ……

그런데 조선 후기 학자 정동유鄭東愈가 쓴 백과사전 《주영편晝永編》과 고종 때 영의정을 지낸 이유원의 《임하필기林下筆記》에서는 현판을 유진동이 썼다고 주장했다. 이 주장에 설득력이 있었는지 일제강점기 잡지인 《별건곤》 1929년 9월호에는 "안평대군의 글씨는 오해요, 중종 시대 명필 유진동의 글씨"라는 글이 실려 있다. 숭례문 현판을 유진동이 썼다는 주장은 일찍이 남태응이 《청죽만록》에서 증언한 것임이 훗날 밝혀졌다.

숭례문 글씨는 신장 혹은 양녕대군의 글씨라고 전해왔는데 숙종 때 문을 수리하다 보니 대들보에 유진동의 글씨라고 적혀 있어 이제까지 구전으로 전한 것이 거짓임을 알게 되었다.

이렇듯 각 설이 분분하기 때문에 학자들도 어느 설이 맞다고 의견을 내놓지 못하고 있다. 여러 설을 종합하여 본래는 양녕대군 글씨였던 것을 중건하면서 유진동 글씨로 교체한 것이 아닌가 생각되기도 한다.

그럼에도 사람들에게 가장 오래 그리고 깊게 각인되어 있는 것은 역시 양녕대군의 글씨라는 것이다. 특히 전주이씨 양녕대군파 후손들은 크게 번성하여 조선시대에 많은 인재를 배출하였고, 현대에 들어와서도 이승만 대통령을 비롯하여 많은 명사가 나와 지금도 장관, 국회의원 중에 그 후손이 여럿 있다.

후손들은 숭례문 글씨를 매우 좋아하여 현판 탁본을 가보家寶로 삼고 있다. 대문에 걸려 있는 이 거대한 현판은 탁본하는 것도 보통 일이 아니었으리라.

숭례문 현판 탁본, 서울 지덕사 소장

150여 년 전, 양녕대군의 후손인 이승보李承輔는 경복궁 영건도감의 제조를 맡았을 때 그 일을 기회로 삼아 숭례문 현판을 탁본해두었다. 지금도 서울 상도동에 있는 양녕대군 묘소의 사당인 지덕사至德祠에 보관되어 있다.

숭례문 현판을 복원할 때 지덕사 탁본은 큰 도움이 되었다. 기존에 있던 숭례문 현판은 1960년대 보수할 때 호분, 석간주 등 안료를 칠하면서 글자 획 끝이 뭉개져버려 글씨의 묘미를 상실했는데, 이 탁본 덕분에 원형대로 복원할 수 있었다. 현판 복원 작업에는 중요무형문화재 각자장刻字匠 오옥진과 단청장丹靑匠 홍창원이 참여했다. 우리 시대의 기술로 할 수 있는 최대한의 노력으로 전보다 아름다운 현판을 걸게 되었다.

아울러 숭례문에 대한 상식을 덧붙여둔다. 서울 남대문의 이름을 숭례문이라 한 것은 유교에서 인간의 다섯 가지 덕목으로 일컫는 인仁, 의義, 예禮, 지智, 신信의 오상五常에 근거한 것이다. 이를 오행의 방위에 맞추어 서쪽은 돈의문敦義門, 북쪽은 홍지문弘智門, 동쪽은 흥인문興仁門, 남쪽은 숭례문이 되었고, 서울 한가운데에 종각을 세우면서 보신각普信閣이라 했다. 이때 동대문의 이름을 홍인지문興仁之門 네 글자로 했는데, 풍수상으로 볼 때 서울의 동쪽이 서쪽 인왕산에 비해 약하므로 이를 보완하기 위해 옹성을 두르고 이름도 보강한 것이다. 숭례문은 오행으로 볼 때 남쪽이 '화火'에 해당하며 서울의 풍수상 관악산이 화의 성격이 강하므로 이를 막기 위해 현판을 다른 대문과 달리 세로로 세웠다.

이번에 복구된 숭례문은 크게 두 가지가 달라졌다. 하나는 성곽 일부가 복원된 점이다. 종래엔 숭례문이 섬처럼 동떨어져 있어 서울성곽 남대문으로서의 모습을 보여주지 못했는데 이번 복원에서 숭례문 동쪽에 53미터, 서쪽에 16미터 구간의 성곽이 복원됨으로써 비로소 성곽의 대문다운 모습을 갖추게 되었다.

다른 하나는 숭례문이 원래의 바닥을 다시 찾았다는 점이다. 서울의 현재 지반은 한양 천도 또는 흥선대원군 경복궁 복원 당시에 비해 30~50센티미터 정도 높아져 있었다. 세월의 흐름 속에 흙이 쌓여 지반이 높아졌는데 이런 상태에서 아스팔트가 깔리면서 현재의 지표가 되었다. 그런데 숭례문 복원 때 500여 년 동안 대문을 지나다닌 사람들의 발자국에 닳고 닳아 반들거리는 바닥돌이 나왔다. 그야말로 역사를 간직한 유물이었다. 이 바닥돌에 맞춰 숭례문의 지반 높이를 낮추었다.

이렇게 원 모습에 많이 가까워진 숭례문을 보면서 다시는 그런 불행을 겪지 않기를 비는 마음으로 이 글을 쓴다. ◎

'비'자가 날아간 그 날은
양봉래가 죽은 날이랍니다

한 예술가의 전설에는 그의 예술 세계에 대한 이야기가 담겨 있을 뿐만 아니라 예술이란 무엇인가라는 본질적인 담론도 들어 있다. 한석봉 어머니가 등잔불을 끄고 아들에게 글씨를 써보게 했다는 이야기는 그의 장인적 수련과 단정한 글씨체의 내력을 극명하게 말해준다.

"태산이 높다 하되 하늘 아래 뫼이로다"라는 시조로 유명한 봉래蓬萊 양사언楊士彦(1517~1584)은 안평대군, 석봉 한호, 추사 김정희와 함께 조선시대 4대 명필로 꼽히고 있다. 안평대군은 유려하고 격조 높은 행서行書, 한호는 정확하고 또렷한 해서楷書, 김정희는 강렬한 개성의 추사체로 이름 높았다면, 양사언은 거칠 것 없는 호방한 초서草書가 특기였다.

일명 양봉래라고도 불리는 양사언의 날아갈 듯한 초서는 당대부터 유명하여 '비자설飛字說'이라는 전설을 낳았다. 이 이야기는 그의 문집인《봉래집蓬萊集》말미에 부록으로 실려 있다.

양사언의 본관은 청주이고, 주부主簿 벼슬을 지낸 양희수楊希洙의 후처 아들이었다. 전처가 죽은 후 들어온 후처의 자식은 서자가 아님에도 불구하고 양사언은 서출로 알려졌는데 여기에는 각별한 사연이 있다.

양사언의 아버지 양희수는 천성이 산수 유람을 좋아하였다. 한번은 백두산까지 올라 두루 구경하고 돌아오는 길에 안변安邊을 지날 때 낮참에 말죽을 먹이고자 시냇가의 한 여염집에 들렀다. 마침 어른들은 외출하고 열여섯 살 소녀가 혼자 집을 보고 있었는데, 점심 시중을 들고 말죽을 먹이는 모습이 아주 영리해 보였다. 양희수는 떠나면서 소녀에게 사례를 하려 했으나 접빈객接賓客은 사람의 도리일 뿐이라며 한사코 사양했다. 이에 양희수는 소녀가 더욱 기특하여 감사의 뜻으로 손부채에 달려 있는 향합香盒을 풀어주니 소녀는 이를 두 손으로 공손히 받았다.

오언시, 양사언, 16세기, 종이에 묵서, 41.5×97.0cm, 서강대학교박물관 소장

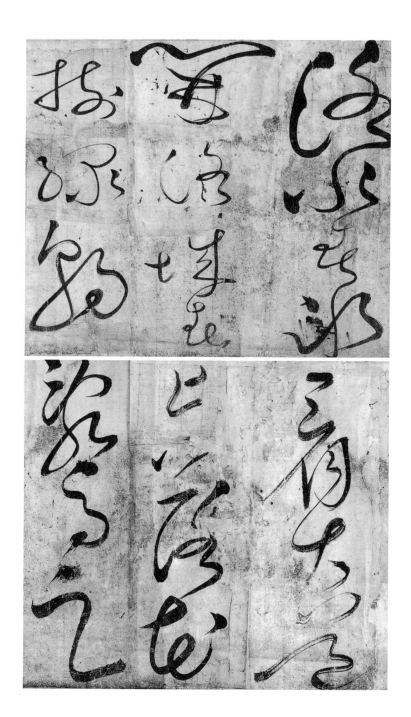

그 후 몇 해 뒤 소녀는 향합을 들고 양희수를 찾아와 "여자의 행실로 남자의 신물信物을 받고 어찌 다른 데로 시집가리오" 하며 기어이 양희수의 집에 눌러앉았다. 당시 양희수는 상처喪妻하였던지라 소녀를 본처가 쓰던 방에 들게 하고 살림을 맡겼다. 처음에는 소녀를 거들떠보지도 않았지만 결국 그들 사이에 아들이 생겼는데 바로 양사언이다.

양사언은 어릴 때부터 용모가 준수하고 총기가 흘러넘쳤다. 세월이 흘러 양사언의 아버지가 세상을 떠났다. 그러자 어머니는 남편이 죽은 지 3일째 되는 날 본처의 아들들을 모아놓고 "이복동생인 양사언을 후처의 자식이라고 차별하지 말라, 이것은 어미의 마지막 부탁이다"라는 유언을 남기고는 자결하였다. 자식의 장래를 위해서는 죽음도 마다하지 않는 것이 조선의 어머니였다. 이 일로 인하여 양사언은 큰 충격을 받고 낭만적 도피증이 생겼다고 한다. 그가 금강산을 자주 유람하고 호를 봉래라 한 것은 이 때문이다.

양사언은 30세 되던 1546년에 문과에 급제하여 여덟 고을의 현감과 군수를 지냈는데 함흥, 강릉, 회양, 안변, 철원 등 모두 금강산 주변의 고을에서만 근무했다. 회양군수로 있을 때는 내금강 만폭동 너럭바위에 그 유명한 '봉래풍악 원화동천蓬萊楓嶽 元化洞天'이라는 여덟 글자를 새겼다. 한때 벼슬을 버리고 외금강 삼일포에서 지낸 적이 있는데 그가 즐겨 올라앉았던 바위를 지금도 '봉래대'라고 부르고 있다.

1564년, 48세 때는 금강산 아래쪽 감호鑑湖(거울못)에 작은 집을 짓고 살았다. 봉래 양사언은 이 집을 비래정飛來亭이라 이름 짓고 현판 글씨를 쓰는데 '날 비飛' 자는 잘되었지만 래 자와 정 자는 좀처럼 맘에 들지 않았다. 그래서 '비' 자만 족자로 해서 걸어놓고 현판은 달지 않았다고 한다. 이 글씨는 대단한 명작이어서 그 소문이 온 나라에 퍼졌다.

1582년, 66세의 양사언은 안변부사로 다시 발탁되어 비래정을 떠나면서 마을 사람에게 집을 지키게 하여 나중에 돌아올 곳으로 삼았다. 그런데 안변에 있는 익조翼祖(태조의 증조부)의 무덤인 지릉智陵에 불이 나는 사건이 발생하여 황해도로 귀양살이를 가게 되었다. 그리고 2년 만에 귀양살이에서 풀려나 다시 비래정으로 돌아오는 길에 그만 객사하고 말았다. 향년 68세였다.

한편 비래정 빈집은 여전히 마을 사람이 지키고 있었다. 그런데 어느 날 금강산의 계절풍인 금강내기가 불어닥쳐 서재 문이 열리면서 돌풍이 책이며, 집기며, 족자며 사정없이 휩쓸고 날아갔다. 집을 지키던 사람이 황급히 물건들을 주워 모아 책들은 다 건졌는데 '비' 자 족자만은 바다 쪽으로 끝없이 날아가 결국 찾지 못했다.

그러고 난 뒤 양사언의 한 친구가 '비' 자가 보고 싶어 비래정을 찾아왔다. 마을 사람이 족자가 돌풍에 사라진 얘기를 자세히 전하자 친구는 그날이 언제였냐고 물었다. 이에 날짜가 몇 월 몇 날이라고 알려주니 친구는 손가락으로 꼽아본 뒤 '비' 자가 없어진 날은 바로 양사언이 죽은 날이라고 했다. 양사언의 혼과 함께 사라진 것이었다.

양사언의 비자설은 우리에게 예술이란 무엇인가라는 예술론적인 물음을 다시금 생각하게 한다. 예술에 대한 가장 고전적인 정의는 미적대상론美的對象論에 입각한 '자연의 모방'이다. 근대적인 정의로는 미적체험론美的體驗論에서 "예술은 표현이다"라는 주장이 나왔다. 그리고 현대미학에서는 미적상관론美的相關論과 함께 "예술은 이미지image다"라고 말한다.

그렇다면 양사언의 전설이 말하고 있는 예술론은 무엇인가. 그것은 "예술은 혼魂이다", 유식하게 말해서 "예술은 에스프리esprit다"라는 것이다. 봉래 양사언의 전설은 오늘의 예술인들에게 이렇게 말하고 있다.

혼이 담기지 않은 작품은 예술이 아니다. ◎

그대 가시는 길에
버들가지 꺾어 바치노니

묏버들 가려 꺾어 보내노라 님의 손에
주무시는 창밖에 심어두고 보옵소서
밤비에 새잎 나거든 나인가도 여기소서

이별의 마음을 간절하게 담은 이 시조는 16세기 선조 때 함경도 기생인 홍
랑洪娘이 임과 헤어지면서 지은 시조다. 홍랑은 이 시조 한 수로 황진이, 매창
과 함께 조선시대 삼대 여류 시인으로 손꼽히고 있다.

홍랑은 함경도 홍원 출신으로 경성鏡城 관아에 소속된 재색을 겸비한 관기
官妓였다. 본래 홀어머니와 살았는데 열두 살 때 어머니가 병석에 눕자 꼬박 사
흘 밤낮을 걸어 80리 떨어진 곳의 명의를 찾아가 모셔왔으나 어머니는 이미
돌아가신 후였다고 한다.

동네 사람들의 주선으로 장례를 치른 뒤 홍랑은 석 달 동안 어머니 무덤을
지켰다. 이를 지켜본 의원은 홍랑이 기특하여 자신의 집에서 살라고 했으나 홍
랑은 타인에게 신세지지 않고 살 수 있는 길을 찾다가 기적妓籍에 들어가 경성
의 관기가 되었다.

경성은 요즘으로 치면 함경도의 도청 소재지로 함경도라는 명칭은 함흥과
경성에서 나온 것이다. 경성은 특히 변경의 요충지로 병마절도사兵馬節度使의
지휘 아래 군대가 주둔하고 있었다. 관기들은 군사들의 빨래, 바느질 등의 일
을 도와주어 방직기房直妓라고도 불렀다.

병마절도사 밑에는 북평사北評事라는 고위 관리가 파견되는데 1573년 최
경창崔慶昌(1539~1583)이 이곳으로 부임해 오면서 홍랑과의 사랑이 시작되었다.
최경창은 전라남도 영암 구림마을 태생으로 호는 고죽孤竹이라 했다. 1568년
문과에 급제한 인재로 학문과 문장에 능하여 율곡 이이, 송강 정철, 간이당 최

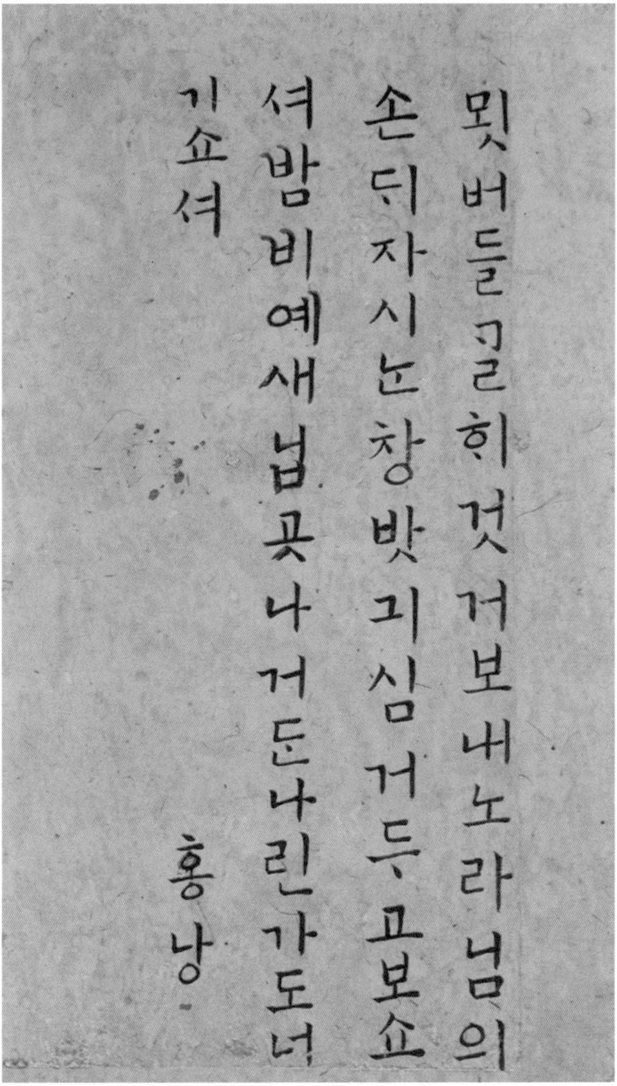

묏버들 골히 것거 보내노라 님의
손디 자시 눈 창밧긔 심거 두고 보쇼
셔 밤비예새 닙곳 나 거든 나린가도너
기쇼셔

홍낭.

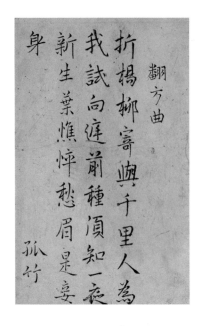

립 등과 어깨를 나란히 하였다. 특히 음률에 뛰어났다고 한다. 과거 급제 5년 뒤인 35세에 북평사로 부임하여 이내 홍랑과 사랑을 나누게 되었다. 최경창은 홍랑의 기예에 반했고 홍랑은 최경창의 학예를 존경하여 성심으로 모셨다.

그러나 이 사랑은 시한부일 수밖에 없었다. 이듬해 북평사 임기가 다되어 최경창은 서울로 돌아가게 되었다. 홍랑은 서울로 가는 최경창을 배웅하기 위해 태산준령을 넘어 따라갔으나 함관령咸關嶺 고개에 이르러서는 더 이상 갈 수 없었다. 당시에는 함경도와 평안도 지역 주민의 도성 출입을 제한하는 '양계의 금[兩界之禁]'이 있었다. 이때 홍랑이 사무치는 사모의 정을 담아 바친 이별의 시가 앞에서 읊은 시조이다. 최경창은 이를 한역하여 〈번방곡飜方曲〉을 지었다.

묏버들 꺾어 천 리 먼 곳 임에게 보내노라	折楊柳寄與千里人
나를 위해 뜰 앞에 심어놓고 보소서	爲我試向庭前種
행여 밤비에 새잎 돋으면 알아주소서	須知一夜新生葉
초췌하고 수심 어린 눈썹은 첩의 몸임을	憔悴愁眉是妾身

서울로 돌아와 최경창은 예조좌랑이 되었으나 홍랑을 잊지 못하여 병석에 눕고 말았다. 상사병이었다. 이 소식을 들은 홍랑은 '양계의 금'을 무릅쓰고 곧바로 서울로 달려와 최경창을 간호하였다. 최경창은 곧 회복하였고 사간원 정언이 되었다. 그러나 당파 싸움에서 반대파들이 최경창이 함경도 기생을 첩으로 두고 산다는 것을 문제 삼고 나왔다.

결국 1576년 봄, 사헌부에서는 그의 파직을 상소하기에 이르렀다. 당시는

번방곡. 최경창, 16세기, 종이에 묵서, 23.0×13.8cm, 개인 소장

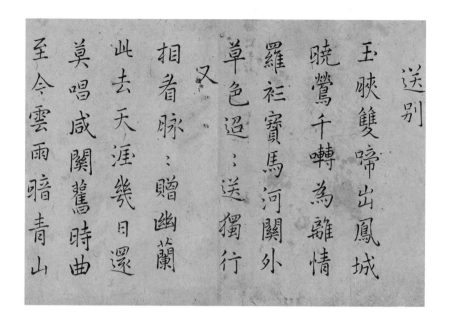

마침 명종 왕비인 인순왕후의 국상 중이었다. 결국 최경창은 지방(영광군수)으로 좌천되었고 홍랑은 함경도 경성으로 돌아가게 되었다. 이때 최경창은 이별의 시를 지었다.

말없이 마주 보며 그윽한 난초를 주노라　　相看脈脈贈幽蘭
오늘 하늘 끝으로 떠나고 나면 언제 돌아오리　此去天涯幾日還
함관령에 올라서 옛 노래를 부르지 마라　　莫唱咸關舊時曲
지금까지도 비구름에 청산이 어둡나니　　　至今雲雨暗靑山

　옛날 함관령에서 이별할 때 홍랑이 버드나무 가지를 꺾어보낸 것에 화답하여 난초를 보낸다는 것이었다. 그렇게 홍랑을 떠나보낸 뒤 최경창은 지방관을 사직하고 쓸쓸히 지냈다. 그러다 가난에 시달려 어쩔 수 없이 대동역大同驛 찰방이라는 낮은 벼슬을 받아 나아갔다. 그리고 1582년엔 선조로부터 함경도 종성 부사로 특임되었다. 최경창이 인근 고을 경성에 있는 홍랑을 다시 만날 절호의

송별. **최경창**, 16세기, 종이에 묵서, 23.0×31.5cm, 개인 소장

萬曆丙子夏 孤竹病人
贈之

官洪娘点還其土於其別書以
如平日人多以此言之者遂免
禁且遭　國恤練難已過非
七晝夜已到京城時有兩界之
床褥洪娘聞之即日發行凢
疾病沉綿自春徂冬未離
余其後音問相絶歲乙亥余
日昏兩暗乃作歌一章以寄
及雙城而別還到咸關嶺值
翌年春余歸京師洪娘追
事赴幕洪娘隨在幕中
萬曆癸酉秋余以北道評

기회를 얻은 것이다. 그러나 조정에서 그의 갑작스런 승진이 문제되자 1583년 성균관 직강으로 명이 바뀌어 서울로 상경하게 되었는데 도중에 갑자기 객사하고 말았다. 불과 45세였다.

최경창의 사망 소식에 홍랑은 파주에 있는 묘소 앞에 움막을 짓고 3년 동안 시묘살이를 했다. 다른 남자들의 접근을 막기 위해 몸을 씻거나 꾸미지도 않았고 자신의 얼굴에 칼자국을 내어 추악하게 만들었다. 숯을 삼켜 말도 제대로 할 수 없게 되었다고 한다. 전하는 이야기로 둘 사이에는 즙이라는 아들이 하나 있었다고도 한다. 임진왜란이 발발하자 홍랑은 최경창의 집으로 달려가 그의 글과 글씨를 거두어 잘 보관했다가 전란이 끝난 뒤 최씨 집안에 전달하였다. 그리고 다시 최경창의 묘 앞에서 살다 생을 마쳤다고 한다. 이후 최씨 가문에서는 홍랑을 최경창의 묘소 바로 아래 묻어주고 시제도 올린다고 한다.

이런 아련한 사연이 깃든 홍랑의 시조 친필 원본이 2000년 가을, 세상에 공개되었는데 여기에는 1935년에 가람 이병기가 위창 오세창의 집에서 이 작품을 보고 쓴 친필 감정서가 들어 있었다. 가람의 한글 글씨 또한 품격이 높다.

최경창 송별시 발문, **최경창**, 16세기, 종이에 묵서, 23.0×30.5cm, 개인 소장

咸關嶺(咸興과 洪原과의 境界에 잇는 재)비
이르러 날은 저물고 비는 오는데 지
은 것이니。 그대강을 말하면 山버들
이나 내대신 꺼끼어 님의 앞에 보내노
니 지무시는 房門밖에 심거두고 이
밤비에 새로운 닙새가 나거든 그글고
저버들님모이라 하시지 말고 곳이몸과
같이 보시오 한것이다。
이는 그 原歌가 翻方曲이란 漢詩보다
도 낫게 되었다。 懇曲하고 深切한 그
惜別의 뜻이 言辭에 넘친다。 從來
詩歌에도 贈折柳와 같은것이 없는건
아니나 이건 그런걸 그대로 踏襲한
것이 아니고 새로운 한 作品이다。 優
秀한것이다。 한 보배이다。
乙亥季冬 嘉藍書

그 원가原歌가 번방곡이란 한시보다도 낫게 되었다. 간곡하고 심절深切한 그 석별의 뜻이 언사에 넘친다. 종래 시가에도 증절유贈折柳(버들가지 꺾어드리는 것을 말한다)와 같은 것이 없는 건 아니나 이건 그런 걸 그대로 답습한 것이 아니고 새로운 한 작품이다. 우수한 것이다. 한 보배이다.

을해 계동季冬 가람 서.

홍랑의 절유시는 내용도 내용이지만 글씨가 참으로 단아하고 기품이 있다. 본래 한글 서예 작품은 드문 편이고 특히 임진왜란 이전 한글 글씨는 아주 귀해서 목판 인쇄본으로나 볼 수 있었다. 여성의 한글 글씨는 언문諺文 내간체內簡體라고 하는 편지 글씨체가 있고, 궁체宮體라고 해서 멋지게 공글린 글씨도 있다. 그러나 홍랑의 글씨는 그 어느 것과도 다르다. 필획 굵기에 변화가 없어 정중한 예서체 맛이 담겨 있다. 그래서 소박하면서도 애틋한 분위기가 살아난다.

오늘날 파주시 교하읍 다율리, 최경창과 홍랑의 묘소 앞에는 최경창의 〈번방곡〉과 홍랑의 〈절유시〉를 새긴 시비詩碑가 세워져 있다. ◎

시골 수령으로 보내노니 편히 글씨 쓰며 지내시오

세상엔 한석봉을 모르는 사람도 없지만 아는 사람도 없고, 추사를 모르는 사람도 없지만 추사를 아는 사람도 없다고 한다. 이는 우리 문화유산, 특히 서예문화가 얼마나 대중과 멀리 있는가를 단적으로 지적한 말이다.

한석봉에 대해서는 어려서 글씨 공부하던 중도에 집에 왔을 때 떡을 팔며 살아가던 어머니가 등잔불을 끄고 시험해보자고 하여 다시 돌아가 글씨 공부를 하였다는 유명한 일화를 기억하는 정도이다. 그러나 그가 어떤 글씨를 썼고, 왜 유명하고, 그의 명작이 어디에 어떻게 남아 있는지에 대해서는 일반인에게 잘 알려져 있지 않다.

선조 연간에는 여말 선초부터 유행하던 송설체가 주류를 이루었는데 당대의 명필 한석봉은 이를 왕희지체로 전환시킨 장본인이다. 송설체는 균정미均整美가 있는 대신 유약한 면이 있는 데다 하나의 서체가 근 200년간 유행하다 보니 글자들이 판에 박은 듯 변화가 없었다. 이에 서체의 변혁을 요구하는 시점에서 고전적인 왕희지의 글씨를 배운 한석봉이 등장한 것이다. 한석봉을 당대의 서예가로 키운 것은 선조의 한없는 사랑과 지원이었다.

석봉石峯 한호韓濩(1543~1605)의 본관은 청주이고 자는 경홍景洪이다. 그의 5대조는 군수를 지냈지만 집안이 쇠퇴하여 아버지 때부터 개성에 살아 개성에서 태어났다. 태몽이 왕희지가 글씨를 주는 꿈이었다고 하며 점쟁이가 명필이 될 것을 예언했다고 한다.

석봉은 1567년(명종 22), 25세의 나이로 진사시에 합격했으나 아전 집안 출신이어서 문과에 응시하지 못하고 승문원承文院 사자관에 발탁되면서 글씨로 이름을 얻었다. 승문원은 중국과의 외교문서와 임금의 서한, 어람용 책을 정서하는 업무를 관장하던 곳이다. 그는 내색하지 않았지만 시도 잘 지었다고 한다. 특히 이태백을 좋아하여 유작 중에는 이태백 시를 옮겨 쓴 것이 많이 있다.

행주대첩비 탁본(부분), 한호, 17세기 초, 비석 크기: 178×82×18cm, 경기도 고양시 소재

子之奏有　　　　欽遣鴻臚寺官宣諭本

非碑之所以重輕可畧也公字彥愼系

郎官超堂上竟以儒將顯應官無多立

有宦咎無男子子葵在京城西之洪福

善大夫同知中樞府事　崔　岦　誤

訓大夫行加平郡守　　韓　濩　書

衝將軍行大護軍知製教金尚容篆

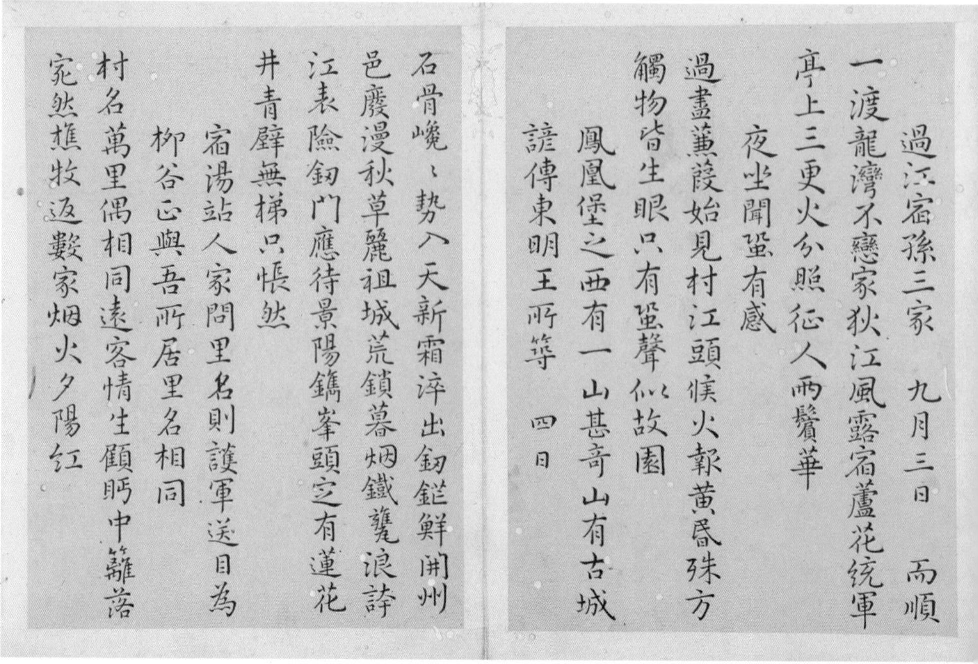

過江宿孫三家 九月三日 丙順
一渡龍灣不戀家狄江風露宿蘆花統軍
亭上三更火分照征人兩鬢華
夜坐聞蛩有感
過盡蒹葭始見村江頭候火報黃昏殊方
觸物皆生眼只有蛩聲似故園
鳳凰堡之西有一山甚奇山有古城
諺傳東明王所築 四日
石骨巉巉勢入天新霜淬出劍鋩鮮開州
邑廢漫秋草麗祖城荒鎖暮烟鐵甕浪詩
江表險劍門應待景陽鐫峯頭定有蓮花
井青壁無梯只悵然
宿湯站人家問里名則護軍送日爲
柳谷正與吾所居里名相同
村名萬里偶相同遠客情生顧眄中籬落
宛然樵牧返數家烟火夕陽紅

선조는 석봉의 글씨를 좋아하고 그를 평생 돌봐주었다. 석봉을 총애하여 그가 중년에 공들여 쓴 작품 대부분을 궁궐로 들이고 여러 차례 특별한 선물을 하사했다. 자신이 소장한 특상품 벼루 원석을 주면서 잘 다듬어 사용하라고도 했다. 미천한 출신의 석봉이 호조정랑, 가평군수까지 올라갈 수 있었던 것은 선조의 배려였다. 많은 사람들이 이를 질시하였지만 간이당 최립, 월사 이정구, 허균 등은 석봉의 재능을 아끼며 적극 지지하였다. 석봉은 인복이 많았는데 자신의 인품과 재능으로 얻은 바였다. 간혹 석봉의 글씨를 낮추어 보는 것에 대해 간이당 최립은 통렬히 비판하며 이렇게 옹호했다.

말세末世의 습속을 보면, 남의 평가를 귀동냥한 것만 소중히 여기고 자신이 직접 본 것은 천시하며 믿지 못하는 경향이 있다. 게다가 우리나라의 풍속은 문벌門閥만을 따져 평가하기 때문에 석봉의 글씨도 잘못된 비평을 받는

간이당 연행시, 한호, 16세기 후반, 종이에 묵서, 각 26.0×19.5cm, 개인 소장

때가 있다. 그럴 때 석봉은 마음속으로야 그런 비평에 흔들리지 않겠지만, 겉으로는 수긍하는 척하였다.

일찍부터 나는 석봉에 대한 이런 세태를 분하게 여겨왔다. 사람들은 석봉의 손에서 그 작품이 나왔다는 것을 알기 때문에 멋대로 비평을 가했던 것인데, 만약 왕희지의 법첩法帖을 임서臨書한 석봉의 글씨를 금석金石에 새겨 왕희지의 작품과 뒤섞어 전한다면, 과연 그것을 제대로 구별해낼 사람이 있을까 의심스럽다.

석봉은 수많은 비문을 썼다. 〈서경덕 신도비徐敬德 神道碑〉, 〈사명대사 석장명비四溟大師 石藏銘碑〉, 〈행주대첩비〉는 그때나 지금이나 명비名碑로 꼽히며, 경주 옥산서원의 〈구인당求仁堂〉, 〈계정溪亭〉 같은 현판 글씨는 대자이면서도 단아하고 중후한 멋을 간직하고 있다.

세간에 전하는 석봉의 많은 서예 작품들은 한결같이 필획이 굳세고 형태가 아름다우며 조금의 흐트러짐이 없어 글씨를 잘 모르는 사람도 충분히 감동한다. 간이당 최립의 〈연행시燕行詩〉를 옮겨 쓴 석봉의 글씨를 보면 그의 글씨체가 얼마나 아름다운지 한눈에 알 수 있다.

그중에서도 서예사적으로 가장 큰 의의를 지닌 것은 《천자문千字文》이다. 본래 천자문이란 어려서부터 배우는 글씨의 교과서이기 때문에 대가가 아니면 쓰지 못한다. 어느 원로 서예가가 "나도 한번 천자문을 써볼까"라고 했다면 자신의 서체에 어느 정도 자신감이 붙었다는 얘기다.

1583년(선조 16) 41세의 석봉은 선조에게 《해서 천자문》을 쓰라는 명을 받았다. 그리고 이 글씨는 임진왜란이 끝나고 1601년에 궁중에서 목판으로 간행되었다. 그것이 지금도 서예 입문자의 교과서로 쓰이는 《석봉 천자문》이다. 석봉은 55세 때 《초서 천자문》도 썼다.

석봉은 다섯 차례나 중국 사행에 동행하여 중국에서도 명필로 알려지게 되었다. 1572년(선조 5)에는 정유길, 1582년(선조 15)에는 이이가 사신으로 갈 때 사자관으로 동행하였다. 임진왜란이 일어나 명나라와 외교문서가 빈번하게 오갈 때 이를 도맡아 썼으며, 원군을 청하러 주청사奏請使가 파견될 때도 사자관

으로 동행했다. 이때 석봉의 글씨를 본 명나라의 저명한 서예가이자 학자인 왕세정은 "성난 사자가 돌을 헤치는 것 같고, 목마른 천리마가 물로 달려가는 것 같다"라고 평가했다. 명나라 사신 주지번 또한 "왕희지, 안진경과 우열을 다툴 만하다"라고 격찬했다.

1592년 임진왜란이 일어났을 때 석봉은 의주까지 선조를 호종扈從하였고, 이듬해에는 호조정랑으로 특임되어 주청사로 가는 간이당 최립을 따라 중국에 다녀왔다. 이런 연유로 석봉은 최립의 연행시를 쓰게 된 것이다. 정유재란이 끝난 1599년, 57세 때는 가평군수를 제수받았다. 글씨에 매진할 수 있도록 선조가 기회를 준 것이다. 선조는 부임하는 석봉에게 이렇게 말했다.

내가 그대에게 간곡히 요구하는 것은 그대의 필법을 후세에 전하고자 함이니 지쳐 있을 때는 억지로 쓰지 말고 그렇다고 게을리하거나 서두르지도 말라.

석봉 천자문, 한호, 1650년, 목활자본, 42.8×28.5cm, 호림박물관 소장이때 선조는 '취리건곤 필탈조화醉裏乾坤 筆奪造化' 여덟 글자를 친필로 써주었다고 한다. 한때 석봉은 사헌부로부터 탄핵을 받았지만 선조의 적극적인 비호로 화를 면했고, 61세(1603) 때는 금강산 고을인 흡곡현령으로 나아갔다. 이때 간이당 최립은 인근에 간성현감으로 있었다. 그 무렵 월사 이정구가 함경도에서 일을 마치고 돌아오면서 최립과 함께 금강산을 유람하고 돌아왔다. 석봉은 동행하지 못한 것을 못내 섭섭해하며 간성으로 최립을 찾아가 그의 〈유금강산기〉를 정성껏 필사해주었는데 그것이 지금도 전한다.

62세(1604) 때 석봉은 임진왜란 동안의 공적을 포상하는 선무공신 교서宣武功臣 敎書를 쓰는 작업에 참여하였다. 엄청난 일감이었다. 그리고 63세(1605)에 허난설헌의 〈광한전 백옥루 상량문廣寒殿 白玉樓 上樑文〉을 써주었는데 이 작업을 마치고 한 달 후에 세상을 떠났다. 선조는 석봉의 병이 위독해지자 어의를 보내주었으며, 그가 세상을 떠나자 오랫동안 애도했다고 한다.

월사 이정구는 〈한석봉 묘갈墓碣〉을 쓰면서 이렇게 추모했다.

대저 선비로서 재예才藝를 품고 드러난 은총을 도모하는 자는 수없이 많으나, 더러는 남에게 빼앗기고 더러는 오점을 남기어 끝까지 완벽하게 제 몸을 보존하고 군주의 은총을 유지하는 자가 드무니, 한때의 화려한 공명도 그저 파리 같은 일생일 뿐이다. 죽은 뒤에야 누가 알아주겠는가?

그러나 한석봉은 초야에서 몸을 일으켜 세 치의 붓대를 잡고 임금과 세상에 드문 만남을 맺어 권력을 쥐고 있는 자도 이간질할 수 없었고, 헐뜯기에 이골이 난 사람도 감히 비난할 자가 없이 찬란하게 일생을 마치어 명성을 후세에 남기었으니, 역시 위대하도다. ……

살아서 받은 은총과 누린 영광 어찌 재상의 존귀함만 못하다고 하겠으며, 그의 이름 죽어서도 없어지지 않을 것인데 그 누가 장수하지 못하였다 할 것인가.

아, 한석봉이여! 없어지지 않을 것은 그대의 이름이로다. ◎

계면조를 연주하면 글씨가
슬퍼지는 것만 같았다

조선 후기 회화에서 진경산수가 일어날 때 글씨에서는 고유색이 강한 조선풍의 동국진체東國眞體가 출현했다. 동국진체는 옥동玉洞 이서李漵(1662~1723)와 그의 벗인 공재 윤두서가 시작하여, 공재의 이질姨姪인 백하白下 윤순尹淳(1680~1714)이 이를 이어받았고, 백하의 제자인 원교員嶠 이광사李匡師(1705~1777)에서 완성되었다. 옥동과 원교는 각기 '필결筆訣'을 지어 그 이론적 배경을 밝혔다.

이런 뚜렷한 예술정신과 계보를 갖고 있건만 동국진체는 미술사에서 높은 평가를 받지 못하고 있다. 그 이유는 동국진체가 보여준 예술적 경지가 진경산수에서 겸재 정선이 보여준 높은 수준에 다다르지 못했다는 평가 때문이다. 게다가 추사 김정희가 원교의 필결을 비판하면서 원교 이광사를 아예 글씨를 망쳐놓은 장본인으로 지목하여 치명적인 타격을 받았다.

추사의 원교 비판이 공정한 것이었다고 말하기는 힘들다. 추사가 그렇게 혹독한 비판을 가한 것은 원교보다도 원교의 영향력에 대한 비판이었다. 추사는 원교가 죽고 20년이 지나서야 태어났다. 그럼에도 세상은 아직도 원교의 글씨를 편찬한 《대동서법大東書法》이라는 목판본을 서예 교과서로 삼아 점점 낙후된 시골 글씨로 전락해가기에 이를 비판했던 것이다.

원교 이광사는 참으로 불우한 일생을 살았다. 자는 도보道甫이며, 서울 서대문 밖 둥그재에서 살았기 때문에 원구圓丘라고도 했다. 판서 이경직의 현손이고, 판서 이정영의 증손이며, 할아버지와 아버지 모두 높은 벼슬을 한 소론의 명문가 출신이었지만, 영조 때 소론이 세력을 잃어버리면서 벼슬길이 막혀 오로지 학문과 글씨에만 전념하였다. 학문은 정제두에게 양명학을 배웠고, 글씨는 백하 윤순의 동국진체를 이어받았다.

그러던 1755년(영조 31) 원교 나이 51세 때 누군가 나주 객사에 불온한 글

을 붙인 나주벽서사건이 일어났다. 이는 윤지가 주동한 소론의 역모임이 밝혀졌고 수많은 사람이 처형되었다. 원교도 여기에 연좌되어 의금부에 갇히게 되었다. 이때 그는 하늘을 우러러 통곡하며 "뛰어난 재주를 품고 있으니 목숨을 살려주기 바랍니다"라고 하였다고 한다.

하늘이 도왔는지 원교는 목숨을 구해 함경도 부령으로 유배되었다. 그때 원교의 학문을 흠모하는 많은 사람들이 모여들어 귀양지에 제자가 30명이나 되었다고 한다. 그러자 조정에서는 이듬해 원교를 전라도 완도군 신지도로 이배시켜 버렸다. 원교는 그곳에서 20여 년 동안 유배 생활을 했고 끝내 풀려나지 못하고 73세로 일생을 마쳤다.

이런 이력의 소유자였기 때문에 원교에 대해 전하는 것은 글씨뿐이다. 그는 스승 백하 윤순의 필체를 이어받았지만 귀양살이를 하면서 점차 서법을 달리해갔다. 백하는 전적으로 왕희지를 따랐지만 원교는 여기에 소동파와 미불의 서법을 가미했다. 유배객의 울적한 마음을 담아내는 데 유리했기 때문이었을 것이다. 소동파와 미불의 글씨는 자태보다 획에 서예가의 의意가 들어간 것을 특징으로 한다. 그래서 황운조黃運祚는 이렇게 말했다.

세상 사람들이 원교 글씨의 놀라운 면을 많이 헐뜯는데, 내 생각으로는 그의 기걸한 기질로 액운이 쌓임을 만났으니 반드시 편안하지 못한 심기가 붓끝에서 울려나온 것이다.

원교의 글씨는 모양새뿐만 아니라 획 하나하나에도 울림과 기세가 등등하여, 때로는 '계곡물이 졸졸 흐르는 듯' 친근하고 때로는 "겨울눈이 쏟아지는데 사냥꾼이 말을 치달리는 듯하다"는 평을 받기도 했다. 혹자는 "용이 날고 호랑이가 뛰는 듯한 기상이 바탕에 있다"고 하였다. 이규상은 〈서가록書家錄〉에서 이렇게 증언했다.

어떤 사람이 전하기로 원교는 글씨를 쓸 때에 노래하는 사람을 세워두고 노랫가락이 우조羽調면 글씨에도 우조의 분위기가 있었으며, 노랫가락이 평

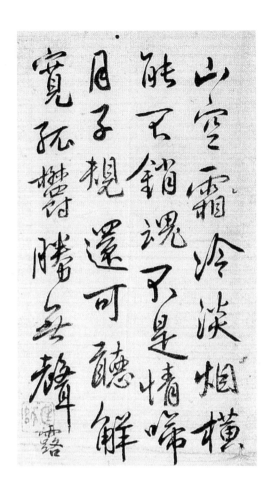

조平調일 경우에는 글씨에도 평조의 분위기가 서려 있었다고 한다. 그렇다면 그의 글씨가 추구하는 바는 기氣라고 할 수 있다.

원교 글씨의 특징은 결국 여기서 나왔다. 이규상은 〈서가록〉에서 원교와 백하를 이렇게 비교했다.

백하는 전적으로 글자의 구성을 위주로 하고, 원교는 전적으로 획을 위주로 하였다. 백하는 방법方法보다 원법圓法을 즐겨 구사하고, 원교는 원법보다

행서(천금첩 중), 이광사, 18세기, 종이에 묵서, 19.8×9.6cm, 개인 소장

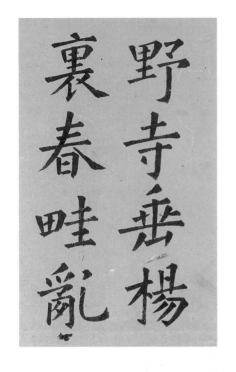

방법이 많다. 백하의 글씨는 자태가 좋고 원교의 글씨는 기세가 좋다. …… 그래서 백하는 비록 초서라 하더라도 온화하고 단정한데, 원교는 비록 해서라도 반드시 우울한 심기를 떨치듯 삐뚤다.

원교는 20년 귀양살이 동안 무수히 많은 서예 작품을 남겼다. 당시에 병풍, 족자, 서첩 등은 물론이고 비문과 묘지를 써달라는 요구가 많았다. 전라도 지방 사찰에서도 현판을 써달라고 하여 대흥사, 천은사, 백련사 등에 그의 글씨가 지금도 남아 있다. 이규상은 이런 상황을 다음과 같이 전하고 있다.

원교의 귀양살이 집에는 아예 날을 택해 글씨 장이 섰다고 한다. 장이 서면 소매에 명주와 종이를 넣고 앞으로 나오는 자가 담장을 쌓고 마루에 찰 정도였다. 그는 하루 종일 붓을 휘둘렀는데 붓놀림이 마치 몰아치는 찬바람에 소나기가 내리듯 일대 장관이었다. 응수하다가 피곤해지면 간혹 제자 가운데 자신과 흡사하게 글씨를 쓰는 자에게 대신하게 하고 자신의 인장을 찍기도 하였다. 이 때문에 가짜 작품도 세상에 많이 돌아다니게 되었다.

원교의 글씨는 각체가 들어 있는 《천금첩千金帖》이 명작이다. 귀양살이 중에도 원교는 자식을 잘 키웠다. 큰아들 이긍익은 큰 학자가 되어 《연려실기술》이라는 명저를 남겼고, 작은아들 이영익李令翊은 도장을 '원교지자員喬之子'라고 새길 정도로 그의 글씨를 이어받았으나 나이 마흔에 세상을 떠났다. 《천금첩》

해서(천금첩 중), 이광사, 18세기, 종이에 묵서, 22.3×13.5cm, 개인 소장에는 이영익의 글씨도 실려 있다.

원교는 유배지 부령에서 딸을 낳았는데 신지도로 이배될 때 데리고 와 키워서 섬사람에게 시집보냈다고 한다. 딸 이주애李珠愛는 비록 서녀庶女지만 총명하여 홀로 원교의 글씨를 전수받아 빼어난 경지에 이르러, 원교가 "내 재주를 물려받은 것은 주애다. 영익은 그 애만 못하다"라고 했다고 한다. 청성 성대중도 일찍이 친구 집에서 이영익과 이주애가 함께 쓴 서첩을 보았는데, 과연 이주애가 나았다고 하였다.

순례자는 말한다. 돌이켜보건대 원교는 불우한 삶 속에서 오직 글씨에 전념하여 동국진체의 마지막 서예가가 되었다. 그러나 글씨의 본질을 뚫고 들어가는 탐구와 피눈물 나는 수련을 계속하지 못하고 자신의 울적한 심사를 실어내는 데 더 마음을 썼다. 그것이 그의 예술적 한계였다. 그리고 귀양살이 20년은 너무 긴 세월이었다. 원교의 글씨에도 매너리즘이 생길 수밖에 없었다. 더욱 불행한 것은 원교 자신도 세상도 그의 예술에 이미 만족하고 있었고 그를 더 높이 끌어올리는 비평도 없었다는 점이다.

그것은 똑같이 귀양살이를 했어도 서예의 본질을 더욱 연마하여 "추사체는 귀양살이 이후에 완성되었다"라는 평을 받는 추사 김정희와의 다른 점이었다. 추사가 비판한 것은 원교 이광사의 매너리즘과 그 아류였던 것이다. ◎

예서(천금첩 중), **이광사**, 18세기, 종이에 묵서, 22.2×11.7cm, 개인 소장

39. 다산 정약용
《다산시첩》·〈매조도〉

저 흐트러짐 없는 글씨에서 그분의 인품을 본다

　몇 해 전에 지식인을 상대로 한 여론조사에서 '가장 존경하는 학자'를 뽑은 결과 다산茶山 정약용丁若鏞(1762~1836)이 압도적으로 많았다는 보도가 있었다. 다산이 많은 표를 받은 것은 무엇보다도 그의 실학적인 자세와《여유당전서與猶堂全書》500여 권을 남긴 학문적 업적 때문이겠지만 한편으로는 인간적인 면에 대한 존경도 없지 않았을 성싶다. 다산 다음으로 많은 표를 얻었다는 퇴계 이황과 율곡 이이는 사상가적 이미지가 강하여 마음으로 다가가기 어렵고, 연암 박지원과 추사 김정희는 문장가·예술가의 이미지가 강하여 다산만큼 친근하게 느껴지지 않았을 것이다.

　그러나 사람의 마음이란 묘해서 다산처럼 살겠냐고 물으면 그의 유배 생활 18년 때문에 머뭇거리지 않을 수 없다. 그러면서 다산은 긴 유배 기간이 있었기에 그의 학문과 사상을 정리할 수 있었다고들 말한다. 다산에게 유배란 '강요된 안식년' 같은 면이 있다고 말하는 분도 있다.

　실제로 다산은 유배 초기에《주역》,《중용》등 고전을 찬찬히 다시 읽으면서 주석을 달았고, 유배 마지막 5년에는《경세유표經世遺表》,《목민심서牧民心書》,《흠흠신서欽欽新書》등 이른바 1표2서를 저술하였다. 그것은 18년 유배 기간이 아니면 어려운 일이었다.

　그러나 유배 기간에 남긴 다산의 업적이란 세월이 지난 후 결과를 두고 하는 이야기이고, 귀양살이 하루하루는 유배객의 외로움으로 가득했다. 그의 아픈 마음은 박석무가 편編한《유배지에서 보낸 편지》에 잘 나타나 있다. 유배객의 외로움이란 가족과 벗 그리고 고향에 대한 그리움이다. 다산은 이런 심정을 수많은 시로 읊었다. 간혹은 그림과 글씨에 그 마음을 담았다.

　다산 정약용은 아주 깔끔한 사람이었다. 사회적 처신도 그렇고, 일상생활에서의 태도도 그러했으며 특히 글씨는 정갈하다 못해 흐트러짐이 없었다. 유

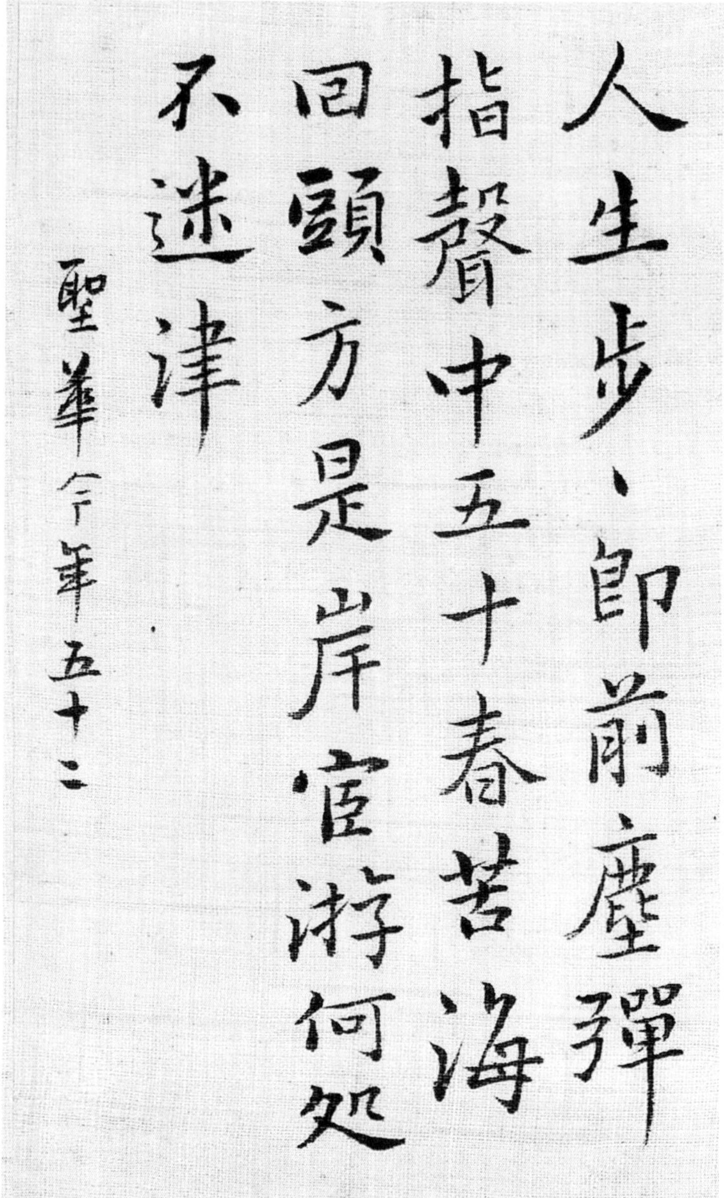

人生步步即前塵彈
指聲中五十春苦海
回頭方是岸宦游何處
不迷津

聖華今年五十二

배 중에 입었던 옷이 다 닳아 해어지면 그것을 잘라서 첩으로 만들어 시도 쓰고 글씨도 썼다. 그렇게 만들어진 서첩과 시첩이 여러 폭 전하는데 지금 보아도 풀을 먹여 다림질한 흔적이 역력하다. 그중 동갑내기 벗이었던 이성화李聖華를 그리며 쓴 12폭 시첩은 시, 글씨 모두 다산의 특징이 잘 드러나는 명작이며 그 사연은 눈물이 나오게 한다.

또 '산인의 평생 구학은 소설산 가운데 있다[山人平生丘壑 在小雪山中]'라고 한 시에서는 이렇게 읊었다.

소설산 중 소설촌에서	小雪山中 小雪村
무논과 화전으로 운근雲根을 캔다네	水畊火耨 劚雲根
보랏빛 밭 가운데 있는 세 칸 집	紫芝田畔 三椽屋
저것이 선생이 정원으로 삼은 것이네	這是先生 將就園

다산은 이렇게 10수의 시를 쓰고는 두 폭에 걸쳐 긴 발문을 붙였는데 "이 시는 27년 전에 성화를 위하여 지은 것으로 비록 완성된 시는 아니지만 마음의 진실을 담은 것이라 기록해둔다"라며 글 마지막에는 "이날 비가 내리는 가운데 다산 초부가 쓰다[是日 雨中 茶山樵夫 跋]"라고 했다. 내용도 내용이지만 글씨를 보면 얼마나 단아하며 이지적이고 해맑은 느낌을 주는지 모른다. 쓸쓸한 내용을 그렇게 단정히 쓴 다산의 차분한 모습에 한없는 존경을 보내게 된다.

다산시첩(여 성화 시), **정약용**, 19세기 전반, 모시에 묵서, 17.5×121.0cm, 개인 소장

龍門山北號西終千疊
羣密碧玉叢宅有一
區棲隱處他年相對
白頭翁
西終地名在楊根郡西北四十里

薇源洞府似桃源盧氏
亭連沈氏園膽水殘山
十餘里漁人涉入乃知
沈民家書百花之別有四十八種

小雪山中小雪村水畔
火耕㶑斷雲根紫芝田
眜三椽屋遠是先生
特軌園
此人平生正處主小雪山中

礫溪濱濱僻碧雲中十
里溪吹黃礫風猶有
三淵舊隱處紅藤翠
石徑相通
第二句用三淵詩語

落帽樓前二頃田婦翁
曾賜買山錢如今枉作
茶山主鑒沼開圍青
海邊
自門巖浦口東八十里金山莊也

黃驍水興綠驍通斜
對黔丹若筒峰總道
龍津生理好半于江
賈半山農 進

다산은 그림에 대한 식견은 있었지만 거기에 마음을 둔 바는 없었다. 그러나 그림이라는 것이 화가의 전유물이 아닌지라 다산은 자신의 마음에 이끌려 몇 폭의 그림을 그렸다. 그는 고향 마을 초계를 재미 삼아 그린 〈희작 초계도戱作 苕溪圖〉에서 이렇게 읊었다.

소동파는 해남에 귀양 갔을 때 (고향의) 아미산을 그렸다기에
나도 지금 (고향의) 초계를 그리려 하나 마땅한 그림 재주가 없네
서툰 솜씨로 그려 객지 집 한쪽 구석에 걸어놓으니
내 집이 저기 있어도 갈 수가 없어
바라만 보면서 공연히 머뭇거리게 되네

다산이 강진 유배지에서 제작한 〈매조도梅鳥圖〉 시화축은 다산 그림과 글씨의 백미이다. 이 한 폭에 유배객 다산의 외로운 삶이 다 담겨 있다고 해도 과언이 아니다. 1813년 7월 14일, 그러니까 다산 나이 52세, 강진에 유배된 지 13년째 되는 해에 동암에서 그림을 그리고 시를 썼다 했다. 그림을 보면 매화 가지에 앉아 있는 한 쌍의 새가 조용한 필치로 단정하게 그려져 있다. 붓의 쓰임새가 단조롭고 먹빛과 채색의 변화도 구사되지 않았건만 그림에는 애잔함이 감돈다. 여기에 덧붙인 시에는 처연한 고독감이 서려 있다.

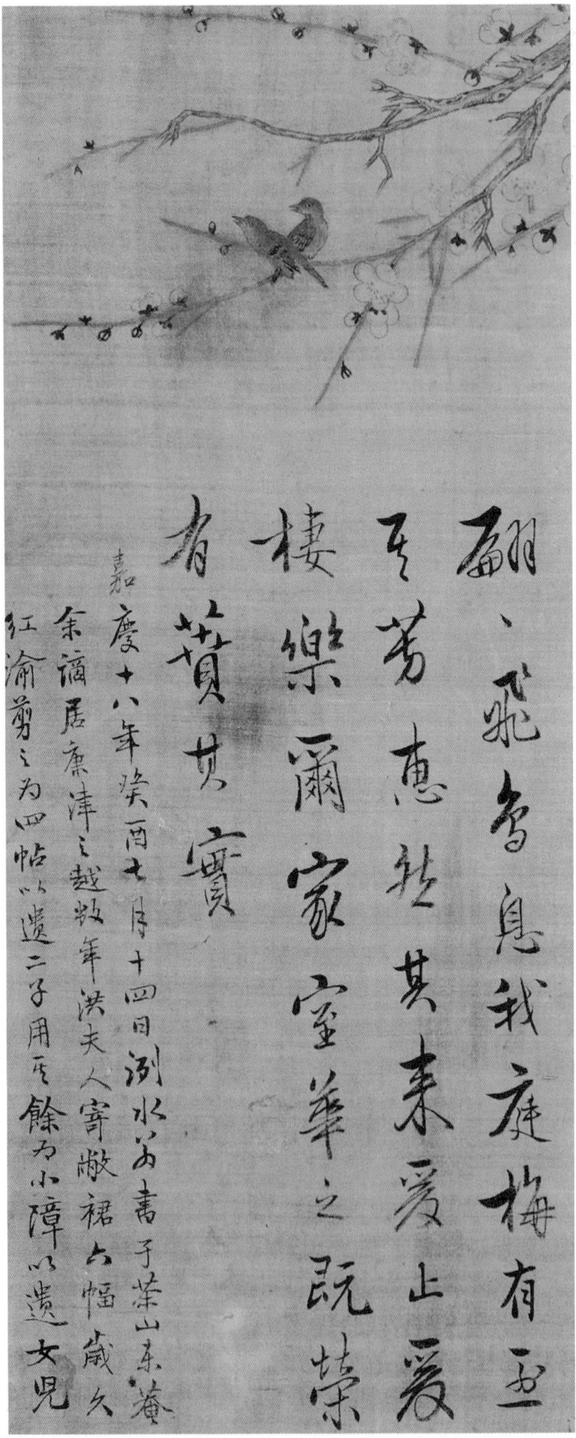

翩、飛鳥息我庭梅有二

三芳惠然其來爰止爰

棲樂爾家室華之既榮

有蕡其實

嘉慶十八年癸酉七月十四日洌水翁書于茶山東菴

余謫居康津之越數年洪夫人寄敝裙六幅歲久

紅渝剪之為四帖以遺二子用其

餘為小障以遺女兒

파르르 새가 날아 내 뜰 매화에 앉네　　翩翩飛鳥 息我庭梅

향기 사뭇 진하여 홀연히 찾아왔네　　有烈其芳 惠然其來

이제 여기 머물며 너의 집으로 삼으렴　　爰止爰棲 樂爾家室

만발한 꽃인지라 그 열매도 많단다　　華之旣榮 有蕡其實

유배지에 홀로 사는 외로움을 달래고자 날아든 새에게조차 함께 살자고
조르는 다산의 심사를 알 만도 한데 글씨는 단정하면서 빠르게 흘려 써서 애절
한 마음이 절절이 흐르는 것 같다. 시화축 끝에는 자신이 이 축을 만들게 된 사
연을 작은 글씨로 써넣었는데 그 내용은 더욱 쓸쓸하다.

　　내가 강진에서 귀양살이한 지 수년 됐을 때 부인 홍씨가 (시집올 때 가져온)
　　폐백 치마 여섯 폭을 부쳐왔는데, 이제 세월이 오래되어 붉은 빛이 가셨기에
　　가위로 잘라서 네 첩을 만들어 두 아들에게 물려주고 그 나머지로 이 족자를
　　만들어 딸아이에게 준다.

　　余謫居康津之越數年 洪夫人寄敝裙六幅
　　歲久紅渝 剪之爲四帖 以遺二子 用其餘 爲小障 以遺女兒

　　누군들 이 글을 읽고 가슴이 뭉클해지지 않겠는가. 〈매조도〉 시화축을 보
고 있으면 예술이란 절절한 감정에 근거할 때 제빛을 내고, 그 감정이 깊고 오
랜 것일수록 감동이 크다고 말하게 된다.
　　다산 정약용의 이런 고독한 귀양살이를 생각할 때 그의 18년 귀양살이에
는 비록 '강요된'이라는 단서를 붙인다 해도 감히 '안식년'라는 단어는 쓸 수
없다고 생각한다. ◎

매조도, 정약용. 1813년, 비단에 담채, 44.7×18.4cm, 고려대학교박물관 소장

아득한 산 너머는 구름 밖의
구름이고 꿈속의 꿈이네

추사秋史 김정희金正喜(1786~1856)는 비록 기구한 인생을 살았지만 인복은 참으로 많은 사람이었다. 복은 덕에 따라 받는다고 했으니 차라리 인덕이 있었다고 표현해야 맞을 것 같다.

추사의 교류 범위는 아주 넓었다. 당대의 문인·학자들과 가까이 지냈음은 물론이고, 중인 출신의 서화가 제자들이 집단을 이루어 하나의 시대사조를 이루었으며, 초의선사를 비롯한 스님들과도 깊이 교류하였다. 그런데 추사의 삶과 예술에 대한 연구가 주로 귀양살이 이후 말년에 초점이 맞춰지다 보니 추사가 한창 잘나가던 40세 전후에 장안의 명사들과 어울린 모습은 잘 알려져 있지 않다.

추사는 경주김씨 명문의 뛰어난 인재로 동리 김경연, 황산 김유근, 이재 권돈인, 운석 조인영, 자하 신위, 해거 홍현주 같은 명류들과 절친하게 지냈다. 이들과는 시서화를 교류하면서 학문과 예술을 더 높은 차원으로 끌어올렸다.

추사가 벗들과 예술로써 어울리는 모습은 《운외몽중 시첩雲外夢中詩帖》에서 여실히 볼 수 있다. 시첩은 총 26면이다. 홍현주, 신위, 추사 등 세 명이 쓴 시 열세 편을 모두 추사가 기록하고, 첩 머리에 대자로 '운외몽중'이라 써서 이 뜻 깊은 예술적 화답을 기념하였다.

시첩의 조성 과정을 보면 정조의 사위인 해거도인海居道人 홍현주洪顯周의 꿈이 발단이 되었다. 그는 강원도 관찰사와 병조참판까지 지낸 문신이자 시를 잘 짓는 당대의 명류로 《해거시집海居詩集》을 남겼으며 당대의 유명한 시인인 홍석주의 동생이기도 하다. 홍현주가 어느 날 꿈에서 멋진 선게禪偈를 지었는데 꿈에서 깨어나 보니 단지 열세 자밖에 기억나지 않았다.

| 한 점 청산은 아직도 아련하니 | 還有一點青山廖 |
| 구름 밖의 구름이고 꿈속의 꿈이네 | 雲外雲 夢中夢 |

운외몽중 표제(운외몽중 시첩 중), **김정희**, 1827년, 종이에 묵서, 각 첩 27×17cm 26면, 개인 소장

外雲

中夢

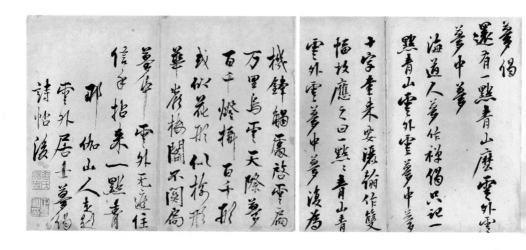

정말로 멋진 게송偈頌이었다. 홍현주는 잊어버린 나머지 뒤 구절이 너무 안타까웠다. 이를 신위에게 얘기하고서 게송을 대련으로 써주십사 부탁하니, 신위는 기꺼이 대련 글씨를 써주면서 아울러 이 게송에 부쳐 절구 세 수와 율시 한 수를 지어 보내주었다. 그중 한 수를 소개한다.

한 점으로 두른 내가 푸르고 푸른데	一點煙鬟靑復靑
수레에 기대어 잠이 깊으니 선경에 들었네	副車眠熟入禪扃
꿈은 참 모습이 아니고 구름은 자취가 없으니	夢非眞實雲無跡
누가 높고 아련한 그 형상을 잡으랴	誰繫遙遙藹藹形

이에 홍현주는 크게 기뻐하며 자신의 호를 아예 운외거사雲外居士라고 새로 지었다. 그리고 기쁜 마음으로 신위가 지어준 시 네 수를 차운次韻하여 화답하였다.

매화가 점점이 피어 한 산이 푸르니	梅花點點一山靑
이러한 청산은 빗장을 칠 필요가 없네	恁點靑山不要扃
구름은 구름이고 꿈은 꿈이니	雲是雲兮夢是夢
깨어보면 꿈속의 형상이어라	惺來所是夢中形

운외몽중 서문(운외몽중 시첩 중), **김정희**, 1827년, 종이에 묵서, 각 첩 27×17cm 26면, 개인 소장

신위는 홍현주의 시를 받고서 또다시 시 한 수를 지어 보냈다. 그러자 홍현주도 신위가 새로 쓴 시에 화답하여 또 한 수를 지었다. 이리하여 홍현주가 꿈에 읊은 게송은 모두 열 수가 되었다.

어느 날 두 사람이 주고받은 시를 읽어본 추사는 이에 감응하여 시 세 수를 짓고는 오동판 표지와 고운 화선지로 꾸며진 빈 서첩에 이 열세 수를 모두 써서 기록하였다. 추사가 지은 시 한 수를 소개하면 다음과 같다.

가운데, 밑, 바깥, 둘레 모두가 하나하나 형상을 이루고	中底外邊一一形
산 빛에 열고 닫히는 깊은 문 두들기네	山光開闔叩玄扃
꿈에서 깨어나니 구름만 흩날릴 뿐 어딘지 모를레라	夢醒雲散知何處
청산이라 한 점의 푸르름만 남아 있네	還有靑山一點靑

참으로 옛 시인들의 차원 높은 풍류가 듬뿍 담긴 이야기이다. 그런데 이 이야기는 계속된다. 해거도인 홍현주가 이 시를 지은 지 10여 년이 지났을 때의 일이다. 초의선사가 남양주 수종사에 갔다가 절집에서 내려다본 양수리 강변의 풍광이 그야말로 '운외운 몽중몽'이었다. 이때 초의는 시를 지으면서 '해거도인 부화海居道人俯和'라 제하고, 이 게송을 차운한다고 했다. 참으로 기막힌 기억력이고 도저히 흉내 낼 수 없는 풍류가 아닐 수 없다.

《운외몽중 시첩》은 추사가 42세 되는 1827년 늦가을에 쓴 것으로 40대 추사 글씨의 최고 명작으로 꼽을 만하다. 대자로 쓴 '운외몽중' 넉 자는 예서체의 골격에 해서체의 방정함이 곁들여 있어 글자 자체의 울림과 무게가 동시에 느껴진다. 추사의 글씨에 괴怪가 들어가지 않을 경우에는 이처럼 단아하면서도 굳센 멋을 풍긴다는 것을 보여준다.

힘차고도 유려한 행서로 써내려간 작은 글씨를 보면 추사는 이 무렵부터 글자 획의 굵기 변화에 아주 능숙했음을 알 수 있다. 50대에 들어서면 글씨가 더욱 발전하여 구양순체의 방정함이 곁들여지면서 우리가 말하는 추사체에 가까워진다. 이처럼 《운외몽중 시첩》은 추사의 글씨가 어떻게 변하고 발전해 갔는지를 잘 보여준다. ◎

41. 추사 김정희
〈해붕대사 화상찬〉

해붕대사가 말한 공은
해붕의 공이다

추사 김정희가 세상을 떠난 것은 71세 되는 1856년 10월 10일이다. 그해 5월, 그러니까 타계하기 5개월 전, 병든 몸으로 과천 과지초당에 누워 있는데 전혀 모르는 스님의 편지가 날아왔다.

편지를 열어보니 자신은 호운浩雲이라는 중으로 해붕海鵬대사의 문도門徒인데 스님의 영정을 만들면서 거기에 추사의 화상찬畫像讚을 싣고 싶다는 부탁이었다. 해붕은 선종과 교종 모두에 날카로운 지식을 갖고 있었고 문장이 아름다웠으며 인덕이 총림의 으뜸이어서 당시 호남의 일곱 고승 중 한 분으로 꼽히던 분이다.

편지를 받고 추사는 까마득한 40년 전, 그러나 어제 일처럼 생생한 그날을 떠올렸다. 추사 나이 30세 되던 1815년 겨울이었다. 해붕이 수락산 학림암에 있을 때 추사는 눈을 헤치고 산사로 스님을 찾아가 하룻밤을 지새우며 불교에 대해 격론을 벌인 적이 있었다. 이때 마침 초의가 해붕을 모시고 있어서, 이곳은 추사가 평생의 지기인 초의를 처음 만난 인연의 장소이기도 했다. 추사가 돌아갈 때 해붕대사는 이를 기념하여 선게를 한 수 지었다고 한다. 초의스님은 그 게송을 다음과 같이 기억하고 있다.

그대는 집 밖으로 행하고	君從宅外行
나는 집 안에 앉아 있네	我向宅中坐
집 밖엔 무엇이 있던가	宅外何所有
집 안에는 원래 불기운이 없다네	宅中元无火

게송만 보아도 해붕대사의 높은 도력이 느껴진다. 이듬해(1816)에 추사는 동리 김경연과 함께 북한산 진흥왕순수비를 조사했는데 마침 거기 와 있던 해

해붕대사 화상찬. 김정희. 1856년. 종이에 묵서. 28×102cm. 개인 소장

海鷗之空亦非五蘊
皆空之空即空即是
於透空似皆後於鷗

色之空人或謂之空
宗非也不在於宗又
或謂之真空似然矣

吾又怒真之累其空
又洣鷗之空也鷗之
空即鷗之空空生大

覺是鷗之錯解鷗之
獨造獨透又在錯解
中當時一庵栗峰華

玅崎庵諸名宿各有
見識与鷗相上下其

之空昔有人云禪是
大鴻詩是朴大唐天
子只三人鷗是大唐

天子之禪也耳尚記
鷗眼細而黑瞳碧射
人雖大滅灰寒瞳碧

尚存見此三十年後
落筆呵呵大笑歷之
如三角道峰之間

七十一栗寄題

海鷗
大師影

붕대사를 만났다. 추사는 이 우연한 재회를 기념하여 시를 한 수 지었다.

돌은 본래의 모습을 입증하고 있는데   石證本來面

새는 무자경無字經으로 참견하누나   鳥參無字經

이끼 낀 비석은 속절없이 박락해가는데   苔趺空剝落

비석 이름을 누가 다시 새길 건지   蚪篆復誰銘

    추사는 해붕대사와의 이러한 인연을 회상하고는 스님의 화상찬을 쓰기로 마음먹었다. 글머리에는 수락산에서 스님과 일대 격론을 벌인 이야기부터 써 내려갔다. 논쟁의 주제는 공空이었다.

    해붕대사가 말하는 공은
    오온개공五蘊皆空의 공이 아니라
    공즉시색空卽是色의 공이다.
    혹자는 스님을 공의 종宗이라고도 하나
    그렇지가 않다.
    혹자는 또 진공眞空이라고 하는데
    이는 그럴듯하게 들린다.
    그러나 진眞이 공을 얽맨다면
    그 또한 해붕의 공이 아니다.
    해붕의 공은 곧 해붕의 공일 뿐이다.

    이 글은 내용도 내용이지만 한문 원문으로 읽을 때 "공……공……공……" 하는 리듬감 때문에 더욱 절묘하다. 게송을 방불케 하는 오묘한 선미禪味가 있다.

    해붕지공혜海鵬之空兮
    비 오온개공 지공非 五蘊皆空 之空
    즉 공즉시색 지공卽 空卽是色 之空 ……

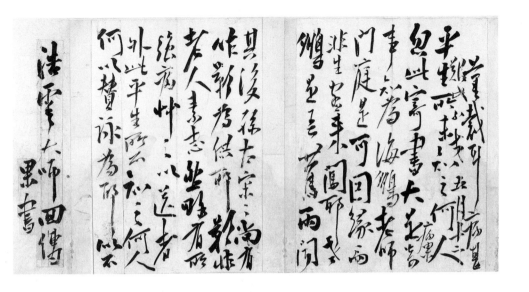

추사는 화상찬을 마무리하고는 이어서 옛날을 회상하는 이야기를 썼다.

지금도 생각나는 것은, 눈이 가늘고 검어서 푸른 눈동자가 사람을 꿰뚫을 듯한 해붕의 모습이다. 그는 비록 재가 되었지만 푸른 눈동자는 아직도 살아 있다. 40년이 지난 지금 쓰는 이 글을 보고서 껄껄 웃는 모습이 삼각산(북한산)과 도봉산(수락산) 사이에서 뵐 때처럼 역력하구나.

추사는 이렇게 완성된 〈해붕대사 화상찬〉을 부탁하러 찾아왔던 호운스님에게 보내면서 편지 한 통을 곁들였다.

평생에 알지도 못하는 사람이 홀연 서신을 보내오니 대단히 기이한 일이다. 그러나 해붕노사老師의 문하門下라 하니 인연이 될 만하여 생소한 손님이 불쑥 나타난 것은 아니다. 해붕노사는 나의 옛 벗이다. 그 뒤를 잇는 제자가 없다고 들었는데 아직도 영정을 만들어 공양하는 사람이 있는가. 영정을 만드는 일은 나의 뜻에 맞지는 않으나 아픈 몸을 무릅쓰고 글을 써 보낸다. 여

호운대사에게 보내는 편지, 김정희, 1856년, 종이에 묵서, 28×56cm, 개인 소장

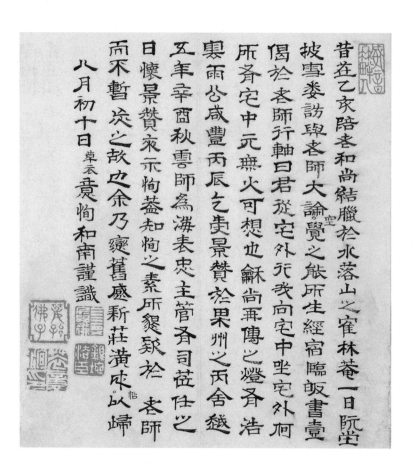

昔在乙亥陪老和尚結臘於水落山之窟林菴一日阮堂
披雪委訪與老師大論覺之能所生經宿臨飯書壹
偈於老師行軸曰君從宅外兀戈向宅中坐宅外何
所有宅中元無火可想也蘇尚再傳之燈香浩
裏雨公咸豊丙辰乙貴景贊於果州之丙舍越
五年辛酉秋雲師為海表忠主管齊司莅住之
日懷景贊永示恂蓋知恂之素所爰歇於　老師
而不暫炎之故也余乃綾舊處新莊黃庶以﹖
八月初十日 草本 意恂和南謹識

타 경우라면 평생에 알지도 못하는 사람에게 어떻게 찬을 써줄 수 있겠는가. 그러나 내 마음껏 써내지는 못한 것 같다. 병세가 심하여 이만 줄인다.

추사의 〈해붕대사 화상찬〉은 《완당전집》에 실려 있지만, 그 원본이 세상에 나오면서 '칠십일과七十一果'로 낙관된 생애 마지막 해서체임을 알게 되었다. 혹자는 추사의 만년 글씨가 괴하고 졸拙한 데로 흘러 파격미에 빠졌다고 말한다. 하지만 정중한 해서로 쓰면 이처럼 힘지면서도 단아하다는 것을 알 수 있다. 이에 반해 호운스님에게 보낸 5월 12일자 편지는 일필휘지로 써내려간 행

해붕대사 화상찬 발문, 초의, 1861년, 종이에 묵서, 28.2×23.0cm, 개인 소장

서의 멋을 여실히 보여준다. 거기에는 어떤 거리낌도, 어떤 욕심도 없으면서 필법의 달인만이 보여주는 능숙함이 역력하다. 화상찬이나 간찰이나 모두 추사체가 다다른 종착점을 보여준다.

〈해붕대사 화상찬〉은 아주 아담한 서첩으로 꾸며져 있다. 추사가 이 글을 쓰고 세상을 떠난 지 5년이 지난 1861년 가을, 호운스님이 추사에게 받은 화상찬을 초의선사에게 보여주자 초의는 눈물 어린 감회에 젖어 다 읽고 나서 손수 표구해주었다고 한다.

나는 해붕대사를 존경하여 잠시도 잊지 못하는 마음과 추사와 가까이 지냈던 옛정을 사랑하는 마음에서 새로 장황하여 돌려준다.

그리하여 〈해붕대사 화상찬〉은 초의선사의 뛰어난 장황 솜씨를 역력히 보여주는 깔끔하고도 예쁜 서첩으로 꾸며져 있다.

한편 해붕대사의 영정은 지금 순천 선암사에 있는데 영정 오른편 위쪽에는 추사가 지은 화상찬이 그대로 적혀 있다. 누군가가 추사의 화상찬을 옮겨 썼는데 예의 그 추사체를 방불케 한다. 사람들은 추사를 존경했던 위당 신관호의 글씨로 추정하고 있다. 해붕대사와 추사는 이렇게 영정 속에서 다시 만나 영원히 자리를 같이하고 있다. ◎

왕실의
그림과 글씨

—

궁
중
미
술

42. 일월오봉도 | 산처럼 위엄이 높고 해와 달처럼 세상을 비추소서

조선시대를 우리는 양반 사회로 이해하고 있다. 실제로 문화를 주도한 계층은 양반이었다. 그러나 사회구조로 보면 양반 위로는 왕실이, 아래로는 서민이 있었고, 왕실과 서민은 양반문화와 비슷하면서도 또 다른 미감의 문화를 나타냈다. 단적인 예로 건축에서 궁궐, 양반 가옥, 민가의 차이 같은 것이다. 따라서 조선시대의 문화는 양반문화와 함께 왕실문화, 서민문화를 아울러야 전모를 이해할 수 있다. 왕실문화는 궁중미술에, 서민문화는 민화와 민예품에 잘 나타나 있다. 특히 왕실문화는 동서양을 막론하고 그 시대 문화의 최고 수준을 보여주었다는 점에서 주목된다.

조선시대에도 왕실문화에는 어떤 식으로든 양반문화와는 구별되는 권위가 구현되어 있었다. 건축, 공예, 회화 등에서 형식, 소재, 크기, 색깔 등에 차별이 있었고 가장 좋은 재료와 높은 기술이 동원됐다. 따라서 궁궐 건축, 왕릉, 궁중 장식화, 궁중 기록화, 궁중 목가구, 궁중 공예품, 궁중 의상 등은 조선왕조 문화 역량의 최고 수준을 보여준다.

회화의 경우 궁중 장식화는 일반 감상화와는 다른 차원에서 높은 예술 세계를 보여주었다. 대표적인 예가 일월오봉도日月五峰圖이다. 현행 1만 원권 지폐에 세종대왕 초상의 배경으로 들어 있는 일월오봉도는 조선시대 왕의 상징이었다. 임금의 내실도 장식하고, 의궤에서 옥외행사 때 왕의 자리를 상징하는 표시로 쓰였다. 심지어는 임금의 초상화인 어진의 제작이 제대로 되고 있는지 점검할 때도 가리개로 만든 일월오봉도 삽병揷屏에 어진을 정중히 모셔놓고 검토하였다. 경복궁 근정전을 비롯한 각 궁궐 정전의 어좌 뒤에는 일월오봉도 병풍이 지금도 설치되어 있다.

일월오봉도에는 해와 달, 산봉우리 다섯 개, 넘실거리는 파도, 폭포 한 쌍 그리고 소나무 한 쌍이 좌우 대칭으로 그려져 있다. 화면을 압도하는 것은 무

일월오봉도 삽병, 19세기 후반, 비단에 채색, 전체: 190×150cm, 그림: 149.0×126.7cm, 국립고궁박물관 소장

엇보다도 늠름한 오봉五峰과 아름다운 소나무이다. 한 나라의 이상을 상징하는
듯하다. 군주가 군림하는 곳이 저런 곳이고 국정이 저렇게 안정되어 있다면 든
든하지 않겠는가. 화면의 구성이 아주 정중하여 임금의 권위를 남김없이 뒷받
침해주는데 채색도 담담한 수묵담채가 아니라 광물성 재료의 진채를 사용하
여 화사한 분위기가 감돈다. 여기에서는 나라의 태평성대가 느껴진다.

　　일월오봉도에 나오는 자연 경물景物의 상징성에 대해선 여러 해석이 있지
만《시경詩經》에 실린 시〈천보天保〉의 내용을 그린 것이라는 이성미 교수의 해
석이 가장 설득력 있다.

　　　하늘이 당신을 보호하고 안정시키사
　　　매우 굳건히 하셨네
　　　높은 산과도 같고 큰 땅덩이 같으며
　　　강물이 흐르듯
　　　달이 점점 차오르듯

일월오봉도(8곡 연결병풍), 19세기 말, 비단에 채색, 162.6×337.3cm, 삼성미술관 리움 소장

해가 떠오르듯
결코 무너지지 않으리
소나무의 무성함과 같이
당신의 후계에 끊임이 없으리

일월오봉도는 하늘로부터 부여받은 왕의 존재를 상징하는 것이다. 그런데 같은 문화권인 중국, 일본, 베트남에는 현재까지 알려진 것이 없다. 그렇다면 일월오봉도는 조선왕조의 독창적 창안이라 할 수 있다. 성리학을 이데올로기로 조선을 건국하고 유교의 경전인 《주례周禮》에 기초하여 경복궁을 세웠듯이 《시경》에 입각하여 이와 같이 아름답고 장엄한 일월오봉도를 만들어낸 것이다.

일월오봉도는 궁중의 장식화로 끊임없이 사용되었기 때문에 국초부터 제작된 오래된 일월오봉도는 전하지 않고 왕조의 마지막에 장식되었던 19세기의 것만 남아 있을 수밖에 없다. 그것도 일제강점기를 거치면서 제대로 보존되지 못하여 현재는 20폭 정도만이 전하고 있다.

현대미술에서는 예술가의 개성이 절대적 평가 기준이 되었다. 그러나 근대 이전에는 꼭 화가의 개성이 드러나야 명화인 것은 아니다. 집체적 창작품의 예는 얼마든지 있다. 그런 의미에서 일월오봉도는 조선왕조가 창안하여 당대 으뜸가는 도화서 화원들이 최대의 회화적 역량을 발현한 명화 중의 명화이며, 국보 중의 국보라 할 수 있다. 이런 왕실문화를 우리는 그동안 소홀히 다루어 온 면이 없지 않다. 이제는 조선시대 문화에 대하여 왕실문화, 양반문화, 서민문화 모두를 조망해볼 필요가 있다. ◎

43. 십장생도

장생은 어디에나 있지만
십장생은 조선에만 있다

십장생十長生이란 불로장생을 상징하는 열 가지 경물과 동식물로 자연에 선 해[日]·달[月]·산山·내[川], 식물로는 대나무[竹]·소나무[松]·영지靈芝(불로초), 동물로는 거북[龜]·학鶴·사슴[鹿] 등을 일컫는다. 때로는 돌[石]·물[水]·구름[雲] 을 꼽기도 하고 신선이 먹는다는 천도天桃를 그려 넣기도 한다.

십장생 그림은 조선시대 궁중에서부터 민간에 이르기까지 아주 널리 사랑 받았다. 십장생은 우리 조상들이 신선 사상과 민간신앙을 결합하여 만들어낸 독특한 도상이며 관념체계이다. 중국과 일본에는 십장생도가 없을 뿐만 아니 라 장생은 있어도 십장생이라는 개념은 없었던 듯하다. 아직까지 중국 문헌에 서 십장생이라는 단어를 확인하지 못했다.

십장생에 관한 가장 오래된 기록은 고려 말 목은 이색이 "우리 집에는 십 장생 세화歲畵(설맞이 그림)가 있는데 10월인데도 아직 새 그림 같다"고 노래한 것이다. 또 조선 초 성현은 연초에 임금으로부터 하사받은 십장생에 대해 시를 남겼다.

십장생 도상의 기본은 궁중에서 사용된 십장생도 병풍이었다. 8곡이나 10 곡 병풍을 대폭의 화면으로 삼아 험준하면서도 환상적인 산자락이 화면을 가득 메우고 아래쪽으로는 소나무, 천도복숭아가 줄지어 펼쳐지며 그 사이로는 냇물 과 사슴, 거북, 영지가 점점이 배치된다. 화면 위로는 해와 달이 떠 있고 학이 무 리지어 날고 있다. 불로장생의 현장 같기도 하고 신선 세계의 풍광 같기도 하다. 진채로 그려진 장엄한 청록산수화이다. 비록 화가의 이름이 밝혀져 있지 않고 주어진 도상을 그린 것이지만 그와 관계없이 강렬한 예술적 감동을 불러일으킨 다. 고려시대에는 고려불화가 있고 그중엔 수월관음도가 있었다면 조선시대에 는 궁중 장식화가 있고 그중엔 십장생도가 있었다는 찬사를 보낼 만하다.

조선시대 왕실에서는 십장생도 병풍을 많이 제작하였다. 왕과 왕비의 내

전을 장식했던 실내 장식용도 있고, 불발기창이 있는 것도 있다. 옥외 행사를
위해 항시 여러 틀이 상비되어 있었다. 왕실의 혼례나 환갑 같은 큰 잔치 때는
별도의 십장생도 병풍을 새로 만들기도 했다.

　　십장생도 병풍들은 거의 똑같은 도상의 청록진채화靑綠眞彩畵로 대개 19세
기 작품이고 시대가 오래된 것이 없다. 실제로 사용하다가 장식 병풍이 낡으면
새로 제작하여 계속 교체했기 때문에 왕조 말기에 남아 있던 것만이 전한다.
그래서 현재까지 알려진 것은 30점 정도로 그리 많지 않다.

　　본래 궁중의 십장생도 병풍은 민간에 있을 수 없었다. 이것이 일제강점기
에 와서 '이왕가 유물'로 전락하고 관리가 허술한 틈에 외부로 흘러나오게 된

것이다. 십장생도는 한동안 장식 그림이라고 해서 본격적인 회화 작품보다 예술성이 낮게 평가되기도 했다. 그러나 외국인들은 일찍부터 한국적 특색이 강한 이 왕실 유물에 주목하였고 미국의 박물관에 전하는 것이 많다.

한 예로 미국 오리건주립대학교박물관의 〈십장생도〉 10곡병풍은 1924년에 서울에 있던 테일러 무역상회에서 구입한 것이다. 이 병풍은 특이하게도 8폭의 십장생도에 별도로 영중추부사 이유원 등 13명의 좌목이 2폭 붙어 있다. 이 인물들은 1879년(고종 16), 여섯 살의 왕세자(순종)가 천연두에 걸렸을 때 치료를 맡았던 의약청의 관리임이 《승정원일기》에서 확인됐다. 왕세자의 병이 완치되자 이를 경하하면서 세자의 장수를 기원하며 그린 기념화였던 것이다. ◎

44. 해학반도도

꽃이 피는 데 삼천 년 걸리는 천도복숭아

궁중 장식화에는 일월오봉도, 십장생도, 궁모란도, 책가도, 요지연도, 해학반도도 등 여러 가지가 있다.

그중 요지연도瑤池宴圖는 중국의 서왕모西王母 전설을 그린 것이다. 중국의 옛 문헌인 《죽서기년竹書紀年》과 《목천자전穆天子傳》에 의하면 서왕모의 거처인 곤륜산崑崙山의 요지瑤池 주변에는 아주 오래된 복숭아나무가 있었다고 한다. 이 복숭아나무는 구불구불한 줄기가 마치 반룡蟠龍이 똬리를 틀고 있는 것 같다고 해서 반도蟠桃라 하고, 여기에 열리는 복숭아 열매를 천도天桃라고 부른다.

이 복숭아는 꽃이 피는 데 삼천 년, 열매가 맺히는 데 삼천 년, 열매가 익는 데 삼천 년이 걸린다고 한다. 한나라 때 동방삭東方朔은 곤륜산에 몰래 들어가 천도 열 개를 훔쳐 먹고 삼천갑자三千甲子(60년×3천=18만 년)를 살았다고 한다. 서왕모는 요지의 천도복숭아가 익을 때면 신선들을 모아서 잔치를 벌였다. 주周나라 목왕이 천하를 평정하고 세상을 주유하다 서왕모의 생일인 음력 3월 3일 삼짇날, 서왕모를 찾아 요지에 갔을 때 대접받은 것도 천도였다. 이를 그린 것이 〈요지연도〉다.

요지연도는 서왕모가 주목왕에게 연회를 베풀어주는 장면을 중심으로 한쪽에는 신비로운 복숭아를 그려 넣고 다른 한쪽으로는 여러 신선들이 요지를 향해 바다를 건너오는 모습을 그렸다. 공간 구성을 보면 불화 중에서 〈관무량수경觀無量壽經〉의 극락 장면을 연상케 하여 신선 사상의 이상향을 보는 듯한 분위기가 있다. 이런 장식 그림은 궁중에서도 왕비나 대왕대비의 거처에 잘 어울렸을 것으로 생각된다.

요지연도의 유래로 보아 중국에서 전해진 도상을 그렸을 것으로 생각된다. 그런데 조선왕조의 궁중 장식화에는 요지연도에서 서왕모 이야기는 제외하고 신비로운 복숭아 이야기만 따로 떼어 환상적인 장식화로 그린 〈해학반도

해학반도도(8곡 연결병풍) 부분

도海鶴蟠桃圖〉라는 것이 있다.

해학반도도는 구불구불하게 자란 신비로운 천도복숭아 나무에 싱싱하고
도 탐스러운 천도가 주렁주렁 열려 있는 모습이 화면의 중심을 차지한다. 화면
한쪽으로는 하얀 포말을 일으키는 바다가 있고 그 위로 상서로운 학이 저마다
의 몸짓으로 하늘을 나는 바다 풍경화이다. 가히 신선 세계의 환상적인 풍광이
라 할 수 있다.

해학반도도는 십장생도와 좋은 짝을 이룬다. 청록진채를 기본으로 하면서
바다에는 흰 물결이 일고 하늘에는 붉은 해와 수십 마리의 학이 날고 있다. 십
장생도와 마주 놓으면 하나는 산수와 사슴, 하나는 바다와 학을 주제로 하여
보는 것만으로도 선경仙境에 이른 듯한 감동이 일어난다. 실제로 국립고궁박물
관에는 십장생도와 해학반도도가 합쳐진 병풍도 있다.

해학반도도(8곡 연결병풍), 19세기 후반, 비단에 채색, 140×384cm, 개인 소장

　해학반도도 병풍은 오늘날 수십 점이 전하여 국공립·사립미술관과 유명한 개인 컬렉션에는 8곡, 10곡의 명작들이 한두 점씩 소장되어 있고 평양의 조선중앙역사박물관에도 한 점 있다. 그중 미국 호놀룰루미술관에 소장된 12곡 병풍에는 금박까지 더해져 대단히 화려하고 장식성이 높다.

　오늘의 입장에서 보면 같은 전설에 기반한 그림이라도 해학반도도가 요지연도보다 더 인기 있고 감동적이다. 요지연도에 등장하는 인물은 어쩔 수 없이 중국풍이어서 친근감이 적은 데 반해, 해학반도도의 주제는 상상 속의 자연 경물이므로 감성적 보편성이 있기 때문이다. 그런 점에서 해학반도도는 십장생도와 함께 궁중 회화의 꽃이자 조선 회화사의 명장면이라 할 만하다. ◎

45. 궁모란대병

축제의 현장에 어김없이
등장하던 부귀의 상징

조선왕조는 개국 때부터 도화서(처음에는 도화원이라 했음)를 설치하여 왕실과 나라에서 필요로 하는 그림에 관한 일을 전담케 했다. 《경국대전經國大典》이 완성된 성종 때 도화서에 소속된 화원의 정원은 20명이었으며, 조선 후기로 들어오면 나라 살림이 커지면서 정조 때의 《대전통편大典通編》(1785)에서는 정원이 30명으로 늘어났다. 고종 때는 왕조의 마지막 법전인 《대전회통大典會通》(1865)을 반포하면서 각 관아의 시행 규정을 명시한 《육전조례六典條例》(1867)도 간행하였는데 여기서는 도화서 화원 30명에 생도生徒 30명이 추가되었다.

《육전조례》는 도화서 화원의 임무를 아주 구체적으로 규정하고 있어 화원들이 어떤 그림을 그렸는지 말해준다. 이에 따르면 화원은 어진御眞을 비롯하여 어보御寶와 관인官印에 필요한 그림과 함께 다음과 같은 그림의 제작을 담당하였다.

궁전 각 처소에서 필요로 하는 일월오봉병, 가례嘉禮(궁중 결혼식) 때 사용하는 병풍과 장막, 보수褓繡(커튼), 사신 접대에 필요한 칙사병勅使屛 등 각종 궁중 장식화의 제작.

'궁중 장식화의 제작'에서 가장 큰 비중을 차지한 것은 모란병풍이었다. 가례가 있을 때면 십여 틀씩 새로 제작하여 연회장을 장식하였다. 가례뿐만 아니라 임금의 50세 축하연, 왕대비의 환갑연 또는 종묘제례 같은 길례吉禮 때도 모란병풍을 야외에 설치했다. 유득공柳得恭은 《경도잡지京都雜志》에서 다음과 같이 증언했다.

궁중의 공식적인 잔치[公燕]에서는 제용감濟用監(궁중의 재물을 관리하는 부서)에

궁모란대병(6곡병풍) 부분, 19세기 후반, 비단에 채색, 각 폭 192.5×71.0cm, 개인 소장

서 마련한 모란대병을 사용한다.

이를 궁모란대병宮牡丹大屛이라 하며 오늘날에도 제법 많이 전해져 국립고궁박물관에만 거의 100틀이 소장되어 있다. 궁모란대병은 대개 19세기 작품으로 도상에 일정한 형식이 있다. 4폭, 6폭, 8폭, 10폭으로 연회장의 크기에 따라 선택할 수 있게 하였는데 대개 각 폭마다 곧게 뻗어 올라간 줄기 서너 개에 활짝 핀 꽃 아홉 송이와 꽃봉오리 세 송이가 맺혀 있고 바닥엔 신비로운 형태의 괴석怪石이 그려져 있다.

궁모란대병(8곡병풍) 부분, 19세기 후반, 비단에 채색, 각 폭 167.5×45.0cm, 국립고궁박물관 소장

꽃송이는 빨강·하양·노랑·분홍이고, 줄기는 갈색, 잎은 초록색이어서 오색이 현란하다. 장식을 위한 것이기에 꽃과 꽃잎이 추상적으로 변형되었고 똑같은 그림이 동어반복식으로 펼쳐져 현대미술의 올 오버 페인팅 같은 공간 확대감이 일어나며 더없이 화려한 분위기를 연출한다. 궁모란대병 또한 다른 나라에서는 볼 수 없는, 조선왕조 궁중문화가 낳은 대단히 현대적이고 조형적인 발상의 그림이다.

그렇다고 모란 그림이 왕실의 전유물이거나 상징은 아니었다. 예부터 부귀를 상징하는 꽃으로 '꽃의 왕[花王]'이라 불리며 왕실부터 민간까지 널리 사랑받아왔다. 문헌상으로는 신라 선덕여왕 때부터 나타나며 고려 상감청자와 고려불화, 조선 분청사기와 청화백자에서 화려한 무늬로 장식되어왔다. 그런 모란 그림을 조선왕조는 궁중미술답게 정형화시키는 데 성공한 것이다.

궁모란대병이 오늘날 보는 것과 같은 정형을 갖추게 된 것은 조선 후기의 일로 생각된다. 18세기 장황을 간직한 〈궁모란병풍〉(국립중앙박물관 소장)은 10폭 전체가 하나의 화폭으로 되어 있어서 필시 고식古式일 것으로 생각되기 때문이다. 본래 하나의 양식이 정착하려면 이런 과정을 거치곤 한다.

궁모란대병의 형식은 민간에도 그대로 전래되어 수없이 많은 민화 모란병풍이 전하고 있다. 민가에서 결혼식을 올릴 때는 거의 반드시 모란병풍을 치고 신랑 신부가 맞절을 하였다. 그래서 각 마을에는 상여와 함께 공동으로 사용하는 모란병풍이 있었다. 그러니 모란병풍이 얼마나 많았을지 능히 짐작된다. 서민적으로 변형된 민화 모란병풍도 나름의 멋이 있지만 화가의 기량, 안료의 질, 크기에서 궁모란대병과 비교할 것이 못 된다. 그래서 유득공은 이렇게 증언했다.

사족士族(양반)들이 혼례 때면 제용감에서 제작해둔 궁모란대병을 빌려다 쓰기도 한다.

궁모란대병은 조선시대 왕실문화가 낳은 독특한 형식의 아름다운 장식화인 것이다. ◎

여가가 없을 때는
책가도를 보며 생각했다

궁중 장식화에는 기본적인 도상이 몇 가지 있었지만 그것이 궁중을 장식하는 그림의 전부는 아니었다. 누구나 좋아할 수 있는 산수화나 화조화도 있었고 시대의 취미 변화에 따라 새로운 소재가 등장하기도 하였다.

특히 정조는 문예부흥기의 계몽군주답게 미술문화에서도 획기적인 면모를 보여주었다. 국정을 자문할 수 있는 학술기관으로 규장각을 설치하고 이곳에 도화서 화원과는 별도의 차비대령화원을 두어 보좌하게 했다. 그리고 정조 시대에는 단원 김홍도 같은 뛰어난 화가가 있어 시대의 회화적 요청에 훌륭히 응함으로써 풍성한 미술문화를 이룩하였다. 이런 분위기에서 나타난 그림이 〈책가도冊架圖〉다.

책가도는 서가에 책이 가득 놓인 모습을 그린 그림으로 '책거리병풍'이라고도 한다. 책가도는 정조 이래로 크게 유행했다. 남공철의 《금릉집》에는 이런 얘기가 나온다.

정조는 화공에게 명하여 책가도를 그리게 하여 자리 뒤에 붙여두시고 업무가 복잡하여 여가가 없을 때는 이 그림을 보며 마음을 책과 노닐게 했다.

그리고 정조 때 문인인 이규상은 《일몽고》에서 단원 김홍도를 얘기하면서 다음과 같은 증언을 남겼다.

당시 화원의 그림은 새로이 서양의 사면척량화법四面尺量畵法(투시도법)을 본받고 있는데 이런 그림이 완성되었을 때는 한쪽 눈을 감고 바라보면 그려진 기물들이 반듯하게 정돈되어 우뚝 서지 아니함이 없다. 세속에서 이를 가리켜 책가도라고 하며 반드시 채색을 했다. 한 시대 귀인貴人 중에 이런 그림으

책가도(8곡 연결병풍) 부분

로 장식하지 않은 사람이 없었다. 김홍도는 이러한 재주에 매우 뛰어났다.

책가도가 얼마나 유행했는지 알 수 있는 대목이나 그 전래 과정은 분명치 않다. 다만 자금성 삼희당三希堂의 벽면 장식을 연상케 하기도 하고, 서양 투시 도법이 가미된 것으로 보아 중국 북경을 통해 전래된 새로운 도상이 아닌가 생각된다. 그러나 그 유래와 관계없이 이를 회화적으로 다양하게 구현한 것은 김홍도 같은 조선 후기의 화원들이었다.

책가도의 도상은 정조가 뜻한 본래 취지대로 책이 가득 꽂혀 있는 서가의 모습이었다. 국립고궁박물관에는 키 큰 8곡병풍에 책만 가득 그려져 있는 것이 있다. 단조로울 것 같지만 실제로는 절제미가 강조된 대단히 감동적인 그림이다.

그러나 이것이 민가에서 유행하면서 책 이외에도 전적과 함께 옥필통, 옥

책가도(8곡 연결병풍), **이형록**, 19세기 후반, 종이에 채색, 140.2×468.0cm, 삼성미술관 리움 소장

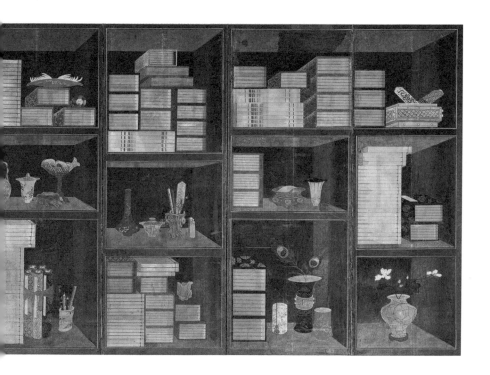

도장, 찻잔, 자명종 등 귀한 문방구와 산호로 만든 붓걸이를 비롯한 진귀한 장식품들이 그려졌다. 구성도 멋지고 묘사도 정확하다. 가히 한 시대에 인기를 얻을 만한 그림이다. 그러나 날이 갈수록 장식품을 많이 채우는 바람에 잡다한 느낌을 주어 원래 책가도가 지닌 정중함은 떨어지기도 했다.

책가도에는 화가의 낙관이 없다. 그런 중 순조 때의 장한종과 철종 때의 이형록李亨祿은 책가도 속 돌도장에 자신의 이름을 살짝 새겨 넣어 재치 있게 화가의 이름을 밝히기도 했다. 화가들의 재치가 돋보이는 장면이다. ◎

영조의 〈영화당〉엔 화색이 완연하네

창덕궁은 1405년(태종 5)에 창건되었다. 경복궁의 별궁이 아니라 이궁離宮으로 세워진 또 하나의 궁궐이다. 경복궁이 지어진 지 얼마 되지 않았는데 태종이 궁궐을 또 지은 것은 경복궁의 풍수와 나쁜 기억 때문이었다.

경복궁은 정도전의 주도하에 지어질 때부터 말이 많았다. 풍수에 밝았던 재상 하륜은 상소를 올려 '경복궁 터는 산이 갇히고 물이 마르니 왕이 사로잡히고 족속族屬이 멸할 지형'이라며 공사를 중단하라고 건의하였다. 그러나 태조는 이미 터를 다 닦았고 전각을 짓는 중이며 중국의 사신을 응접할 일이 있으면 반드시 이곳에서 맞아야 한다며 받아들이지 않았다.

그러다 1398년(태조 7)에 왕자의 난이 일어났다. 이방원이 왕위 계승에서 배제된 것에 불만을 품고 난을 일으켜 정도전을 살해하고 당시 생존하고 있던 형들 가운데 맏형을 왕으로 앉힌 것이다. 얼떨결에 즉위한 정종은 경복궁 터가 좋지 않다면서 1399년(정종 1)에 태조가 즉위한 개성의 수창궁으로 왕궁을 옮겼다.

그리고 이듬해 이방원은 정종으로부터 왕위를 빼앗아 태종으로 즉위한 뒤 곧바로 창덕궁 공사를 지시하였다. 중신들은 경복궁을 사용해야 한다고 건의했지만 태종은 경복궁은 터가 좋지 않고, 자신으로서는 형제를 죽인 좋지 않은 기억이 있어서 창덕궁을 지었노라고 고백하였다. 그 대신 사신 접대 등 법궁으로서의 경복궁 지위는 유지하겠다며 약속을 분명히 지킨다는 것을 보여주기 위해 박자청에게 경복궁에 경회루를 짓게 했다. 이리하여 1405년(태종 5) 창덕궁이 완공되자 태종은 다시 서울로 수도를 옮기고 창덕궁에서 집무했다.

태종 이후에도 역대 왕들은 경복궁보다 창덕궁을 더 좋아하여 여기서 지내는 일이 많았다. 풍수도 풍수지만 창덕궁은 산자락에 편하게 올라앉아 아늑하고 인간적인 분위기가 있었기 때문이다. 그리고 창덕궁과 창경궁을 합친 동궐은 약 20만 평의 숲이 든든히 등을 받치고 있었다.

동궐도(부분), 19세기 후반, 비단에 채색, 273×576cm, 국보 249호, 고려대학교박물관 소장

임진왜란으로 모든 궁궐이 불타버린 뒤 1609년(광해군 1) 창덕궁을 먼저 재건한 이후부터 1867년(고종 4) 흥선대원군이 경복궁을 중건할 때까지 창덕궁은 258년 동안 조선왕조의 정궁 역할을 했다. 사실상 조선 왕실의 역사는 창덕궁에서 이루어진 것이다.

역대 왕을 거치면서 창덕궁의 뒷산은 정원으로 계속 개발되었다. 인조는 옥류천에 인공 곡수曲水를 만들고 정자를 지었다. 정조는 부용정에 규장각을 세웠고, 순조는 99칸 양반가를 재현한 연경당을 지었으며, 헌종은 자신이 기거할 낙선재를 새로 지었다. 이를 후원後苑 또는 금원禁苑이라 했고, 일제강점기에는 더 이상 왕궁으로 사용되지 않으면서 창덕궁 전체를 비원秘苑이라고 부르며 이를 관리하는 비원청을 두었다. 이것이 창덕궁의 변천사이다.

창덕궁은 이런 연이은 증축으로 몇 개의 공간으로 나뉜다. 왕실의 의식을 행하는 외조外朝 공간으로서 인정전 권역, 왕과 왕비가 기거하는 희정당과 대조전 권역, 국정 자문을 위한 학술기관으로서 규장각 권역, 사대부 생활공간을 본뜬 연경당과 낙선재 권역 그리고 옥류천, 부용정을 비롯한 후원 권역 등이다.

창덕궁은 이 모든 것이 한데 어우러져 우리나라 건축의 모든 것을 보여준다. 조선시대 건축과 정원의 해답이라고 할 만한 곳이다. 때문에 창덕궁은 우

돈화문 현판

리나라에서 가장 먼저 유네스코 세계유산으로 등재되었고 외국인들이 가장 좋아하는 답사처가 되었다.

창덕궁을 답사하다 보면 잘생긴 전각, 아기자기한 연못과 정원, 아름다운 나무에 이끌려 눈이 잘 가지 않는 유물이 하나 있다. 궁궐의 현판과 주련柱聯이다. 현판과 주련의 글씨가 눈에 들어오고 그 뜻과 글씨의 멋까지 알아볼 수 있다면 창덕궁 관람은 금상첨화가 될 것이다.

창덕궁의 정문인 돈화문敦化門부터 그렇다. 돈화문은 육축(석축)이 없기 때문에 경복궁의 광화문만큼 장중하지는 않다. 그러나 현판의 글씨를 보면 참으로 장중하다. 누구의 글씨인지 밝혀지지 않았지만 한석봉의 《대자 천자문》을 연상케 하는 규범적이면서 고고한 기품이 있다. 돈화란 '교화를 돈독히 한다'는 뜻으로 《중용中庸》에서 나온 말이지만 여기서는 '임금이 큰 덕을 베풀어 백성들을 돈독하게 교화한다'는 뜻을 갖고 있다. 그 뜻이 얼마나 든든한가.

창덕궁의 현판들은 건물 개축을 거듭하면서 근래에 새로 제작해 단 것이 많다. 그런데 원래 모습을 갖고 있는 현판이 정말로 아름답다. 이상한 일이다. 왜 옛것이 새것보다 더 아름다울까. 글씨 문화만은 지금이 옛날만 못하기 때문일 것이다.

영화당 현판

창덕궁 안에서 가장 아름다운 현판을 꼽자면 단연코 영조가 쓴 춘당대春塘臺의 〈영화당暎花堂〉 현판이다. 본래 춘당대는 창경궁의 춘당지까지 연결된 넓은 공간으로 왕이 직접 참관한 가운데 과거시험이 치러지던 곳이다. 《춘향전》에서 이몽룡이 과거 급제할 때 시험 본 장소도 여기였다. 그때 시험문제로 나온 글이 '춘당대의 봄빛은 예나 지금이나 똑같네'라는 뜻의 '춘당춘색 고금동春塘春色 古今同'이었다고 한다.

춘당대 서쪽 끝, 부용정을 등에 지고 있는 건물이 영화당이다. 1692년(숙종 18)에 건립된 것으로 여기서도 과거시험이 자주 치러지고, 무예청 무사들이 무술 시범을 보이기도 했으며, 왕이 활쏘기를 하고 신하들과 시회를 열기도 했다. 영화란 꽃이 어우러진다는 뜻이니 주변에 꽃이 많아서 이런 이름을 얻었다.

영조는 영화당 안에 역대 임금 다섯 분의 글씨가 있는 것을 보고는 자신도 시를 짓고 친히 써서 걸게 했다고 하는데 영화당 현판도 그때 쓴 것이 아닌가 생각된다. 현판 글씨 앞뒤에 작게 '어필御筆, 갑술甲戌'이라고 새겨 있어 1754년(영조 30)에 쓴 것임을 알 수 있다. 현판 글씨의 획이 그렇게 예쁠 수가 없다. 가느다라면서 쭉 뻗은 획에는 고아한 멋이 한껏 들어 있다. 글씨가 그 사람의 얼굴이라면 임금의 초상인 어진을 보는 듯하다. 본래 임금은 동궁 시절부터 글씨 수업을 받기 때문에 글씨를 잘 썼다. 그래서 이를 모아 《열성어필첩列聖御筆帖》이라는 책으로 꾸미기도 했는데 특히 선조, 숙종, 영조, 정조의 글씨가 가히 명필이라 할 만하다.

창덕궁 가장 깊숙한 곳에 있는 옥류천은 참으로 환상적인 공간이다. 넓은 바위에 물길을 돌려 작은 폭포를 이루게 한 기발한 구성의 곡수가 일품인데 물이 돌아가도록 막고 있는 육중한 바위에는 인조가 쓴 〈옥류천玉流川〉이라는 글씨와 숙종이 지은 오언절구가 새겨 있다. 인조의 옥류천이라는 글씨 또한 정중하면서도 아름답다. 숙종의 시는 누가 썼는지 모르지만 이 또한 왕궁에 걸맞은 단아한 서체이다. 숙종은 옥류천을 이렇게 읊었다.

삼백 척 높이에서 날아 흐르니　　　　　　飛流三百尺
저 멀리 하늘에서 떨어져 내리는 듯　　　　遙落九天來

바라볼 땐 흰 무지개 일어나더니   看是白虹起

갑자기 온 골짜기 우레 소리 이루었네   飜成萬壑雷

연경당과 옥류천 사이 계곡에는 긴 연못이 있고, 연못가와 산자락에는 존
덕정尊德亭, 청연각清讌閣, 폄우사砭愚榭, 청심정清心亭 등 여러 정자들이 자리 잡
고 있다. 그중 중심이 되는 곳은 계곡에 바짝 붙어 있는 존덕정이다. 존덕정은
1644년(인조 22)에 세워져 처음에는 건물 모습대로 '육면정六面亭'이라 했다가
나중에 이름을 고쳤다.

존덕정은 육각형 지붕을 두 겹으로 올리고 그 지붕을 받치는 기둥을 별도
로 세운 특이한 구조이다. 특히 바깥 지붕을 받치는 기둥은 세 개를 무리지어 세
워서 튼실해 보인다. 이 존덕정 안에는 정조가 쓴 〈만천명월 주인옹 자서萬川明月
主人翁自序〉라는 긴 글이 현판으로 새겨져 걸려 있다. 1798년(정조 22)에 정조가
지은 것으로 정조는 자서自序(스스로 지은 서문)에서 이렇게 말했다.

달은 하나이나 물의 흐름은 만 갈래이다. 물은 백성이고 달은 태극太極이
니, 태극이란 바로 임금인 나이다.

얼핏 생각하면 임금의 권위를 앞세운 글로 비칠 수도 있지만 정조는 그런
분이 아니다. 진실로 만백성의 어둠을 비춰주는 임금이기를 소망한, 진실로 달
빛 같은 계몽군주였다.

창덕궁에는 십여 개의 정자가 있는데 제각기 이름을 갖고 있으며 어느 것
하나 똑같이 생긴 것이 없다. 존덕정 앞 연못은 한반도처럼 생겼다고 해서 한
때 반도지半島池라고 불렸지만 〈동궐도형〉을 보면 본래는 호리병 모양이었다.
이 연못가에는 관람정觀纜亭이라는 부채꼴 모양의 귀여운 정자가 있는데 현판
이 예쁜 나뭇잎 모양으로 귀염성이 넘친다.

이처럼 아기자기한 현판과 편안한 공간이 있어 우리나라 궁궐은 다른 나
라의 궁궐과는 달리 마음이 편안해진다.

낙선재는 본래 창경궁에 속해 있던 건물로 헌종의 왕비에게 후사가 생기

지 않자 경빈김씨를 후궁으로 맞으면서 새로 지은 공간이다. 헌종은 자신의 서
재 겸 사랑채도 함께 지으면서 양반 가옥처럼 단청을 하지 말라고 했다. 불과
5년밖에 안 되는 짧은 기간이지만 헌종은 여기서 시서화를 즐겼다. 초정 박제
가, 추사 김정희의 영향을 받아 청나라의 신문물에 심취해 있었기에 낙선재에
는 청나라 학자의 글씨가 많이 걸려 있다. 〈낙선재樂善齋〉라는 현판은 추사의 친
구이기도 한 섭지선葉志詵의 글씨이고 주련은 추사의 스승인 옹방강翁方綱의 글
씨이다. 낙선재 현판 중 내가 가장 좋아하는 것은 정문에 걸린 〈장락문長樂門〉
이다. 흥선대원군이 쓴 것으로 중후함과 멋이 가히 감동적이다.

　　낙선재 뒤란으로 돌아 올라가면 승화루承華樓라는 서화고書畵庫가 있는데
후원 한쪽에는 반듯하게 잘 깎은 물확이 있다. 물확의 한쪽 면에는 '향천연지
香泉研池'라고 새겨져 있다. '향기로운 샘물 같은 벼루 모양의 연못'이라는 뜻이
다. 이름도 아름답지만 글씨도 정말 예쁘다.

창덕궁엔 이처럼 아름다운 글씨들이 갖가지 형태로 곳곳에 있다. 그럼에
도 창덕궁 안내책자를 보면 그 많은 현판 중 연경당 입구에 전서체로 쓰여 있
는 불로문不老門 하나 정도만 소개되어 있을 뿐이다. 그것이 안타까워 나는 문
화재청장 시절 연세대학교 국학연구원에 연구를 의뢰하여 이광호 교수 책임
하에 《궁궐의 현판과 주련》(수류산방, 2007)이라는 책을 세 권으로 펴낸 바 있다.

인문정신을 획득하는 데 가장 기본이 되는 것은 문자의 해독과 문장의 이
해이다. 한자를 읽을 수 없고, 또 그 뜻을 모르면 현판은 알지 못할 부적 글씨
와 다름이 없다. 선조들의 정신이 들어 있는 한자와 한문을 외래어처럼 우리의
일상에서 멀어지게 하면 우리 전통 문화유산의 한 부분을 잃어버리게 된다. 궁
궐의 현판과 주련이 지닌 깊은 뜻과 아름다운 멋을 관람자들이 가슴속에 담아
갈 수 있는 문화적 성숙을 길러야 할 때다. ◎

위_ 장락문 현판
아래_ 낙선재 현판

83세 임금이 25세 손자에게 나라를 의탁하노라

영조가 세상을 떠난 것은 재위 52년, 나이 83세 때인 1776년 3월 5일이었다. 병석에 누워 임종이 임박함을 느낀 영조에게 마음속 걱정이란 오로지 어린 왕세손인 정조가 국정을 제대로 수행할 수 있을 것인지, 또 대신들이 제대로 정조를 보필해줄 것인지였다. 자식(사도세자)을 자신의 손으로 죽음에 이르게 하면서까지 국정을 꾸려갔던 터라 그 걱정은 눈을 감는 순간까지 거두지 못했다.

영조는 세상을 떠나기 한 달 전인 2월 7일 집경당에 나아가 왕세손과 영의정을 비롯한 대신들과 자리를 같이하였다. 이때 영조는 왕세손이 아버지 사도세자의 죽음과 관련된《승정원일기》의 기사를 삭제해달라고 요청한 효심에 감동하여 직접 '효손孝孫'이라 쓰고 이를 은銀도장으로 만들어주겠다고 공표하였다. 《조선왕조실록》영조 52년(1776) 2월 7일자 기사에는 이때의 일이 다음과 같이 기록되어 있다.

임금이 말하기를 "내가 친히 효손 두 자를 써서 보寶(도장)를 주조鑄造하여 세손에게 주어 그 효성을 나타내려 한다" 하매, 영의정 김상철이 말하기를 "참으로 좋습니다" 하니, 임금이 말하기를 "호조판서를 시켜 주조를 끝낸 뒤에 가지고 들어오게 하라. 내가 (병석에) 누워서 친히 주려 한다. 이렇게 하고 나면 우리 손자의 지극한 효도를 팔방에 보일 수 있고 또 만세에 전할 수 있을 것이다" 하였다.

국립고궁박물관에는 이 은도장과 관계된 일괄 유물이 있다. 하나는 '효손 팔십삼서書'라고 새겨진 거북 모양의 은도장이다. 영조가 83세에 썼다고 낙관

위_ **은도장과 외함**, 1776년. 은도장: 금속에 은도금, 10.2×10.3×9.6cm, 국립고궁박물관 소장
아래_ 은도장의 날인

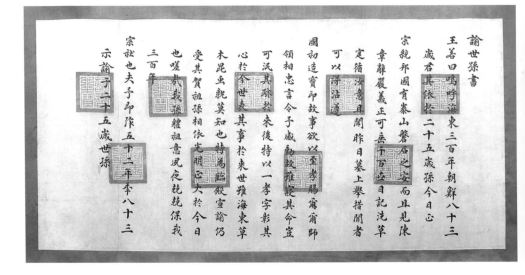

諭世孫書
王若曰嗚呼海東三百年朝鮮八十三
歲君其依於二十五歲孫今日正
宗統邦國有泰山磐石之安而且見陳
章辭嚴義正可喜十百安日記洗草
定循汝意目閣昨日墓上擧措聞者
可以諭語海
國初造寶印故事欲以至孝賜廟甫師
領相忠言令于歲勤政雍殿其命室
可泯其㫌松來後特以一孝字彰其
心於今世表其事於來世雍海東草
木昆虫就莫知也特爲臨殿宣諭仍
受其賀祖孫相依光明正大於今日
也嗟英我孫體祖意夙夜兢兢保我
三百年
宗社也夫子印昨五十二年季八十三
示諭于二十五歲世孫

한 것이다. 도장은 주칠상자에 보관되어 있는데 상자에는 '어필은인御筆銀印'이
라고 쓴 동판이 붙어 있다. 아울러 영조가 세손에게 이르는 글인 〈유세손서諭世
孫書〉가 함께 전한다. 영조가 직접 썼다.

아! 해동 300년 우리 조선왕조는 83세 임금이 25세 손자에게 의지한다. 오
늘날 종통宗統을 바르게 하니 나라는 태산반석처럼 편안하다. ……《승정원
일기》의 세초洗草(삭제)는 실로 너의 뜻을 따른 것이다. 또 듣건대 어제 무덤
(사도세자의 무덤)에서의 네 모습을 본 사람들은 눈물로 옷깃을 적시었다고 한
다. ……

국초國初에 보인寶印을 만든 예에 따라 특별히 효孝 자로 그 마음을 세상에
드러내며 이 일을 후대의 본보기로 삼으니 산천초목과 곤충인들 누가 이 뜻
을 모르겠는가. ……

아, 내 손자야! 할아버지의 뜻을 체득하여 밤낮으로 두려워하고 삼가서 우
리 300년 종묘사직을 보존할지어다.

유세손서, 영조, 1776년, 종이에 묵서, 58×121.5cm, 국립고궁박물관 소장

이 글은 긴 나무통 안에 들어 있는데 겉에는 '어
제유서御製諭書'라는 동판이 붙어 있다.

영조는 이 글을 쓰고 한 달 뒤인 3월 5일 세상을
떠났다. 정조는 할아버지의 유지를 받들어 '효손'이
라는 은도장을 담은 상자와 〈유세손서〉를 넣은 나무
통을 항시 지니고 다녔다. 멀리 행차할 때도 들고 오
게 하여 자신 앞에 놓게 하였다. 정조 때 그린 의궤
도를 보면 옥좌 앞에 도장함과 나무통이 놓여 있는
것을 볼 수 있다. 정조가 재위 25년 동안 그렇게 지
니고 다녔기에 나무통엔 손때가 깊이 배어 있다.

〈효손〉 은도장과 〈유세손서〉 나무통 그리고 영
조의 글을 보고 있자면 그 내용의 애절함에 가슴이
절로 뭉클해진다. 아들을 자신의 손으로 죽게 한 아
비의 한과 눈을 감는 순간까지도 나라의 종통이 지켜져야 한다는 늙은 왕의 간
절한 소망이 절절히 다가온다. 조선왕조가 500년을 이어간 것은 절대로 저절
로 된 것이 아니었다. 이처럼 국가를 지키려는 왕가의 피눈물 나는 노력이 있
었던 것이다.

이런 간절한 내용 때문에 은도장이 멋지고, 주칠상자가 아름답고, 영조의
글씨가 임종한 당년인지라 비록 흐트러짐이 있을지언정 품위를 잃지 않았다
는 생각은 한참 뒤에나 일어나게 된다.

확실히 예술은 형식보다 내용이 먼저다. ◎

유세손서 통. 국립고궁박물관 소장

국가의 권위와 왕가의
존엄은 여기서 나온다

조선왕조는 기록 문화에서 세계 유례를 찾아볼 수 없는 나라였다. 조선왕
조실록, 승정원일기, 조선왕조의궤가 유네스코 세계기록유산에 등재된 것이
이를 웅변으로 말해준다. 그리고 이에 못지않은 또 하나의 기록 유산이자 뛰어
난 공예품이 있는데 바로 어보御寶이다.

어보는 왕실에서 제작한 의례용 도장이다. 예를 들어 왕세자로 책봉되면
'왕세자인王世子印', 왕비로 받아들여지면 '왕비지보王妃之寶'라는 도장을 만들어
주었다. 또 왕과 왕비의 덕을 기리는 존호尊號가 내려지거나 돌아가신 후 시호
諡號를 올리게 되면 그 공덕을 칭송하는 글을 새긴 어책御冊을 함께 제작하여
바쳤다. 왕과 왕비가 죽으면 어보를 종묘의 해당 신실神室에 보관하였다.

기록상으로는 조선왕실에서 어보 366과顆를 제작하였고 그중 324과가 전
한다. 국립고궁박물관에 316과, 국립중앙박물관에 4과, 고려대학교박물관에 2
과, 미국 로스앤젤레스 카운티미술관에 1과 그리고 최근에 미국에 유출되었던
것을 문화유산국민신탁(법인)이 구입하여 문화재청에 기탁한 1과 등이며 나머
지 42과의 소재는 아직 파악되지 않고 있다.

어보는 기본적으로 거북이나 용 모양의 손잡이에 끈이 달려 있는 도장이
다. 대개 높이 9센티미터, 무게 4킬로그램으로 옥돌로 만들거나 은과 구리를
섞어 만든 다음 금으로 도금하였다. 도장에 새긴 글자는 적게는 4자, 많게는
116자에 이른다.

어보는 보자기에 곱게 싸서 내함에 넣고 내함을 다시 보자기로 싼 뒤 외함
에 넣고는 한약재로 된 방충제를 넣어 자물쇠로 잠가서 보관했다. 때문에 하나
의 어보는 도장 이외에 내함, 외함, 자물쇠 그리고 3개의 보자기와 끈으로 구성
되어 있다. 이러한 어보 일괄 유물은 한결같이 제작 연대가 명확한 뛰어난 금

위_ 중종 금보, 1450년, 청동 도금, 10.1×10.1×7.0cm, 국립고궁박물관 소장
아래_ 중종 금보의 윗면, 아랫면, 날인

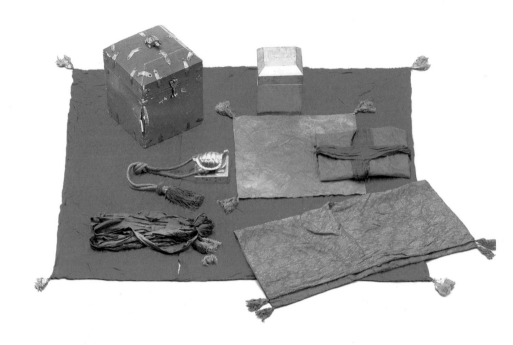

속공예품이고, 목칠공예품이며, 직조물이다. 이처럼 조선시대 공예사의 흐름
을 완벽하게 보여주는 조선왕조의 궁중 문화유산인 어보가 300여 점이나 남아
있다는 것은 거의 기적에 가깝다.

대개 사람들은 어보를 국새國璽로 생각하는데 어보와 국새는 엄연히 다르
다. 국새는 왕명과 외교문서에 찍는 인장으로 국왕의 상징이다. 국새를 이어받
았다는 것은 곧 왕의 정통성을 계승했다는 뜻이다. 중국에서는 진시황이 국새
를 화씨옥和氏璧으로 만든 뒤, 옥새玉璽는 황제의 상징이 되었고 제후격인 왕의
국새는 금인金印으로 만들었다.

중국은 국새를 통해 주변부 국가를 외교적으로 통제하였다. 주변부 국가
에 국새를 내려줌으로써 동아시아의 리더로서 각국의 독립적 지위를 인정한
다는 외교적 형식을 취한 것이다. 일본의 경우 기원후 57년, 왜의 '노국奴國'(나
노쿠니)의 왕이 후한 황제로부터 '한위노국왕漢委奴國王'이라는 금인을 받음으로
써 국제사회에 처음 등장하였다.

고려는 송, 요, 금, 원, 명에서 금인을 받아 국새로 썼다. 조선을 건국한 태

조는 고려 국새를 명나라에 돌려주고 새 국새를 받고자 했으나 뜻을 이루지 못하고 1403년(태종 3)에야 비로소 '조선국왕지인朝鮮國王之印'이라는 금인을 받았다. 그런데 국새는 하나만 있었던 것이 아니다. '조선국왕지인'은 중국과의 외교문서에만 사용하였고 국내 문서에는 그 성격에 따라 각기 다른 금인을 사용하였다.

임금의 명을 내린 교지敎旨에는 시명지보施命之寶라는 인장을 찍었다. 임금의 뜻을 내린 글에는 유서지보諭書之寶, 과거 관련 문서에는 과거지보科擧之寶라는 인장을 사용했다. 정조 때는 왕이 지은 글에 규장지보奎章之寶라는 도인을 찍었다. 일본과의 외교문서에는 별도로 소신지보昭信之寶라는 인장이 사용되었고, 나중에는 이덕보以德寶라는 인장을 찍었다. 우리의 국격이 더 높음을 나타낸 것이다. 이러한 국새들은 도승지(요즘의 대통령 비서실장)의 책임하에 상서원尙瑞院에서 관리하였다.

1894년 갑오개혁 후에는 중국과의 사대 관계를 끝내면서 대조선국보大朝鮮國寶가 만들어져 사용되었다. 1897년 대한제국이 수립되면서는 대한국새大韓國璽, 황제어새皇帝御璽라는 도장을 만들어 사용했다.

그러나 1910년 조선왕조의 멸망과 함께 다시는 국새가 사용되지 않았고 일제강점기를 거치면서 모두 분실되었다. 정부 수립 후에는 '대한민국'이라는 국새를 제작하여 사용하고 있는데 몇 차례 개조하였고 근래에는 가짜 국새 공예가 문제되어 새로 제작하는 사건도 있었다.

대한제국 시절 국새는 근 100년간 행방을 모르다가 지난 2008년 12월, 문화재청이 미국의 한 수장가로부터 고종황제가 사용한 '황제어새'라는 국새를 구입하였다. 외함은 분실된 채 내함과 함께 입수된 이 국새는 전체 높이 4.8센티미터, 무게 794그램으로 손잡이는 거북 모양이며 비단 끈이 달려 있다. 형식 자체는 종묘에 전해오는 300여 점의 어보와 큰 차이가 없다.

그러나 어보는 왕실 의례용 도장이고 국새는 제국의 상징이니 형식은 같아도 의미는 전혀 다르다. 우리는 이제야 비로소 대한제국의 상징적 도인을 확보하게 된 것이다. ◎

참고서목

이 책에 언급된 저서, 논문, 도록

문집

강세황,《표암유고》(김종진 외 역,《표암유고》,
　지식산업사, 2010.)

김정,《충암집》

김정,《제주풍토록》

김정희,《완당전집》

남태응,《청죽화사》(유홍준,《화인열전》1권,
　역사비평사, 2001.)

신광하,《진택문집》

유한준,《저암집》

이규상,《서가록》(민족문학사연구소 역,
　《18세기 조선 인물지》, 창비, 1997.)

이인상,《능호집》

장지연,《일사유사》

정온,《동계집》(민족문화추진회,《국역 동계집》
　(전3권), 2000.)

정원용,《경산집》

조영석,《관아재고》

조희룡,《해외난묵》(실시학사고전문학연구회,
　《조희룡전집》(전6권), 한길아트, 1999.)

최립,《간이당집》(한국학술정보,《간이 최립 문집》
　(전4권), 2006.)

황현,《매천야록》

저서

강관식,《조선후기 궁중화원 연구》(전2권), 돌베개,
　2001.

강명관,《조선 풍속사》(전3권), 푸른역사, 2010.

국사편찬위원회 편,《그림에게 물은 사대부의
　생활과 풍류》, 두산동아, 2007.

김정숙,《흥선대원군 이하응의 예술세계》, 일지사,
　2004.

문화재청 편,《한국의 초상화》, 눌와, 2006.

박은순,《이렇게 아름다운 우리그림》,
　한국문화재보호재단, 2008.

박정혜,《조선시대 궁중기록화 연구》, 일지사, 2000.

박정혜 외,《조선 궁궐의 그림》, 돌베개, 2012.

변영섭,《표암 강세황 회화연구》, 일지사, 1988.

안휘준,《한국회화사》, 일지사, 1980.

안휘준,《한국회화사 연구》, 시공사, 2000.

안휘준·민길홍 엮음,《역사와 사상이 담긴
　조선시대 인물화》, 학고재, 2009.

오세창,《근역서화징》| 홍찬유 감수,
　《국역 근역서화징》, 시공사, 1998.

오주석,《단원 김홍도》, 열화당, 1998.

오주석,《이인문의 강산무진도》, 신구문화사, 2006.

유복렬,《한국회화대관》, 문교원, 1979.

유홍준,《화인열전》(전2권), 역사비평사, 2001.

유홍준,《완당평전》(전3권), 학고재, 2004.

윤범모,《한국근대미술의 형성》, 미진사, 1988.

이경성,《한국근대미술연구》, 동화출판공사, 1975.

이광호 외,《궁궐의 현판과 주련》(전3권), 수류산방,
　2007.

이동주,《우리나라의 옛 그림》, 학고재, 1995.

이동주,《우리 옛그림의 아름다움》, 시공사, 1996.

이성미,《어진의궤와 미술사》, 소와당, 2012.

이성미 외,《조선왕실의 미술문화》, 대원사, 2005.

이은상,《사임당의 생애와 예술》, 성문각, 1989.

이태호,《옛 화가들은 우리 땅을 어떻게 그렸나》,
　생각의 나무, 2010.

이태호,《조선후기 회화의 사실정신》, 학고재, 1996.

정민·김동준 외,《한국학, 그림과 만나다》, 태학사,
　2011.

조선미,《한국의 초상화》, 열화당, 1983.

조선미,《한국의 초상화 형과 영의 예술》, 돌베개,
　2009.

진준현,《단원 김홍도 연구》, 일지사, 1999.

최열,《한국근대미술의 역사》, 열화당, 1998.

최완수, 《겸재 정선》(전3권), 현암사, 2009.
한영규, 《조희룡과 추사파 중인의 시대》, 학자원,
　2012.
홍선표, 《조선시대 회화사론》, 문예출판사, 1999.
황정연, 《조선시대 서화수장 연구》, 신구문화사,
　2012.

논문

박효은, 《《석농화원》을 통해 본 한·중 회화후원
　연구〉, 홍익대학교 대학원 박사학위논문, 2013.
안휘준, 〈한국 절파화풍의 연구〉, 《미술자료》20,
　1977.
유홍준, 〈능호관 이인상의 생애와 예술〉,
　홍익대학교 대학원 석사학위논문, 1983.
유홍준, 〈허주 이징의 난죽병 고증과 작품분석〉,
　《조선후기 그림과 글씨》, 학고재, 1992.
윤범모, 〈조선시대말기의 시대상황과 미술활동〉,
　《한국근대미술사학》창간호, 1994.
이완우, 〈석봉 한호 서예 연구〉, 한국정신문화
　연구원 한국대학원 박사학위논문, 1998.
임창순, 〈해제 두당척소〉, 《서지학보》제3집,
　한국서지학회, 1990.
임희숙, 〈간이 최립 연구〉, 명지대학교 대학원
　석사학위 논문, 2012.
정민, 〈다산의 평생구학론〉, 《다산학》통권14호,
　2009.
조요한, 〈한국적인 멋을 알고 자연을 소유한
　정감과 율동〉, 《계간미술》20호, 1981 겨울.

도록

《개화기 구한말의 서화》, 학고재, 1989.
《겸재 정선》, 국립중앙박물관, 1992.
《공재 윤두서 가전 고화첩》, 문화재관리국, 1995.
《궁중 장식그림》, 국립고궁박물관, 2009.
《규장각 명품도록》, 서울대학교 규장각한국학
　연구원, 2006.
《길상》, 가나아트, 2013.
《김환기》, 갤러리현대, 2012.
《김환기 10주기전》, 국립현대미술관, 1984.
《단원 김홍도》, 국립중앙박물관, 1990.
《선문대학교 박물관 명품도록 – 회화편》,
　선문대학교 박물관, 2000.
《19세기 문인들의 서화》, 열화당, 1988.
《아름다운 금강산》, 국립중앙박물관, 1999.
《안목과 안복》, 공화랑, 2010.
《어보》(전3권), 국립고궁박물관·문화재청, 2010.
《옛 그림에의 향수》, 동산방, 2011.
《옛 사람의 삶과 풍류》, 갤러리현대, 2012.
《원교 이광사》, 예술의 전당 서예관, 1994.
《유희삼매》, 학고재, 2003.
《인물로 보는 한국미술》, 호암미술관, 1999.
《조선시대 산수화》, 국립광주박물관, 2004.
《조선시대 풍속화》, 국립중앙박물관, 2002.
《조선후기 그림과 글씨》, 학고재, 1992.
《조선후기 산수화전》, 동산방, 2011.
《진경산수화》, 국립광주박물관, 1991.
《표암 강세황》, 예술의 전당 서예관, 2003.
《표암 강세황》, 국립중앙박물관, 2013.
《한국근대서화의 재발견》, 학고재, 2009.
《한국미술전집15-근대미술》, 동화출판공사, 1975.
《한석봉》, 예술의 전당, 2000.
《한양유흔》, 공화랑, 2013.
《화원》, 삼성미술관 리움, 2011.
《再考 近代日本の絵画》, 東京芸術大学大学美術館,
　2004.
《The Art of Korean Renaissance, 1400~1600》,
　The Metropolitan Museum of Art,
　New York, 2009.

도판목록

이 잡는 노승, 조영석, 17세기 중엽, 종이에 담채, 그림 크기: 24.0×17.5cm, 개인 소장

설중방우도(부분)

12 수하한담도(부분)

수하한담도, 이인상, 18세기 전반, 종이에 수묵, 33.7×59.7cm, 국립중앙박물관 소장

13 딱따구리, 심사정, 18세기 중엽, 비단에 채색, 25×18cm, 개인 소장

노안도, 심사정, 1763년, 종이에 담채, 27.0×29.5cm, 개인 소장

파초와 잠자리, 심사정, 18세기 중엽, 종이에 담채, 32.7×42.4cm, 개인 소장

밤섬(경구팔경도첩 중), 심사정, 1768년, 종이에 담채, 24.0×27.0cm, 개인 소장

14 풍설야귀인, 최북, 18세기 중엽, 종이에 담채, 66.3×42.9cm, 개인 소장

공산무인, 최북, 18세기 중엽, 종이에 담채, 33.5×38.5cm, 개인 소장

계류도, 최북, 18세기 중엽, 종이에 담채, 28.7×33.3cm, 고려대학교박물관 소장

게, 최북, 18세기 중엽, 종이에 수묵, 26.0×36.7cm, 선문대학교박물관 소장

15 강세황 자화상, 강세황, 1782년, 비단에 채색, 88.7×51.0cm, 보물 590호, 진주강씨 전세품(국립중앙박물관 보관)

강세황 자화상(칠분전신첩 중), 강세황, 18세기 후반, 비단에 채색, 지름 15cm, 국립중앙박물관 소장

강세황 초상, 작가 미상, 18세기 후반, 종이에 채색, 50.9×31.5cm, 국립중앙박물관 소장

강세황 초상, 이명기, 1783년, 비단에 채색, 145.5×94.0cm, 보물 590호, 진주강씨 전세품(국립중앙박물관 보관)

16 송호도, 강세황·김홍도 합작, 18세기 후반, 비단에 담채, 90.4×43.8cm, 삼성미술관 리움 소장

17 서원아집도(원통대사 부분)

서원아집도(8곡 연결병풍), 김홍도, 1778년, 비단에 담채, 129.5×365.8cm, 개인 소장

서원아집도(소동파 부분)

18 기로세련계도, 김홍도, 1804년, 종이에 담채, 137.0×53.3cm, 개인 소장

기로세련계도(부분)

19 춘화(건곤일회첩 중), 전 신윤복, 18세기 후반, 종이에 담채, 23.3×27.5cm, 개인 소장

춘화(운우도첩 중), 전 김홍도, 18세기 후반, 종이에 담채, 28.0×38.5cm, 개인 소장

춘화(운우도첩 중), 전 김홍도, 18세기 후반, 종이에 담채, 28.0×38.5cm, 개인 소장

춘화(건곤일회첩 중), 전 신윤복, 18세기 후반, 종이에 담채, 23.3×27.5cm, 개인 소장

20 강산무진도(부분), 이인문, 18세기 후반, 비단에 담채, 그림 전체: 43.8×856.0cm, 국립중앙박물관 소장

송석원시회도, 이인문, 1791년, 종이에 담채, 25.6×31.8cm, 개인 소장

송석원시회도, 김홍도, 1791년, 종이에 담채, 25.6×31.8cm, 개인 소장

단발령 망금강, 이인문, 18세기 후반, 종이에 담채, 23×45cm, 개인 소장

21 운림산수도, 오순, 19세기 전반, 종이에 담채, 55.8×35.8cm, 개인 소장

송계산수도, 오순, 19세기 전반, 종이에 담채, 55.8×35.8cm, 개인 소장

하경산수도, 오순, 19세기 전반, 종이에 담채, 23.7×34.0cm, 개인 소장

◆ 석농화원 표지

조속의 묵매도와 김광국 화평, 그림 부분: 17세기 초, 비단에 수묵, 28×23cm, 개인 소장

일본화 미인도와 김광국 화평, 그림 부분: 작가 미상, 18세기, 종이에 채색, 31.0×45.5cm, 개인 소장

22 묵란도, 임희지, 19세기 전반, 종이에 수묵, 29.5×41.8cm, 개인 소장

묵란도, 임희지, 19세기 전반, 종이에 수묵, 62.5×38.5cm, 국립중앙박물관 소장

묵죽도, 임희지, 19세기 전반, 종이에 수묵, 30.3×42.7cm, 개인 소장

암울한 시대에 피어난 꽃 조선 말기

23 홍매(10곡 연결병풍) 부분

홍매(10곡 연결병풍), 조희룡, 19세기 중엽, 비단에 담채, 128×374cm, 개인 소장

홍매(대련), **조희룡**, 19세기 중엽, 종이에 담채, 각 폭 127.5×30.2cm, 개인 소장

분란, **조희룡**, 19세기 전반, 종이에 수묵, 22.5×27.3cm, 개인 소장

난초, **조희룡**, 19세기 전반, 종이에 수묵, 22.5×26.7cm, 개인 소장

24 계산포무도, **전기**, 19세기 중엽, 종이에 수묵, 24.5×41.5cm, 국립중앙박물관 소장

25 산수도, **김수철**, 19세기 중엽, 종이에 담채, 48.4×26.0cm, 개인 소장

연꽃, **김수철**, 19세기 중엽, 종이에 담채, 120.8×32.8cm, 개인 소장

국화, **김수철**, 19세기 중엽, 종이에 담채, 121.8×33.0cm, 개인 소장

밤송이, **김수철**, 19세기 중엽, 종이에 담채, 14.8×22.4cm, 개인 소장

26 호접도(부분)

호접도, **남계우**, 19세기, 종이에 채색, 128.5×29.6cm, 개인 소장

27 첩석도, **정학교**, 19세기 말, 종이에 수묵, 27×40cm, 개인 소장

괴석도, **정학교**, 19세기 말, 종이에 수묵, 27×39cm, 개인 소장

죽석도, **정학교**, 1913년, 종이에 수묵, 113.2×41.2cm, 개인 소장

28 쏘가리, **장승업**, 19세기 후반, 종이에 수묵, 125×61cm, 개인 소장

수리, **장승업**, 19세기 후반, 종이에 담채, 135.5×55.0cm, 삼성미술관 리움 소장

고양이, **장승업**, 19세기 후반, 종이에 담채, 136.0×52.8cm, 일본 도쿄국립박물관 소장

29 석란도(대련), **이하응**, 1887년, 비단에 수묵, 각 폭 151.5×40.8cm, 호림박물관 소장

분란, **이하응**, 19세기 후반, 비단에 수묵, 110.0×38.3cm, 개인 소장

30 백악춘효(가을본), **안중식**, 1915년, 비단에 담채, 129.5×50.0cm, 국립중앙박물관 소장

도원문진, **안중식**, 1913년, 비단에 채색, 164.4×70.4cm, 삼성미술관 리움 소장

풍림정거, **안중식**, 1913년, 비단에 채색, 164.4×70.4cm, 삼성미술관 리움 소장

31 해질녘, **김관호**, 1916년, 캔버스에 유채, 127.5×127.5cm, 일본 도쿄예술대학 소장

김관호 자화상, **김관호**, 1916년, 캔버스에 유채, 60.5×40.0cm, 일본 도쿄예술대학 소장

32 어디서 무엇이 되어 다시 만나랴, **김환기**, 1970년, 면포에 유채, 232×172cm, 개인 소장

피난 열차, **김환기**, 1951년, 캔버스에 유채, 37×53cm, 개인 소장

항아리와 매화가지, **김환기**, 1958년, 캔버스에 유채, 58×80cm, 개인 소장

무제, **김환기**, 1974년, 면포에 유채, 121×85cm, 개인 소장

아름다운 글씨와 서예가 이야기 사경과 글씨

33 법화경 보탑도(추녀 부분)

법화경 보탑도, 고려 1249년, 감지에 금니, 250×61cm, 일본 도지 소장

법화경 보탑도(비천상 부분)

34 숭례문 현판 (사진: 눌와)

숭례문, 국보 1호, 서울 중구 소재 (사진: 눌와)

숭례문 현판 탁본, 서울 지덕사 소장

35 오언시, **양사언**, 16세기, 종이에 묵서, 41.5×97.0cm, 서강대학교박물관 소장

36 절유시, **홍랑**, 16세기, 종이에 묵서, 23.0×13.3cm, 개인 소장

번방곡, **최경창**, 16세기, 종이에 묵서, 23.0×13.8cm, 개인 소장

송별, **최경창**, 16세기, 종이에 묵서, 23.0×31.5cm, 개인 소장

최경창 송별시 발문, **최경창**, 16세기, 종이에 묵서, 23.0×30.5cm, 개인 소장

홍랑시 감정서(부분), **이병기**, 1935년, 종이에 묵서, 18.0×57.3cm, 개인 소장

37 행주대첩비 탁본(부분), **한호**, 17세기 초, 비석 크기: 178×82×18cm, 경기도 고양시 소재

간이당 연행시, **한호**, 16세기 후반, 종이에 묵서, 각 26.0×19.5cm, 개인 소장

석봉 천자문, 한호, 1650년, 목활자본, 42.8×28.5cm, 호림박물관 소장
38 행서(천금첩 중), 이광사, 18세기, 종이에 묵서, 각 23.4×14.2cm, 개인 소장
행서(천금첩 중), 이광사, 18세기, 종이에 묵서, 19.8×9.6cm, 개인 소장
해서(천금첩 중), 이광사, 18세기, 종이에 묵서, 22.3×13.5cm, 개인 소장
예서(천금첩 중), 이광사, 18세기, 종이에 묵서, 22.2×11.7cm, 개인 소장
39 다산시첩(여 성화 시) 부분
다산시첩(여 성화 시), 정약용, 19세기 전반, 모시에 묵서, 17.5×121.0cm, 개인 소장
매조도, 정약용, 1813년, 비단에 담채, 44.7×18.4cm, 고려대학교박물관 소장
40 운외몽중 표제(운외몽중 시첩 중), 김정희, 1827년, 종이에 묵서, 각 첩 27×17cm 26면, 개인 소장
운외몽중 서문(운외몽중 시첩 중), 김정희, 1827년, 종이에 묵서, 각 첩 27×17cm 26면, 개인 소장
41 해붕대사 화상찬, 김정희, 1856년, 종이에 묵서, 28×102cm, 개인 소장
호운대사에게 보내는 편지, 김정희, 1856년, 종이에 묵서, 28×56cm, 개인 소장
해붕대사 화상찬 발문, 초의, 1861년, 종이에 묵서, 28.2×23.0cm, 개인 소장

왕실의 그림과 글씨 궁중미술

42 일월오봉도 삽병, 19세기 후반, 비단에 채색, 전체: 190×150cm, 그림: 149.0×126.7cm, 국립고궁박물관 소장
일월오봉도(8곡 연결병풍), 19세기 말, 비단에 채색, 162.6×337.3cm, 삼성미술관 리움 소장
43 십장생도(10곡 연결병풍) 부분
십장생도(10곡 연결병풍), 19세기 후반, 비단에 채색, 152.5×343.0cm, 국립고궁박물관 소장
44 해학반도도(8곡 연결병풍) 부분
해학반도도(8곡 연결병풍), 19세기 후반, 비단에 채색, 140×384cm, 개인 소장
45 궁모란대병(6곡병풍) 부분, 19세기 후반, 비단에 채색, 각 폭 192.5×71.0cm, 개인 소장
궁모란대병(8곡병풍) 부분, 19세기 후반, 비단에 채색, 각 폭 167.5×45.0cm, 국립고궁박물관 소장
46 책가도(8곡 연결병풍) 부분
책가도(8곡 연결병풍), 이형록, 19세기 후반, 종이에 채색, 140.2×468.0cm, 삼성미술관 리움 소장
47 동궐도(부분), 19세기 후반, 비단에 채색, 273×576cm, 국보 249호, 고려대학교박물관 소장
돈화문 현판 (사진: 눌와)
영화당 현판 (사진: 문화재청)
관람정 현판 (사진: 눌와)
향천연지 각석 (사진: 문화재청)
장락문 현판 (사진: 눌와)
낙선재 현판 (사진: 눌와)
48 은도장과 외함, 1776년, 은도장: 금속에 은도금, 10.2×10.3×9.6cm, 국립고궁박물관 소장
은도장의 날인
유세손서, 영조, 1776년, 종이에 묵서, 58×121.5cm, 국립고궁박물관 소장
유세손서 통, 국립고궁박물관 소장
49 중종 금보, 1450년, 청동 도금, 10.1×10.1×7.0cm, 국립고궁박물관 소장
중종 금보의 윗면, 아랫면, 날인
중종 금보(일괄), 국립고궁박물관 소장

유홍준

1949년 서울에서 태어났다. 서울대학교 미학과, 홍익대학교 대학원 미술사학과(석사), 성균관대학교 대학원 동양철학과(박사)를 졸업했다. 1981년 동아일보 신춘문예에 미술평론으로 등단한 뒤 미술평론가로 활동하며 민족미술인협의회 공동대표, 제1회 광주비엔날레 커미셔너 등을 지냈다. 1985년부터 2000년까지 서울과 대구에서 '젊은이를 위한 한국미술사' 공개강좌를 10여 차례 갖고 한국문화유산답사회 대표를 맡았다. 영남대학교 교수 및 박물관장, 명지대학교 교수 및 문화예술 대학원장, 문화재청장을 역임하고 현재 명지대학교 미술사학과 석좌교수, 명지대학교 한국미술사연구소장을 맡고 있으며 한국학중앙연구원 이사장으로 있다.

미술사 저술로 《국보순례》, 《명작순례》, 《유홍준의 한국미술사 강의》(전 4권), 《추사 김정희》, 《조선시대 화론 연구》, 《화인열전》(전 2권), 《완당평전》(전 3권), 평론집으로 《80년대 미술의 현장과 작가들》, 《다시, 현실과 전통의 지평에서》, 《정직한 관객》, 답사기로 《나의 문화유산 답사기》(전 20권) 등이 있다. 간행물윤리위 출판저작상(1998), 제18회 만해문학상(2003) 등을 수상했다.

유홍준의 美를 보는 눈 II

명작순례

초판 1쇄 발행 2013년 11월 15일
초판 9쇄 발행 2023년 7월 12일

지은이	유홍준
펴낸이	김효형
펴낸곳	(주)눌와
등록번호	1999. 7. 26. 제10-1795호
주소	서울시 마포구 월드컵북로16길 51, 2층
전화	02. 3143. 4633
팩스	02. 3143. 4631
페이스북	www.facebook.com/nulwabook
블로그	blog.naver.com/nulwa
전자우편	nulwa@naver.com

책임 편집	김선미
표지 디자인	글자와 기록사이
본문 디자인	최혜진

편집	김선미, 김지수, 임준호
디자인	엄희란

제작진행	공간
인쇄	더블비
제본	대흥제책

ⓒ 유홍준, 2013

ISBN 978-89-90620-67-5 03600

책값은 뒤표지에 표시되어 있습니다.